共生理论下公共服务协同供给及筹资问题研究

王山慧　田原　毛才盛◎著

中国财经出版传媒集团
中国财政经济出版社
·北京·

图书在版编目（CIP）数据

共生理论下公共服务协同供给及筹资问题研究／王山慧，田原，毛才盛著. --北京：中国财政经济出版社，2025. 3. --ISBN 978-7-5223-3802-6

Ⅰ. D669. 3

中国国家版本馆 CIP 数据核字第 2025ZB2175 号

责任编辑：闫　娟　　　　责任校对：胡永立

封面设计：陈宇琰　　　　责任印制：史大鹏

共生理论下公共服务协同供给及筹资问题研究

GONGSHENG LILUN XIA GONGGONG FUWU XIETONG GONGJI JI CHOUZI WENTI YANJIU

中国财政经济出版社 出版

URL：http：//www. cfeph. cn

E-mail：cfeph@ cfeph. cn

社址：北京市海淀区阜成路甲 28 号　邮政编码：100142

营销中心电话：010-88191522

天猫网店：中国财政经济出版社旗舰店

网址：https：//zgczjjcbs. tmall. com

涿州汇美亿浓印刷有限公司印刷　各地新华书店经销

成品尺寸：170mm×240mm　16 开　17. 25 印张　251 000 字

2025 年 3 月第 1 版　2025 年 3 月河北第 1 次印刷

定价：68. 00 元

ISBN 978-7-5223-3802-6

（图书出现印装问题，本社负责调换）

本社质量投诉电话：010-88190744

打击盗版举报热线：010-88191661　QQ：2242791300

前　言

随着全球化的深入发展和社会经济结构的快速变化，公共服务领域正面临着前所未有的挑战和机遇。公共服务作为国家治理体系的重要组成部分，其供给效率和质量直接关系到国家治理能力的现代化进程和人民群众的福祉。在这一背景下，如何构建一个高效、公平、可持续的公共服务供给体系，成为各国政府和学者共同关注的焦点。党的二十届三中全会强调进一步全面深化改革，以促进社会公平正义、增进人民福祉为出发点和落脚点，把“坚持以人民为中心”作为进一步全面深化改革必须贯彻的重大原则之一。公共服务供给被视为推动中国式现代化的重要着力点，优质公共服务是美好生活的具象化表现，因此，要进一步健全公共服务的供给体系，不断提高公共服务供给均等化、优质化水平，进而提高人民生活品质，不断满足人民对美好生活的向往。

当前，公共服务的供给不再仅仅依赖于政府单一主体，而是越来越多地涉及市场、社会组织等多元主体的参与。这种多元化的供给模式，虽然在一定程度上提高了公共服务的效率和覆盖面，但也带来了一系列新的挑战，如供给主体之间的协调问题、资源配置的公平性问题以及供给质量的保障问题等。这些问题的涌现，不仅削弱了公共服务供给的整体效能，还可能对社会的和谐稳定构成潜在风险。公共服务筹资作为支撑公共服务和基础设施建设的关键环节，其重要性随着社会经济的快速发展而愈发显著。各级政府对资金需求的持续增长，使得公共服务筹资问题愈发凸显。如何高效调动各方资源，拓宽公共服务融资渠道，提升融资效率，已成为社会各界广泛关注的重要议题。

基于此，本书将共生理论应用于公共服务多元供给与筹资的分析中，构建了一个包含共生单元、共生模式和共生环境的分析框架。通过这一框架，深入探讨公共服务供给中的共生度、共生密度、共生模式及共生界面等问题以及如何通过优化共生关系，提高公共服务供给和筹资的效率和质量，对于推动公共服务供给体系的改革和创新，实现公共服务供给的均等化和可持续性，具有重要的理论和实践价值。

本书在对相关概念进行界定的基础上，借鉴国内外的相关研究成果，分析政府、市场、社会组织（主要指非营利组织和非政府组织等）等公共服务协同供给主体即共生单元的本质特征和生存形态的分析，研究它们之间相互依存、彼此协同、交互作用的共生关系，通过共生度分析方法寻绎共生主体协同筹资的理论和现实基础，运用共生密度分析共生单元的发展演化、数量分布及其共生的聚集状态，通过共生模式和共生界面分析法深入剖析共生单元之间的信息传输、物质交流、能量传导以及合作秩序形成的逻辑关系，构建公共服务协同供给机制及作用机理模型，并通过实证研究对公共服务协同供给动态匹配的机理模型进行检验，并结合西方发达国家的经验借鉴提出我国公共服务协同供给能力提升路径。

在研究方法上，本书采用了理论分析与实证研究相结合的方式。理论分析部分，我们通过文献综述和理论建构，对公共服务供给的共生理论框架进行了系统的阐述。实证研究部分，通过案例分析、模型构建和数据分析等方法，对公共服务供给的实际问题进行了深入的探讨。

本书的主要创新点：一是提出了公共服务供给的共生理论框架，为理解和分析公共服务多元主体之间的相互作用提供了新的视角；通过构建公共服务供给的共生度分析模型，为评估公共服务供给的效率和质量提供了量化工具；通过对公共服务供给主体的发展定位与共生密度的分析，揭示了公共服务供给中多元主体之间的协同关系和作用机制。二是基于演化视角模式分析公共服务多元供给和筹资的共生模式，拓展了公共服务研究深度。从共生组织模式和共生行为模式两个维度对公共服务多元主体协同供给和筹资的现实情况、存在问题等进行分析，为优化公共服务供给模式提供理论依据和实践方向的指引。三是在方法上应用数理模型分析公共服务协同运行机理。应用非均衡模型分析政府、市场和社会组织等共生主体在公共服务协同供给与筹资中的运行机理，并通过这一模型求解公共服务多元主体协同供给与筹资的最优方案，进而对公共服务的筹资主体间协同效率的影响因素和相关体制因素进行讨论，发现其中存在的不足，为优化路径指明方向，摆脱提升筹资能力困境，改善公共服务的供给。四是构建了公共服务的动态匹配模型并应用数据进行实证研究，弥补了公共服务以理论分析为主的不足。本书探讨了公共服务协同供给的共生环境及动态匹配的影响因素，为构建公共服务协同供给动态匹配运行机制，以宁波市养老服务供给模式为案例，剖析地方政府引领下多元主体协同提供的“居家养老”服务新型模式，验证地方政府公共服务多元主体协同供给模型有较好的适用性，模型结构较为稳定，系统内部各共生要素间的协同程度较好。

本书分别从体系构建、机制优化、决策实施、能力建设等角度提出公共服务协同供给能力的提升路径和具体建议，这些建议可以有效提高公共服务供给的效率和质量，实现公共服务供给的均等化和可持续性，从而更好地满足人民群众的需求，推动社会的和谐稳定和可持续发展。本书的研究成果不仅丰富了公共服务供给与筹资领域的理论研究，我们更期望它能为公共服务供给的改革和创新提供智力支持，为实现公共服务供给的均等化和可持续性作出贡献。

在撰写本书的过程中，我们得到了很多的支持与帮助。感谢编辑团队，他们以专业的眼光和极大的耐心审视每一章节，确保内容的准确性和逻辑性，使本书以更好的姿态呈现在读者面前。同时我们也深知，任何一部书籍都不可能尽善尽美。因此，我们诚挚地欢迎各位读者在阅读过程中提出宝贵的意见和建议。您的反馈将是我们不断进步的动力，也是我们持续改进的方向。

目　　录

第一章

绪　论

一、研究背景

完善健全的基本公共服务体系是现代社会不可或缺的组成部分，它承载着为社会公众提供公共服务和公共产品的功能，是提高人民生活品质、满足人民对美好生活向往的重要内容，也是促进经济社会可持续发展的基石。党的十八大以来，在高质量发展蓝图的指引下，我国公共服务体系的建设取得了长足的进步和显著的成效。党的十九大报告指出："要抓住人民最关心最直接最现实的利益问题，既尽力而为，又量力而行，一件事情接着一件事情办，一年接着一年干。坚持人人尽责、人人享有，坚守底线、突出重点、完善制度、引导预期，完善公共服务体系，保障群众基本生活，不断满足人民日益增长的美好生活需要，不断促进社会公平正义，形成有效的社会治理、良好的社会秩序，使人民获得感、幸福感、安全感更加充实、更有保障、更可持续。"党的十九大报告还提出，从2020年到2035年，基本公共服务均等化基本实现。党的二十大报告指出："……健全基本公共服务体系，提高公共服务水平，增强均衡性和可及性，扎实推进共同富裕。"可以看到，未来我国的公共服务的发展重点一方面在于不断增加和改善公共服务供给，提高居民生活水平，推动公共服务体系建设朝着更加优质的方向发展；另一方面，我国公共服务体系建设将侧重缩减城乡、区域及不同群体间的差距，促进基本公共服务实现均衡覆盖，迈向全体人民的共同富裕。然而，当前我国公共服务领域仍存在一些问题，这些问题主要体现在以下几个方面。

（一）公共服务的供需矛盾和不均等问题依然存在

长期以来受限于政府单一主体供给模式、政府职能转变滞后和政府权力极大化动机等现实条件，我国公共服务供给过程中各级政府之间权限划分不清晰，各级政府与各类社会组织之间的供给责任划分不明、事权与财权不统一等错位现象依然存在，导致公共服务供给总量不足、供需结构失衡和供给效率低下等诸多问题。其中较为突出的是医疗、教育等领域的服务供给无法满足广大人民群众日益增长的需要，城镇和农村、不同区域之间的公共服务水平之间存在明显差异。尽管近年来社会建设领域公共服务投入带来了基本公共服务的不断改善。但是诸如“入园难”“看病贵”“放学早”等问题仍然难以有效地解决，相对于群众多层次多样化需求，仍然存在供给不足、质量不高、发展不均衡等突出问题，公共服务质量和水平与群众期待还有不小差距。

（二）公共服务的多元主体协同供给机制有待进一步理顺

自20世纪80年代以来，西方发达国家开启了面向公共服务领域的大规模改革，以应对人口老龄化、社会结构变革和家庭结构变化等带来的巨大社会挑战。西方国家改革面临的场景和环境与我国当前的形势有很多相似之处，为当前研究我国的公共服务供给提供了非常重要的经验借鉴。西方改革的主要逻辑是重构政府部门、私人部门和其他社会组织之间的关系，通过市场化机制，将企业等私人部门和非营利组织等社会组织引入公共服务领域，通过开展不同的合作模式扩大和改善公共服务的筹资和供给。在这一大趋势的影响下，我国的公共服务改革也沿着这一思路逐渐展开。近年来，公共服务市场化供给、社会组织供给和居民自愿筹资供给等多元主体协同供给模式开始出现并逐步得到试验，该模式显示出了比较优势，并成为公共服务未来发展变革的主要趋势。政府外的主体在公共服务的供给中扮演着越来越重要的角色，它改变了以往政府在公共服务的供给中大包大揽的角色，既增加了公共服务筹资渠道，又提高了公共服务市场化水平，提升了公共服务供给效率，为整个公共服务供给机制的建立提供了新的思路。但与过去由政府部门单一供给的方式相比，当前多元主体协同供给和筹资的机制建立并不完善。这种不完善首先表现为合作的分散化，即政府部门和不同组织之间的合作往往基于某个具体任务导向的一次性或有限次合作，缺乏长期的、连贯的、系统化的协同；其次表现为合作的碎片化，在为公共服务供给的过程中多个主体的参与往往缺乏良好的协调机制，容易导致任务、利益的割裂和碎片化，不同的组织之间、组织和政府之间的责权利边界不清晰，部门之间互相推诿等情况时有发生，政府部门和各类组织之间为确保各自的利益形成掣肘，反而导致了资源利用效率的低下，造成浪费。

公共服务的高质量发展和均等化实现等工作的开展有赖于进一步理顺和优化相应的机制和体制，而公共服务协同供给和筹资问题的机理研究和机制建设是其中最重要的一个环节。群众对公共服务的多元需求使得多元主体协同公共服务成为我国公共服务供给的主要模式。2019 年，国家发改委等 18 个部委联合发布《加大力度推动社会领域公共服务补短板强弱项提质量促进形成强大国内市场的行动方案》指出“充分发挥市场和行业协会、商会等社会组织的作用，鼓励引导社会力量参与，扩大公共服务有效供给”，再次为多元协同的供给模式提供了政策依据。在多元主体协同供给的背景下，尽管供给结构不断优化，社会力量参与更加积极，协同机制初步建立起来，但是公共服务的供给效能仍差强人意。这是因为公共服务的供给与需求是一个动态匹配的过程，不同的群体有不同的需求，相同的群体在不同阶段也有不同的需求；现有的需求得到满足后，还会产生新的需求，因此，在引入多元主体为公共服务协同供给的同时，如何实现公共服务协同供给动态匹配是亟待解决的重要问题，迫切需要研究和理清多元主体的协同机理，建设一套行之有效的、可持续的、保障各方利益的、顺畅的合作机制，提高长期合作效率。

当前仍然缺乏采用科学方法实现对公共服务供给与需求匹配性的最

优判断，因而无法建立起有效的运行机制，进而充分挖掘多元主体的潜力，推动其最大限度提升供给能力，优化供给结构，实现更高水平的供需动态平衡。因此，要根本解决公共服务协同供给模式中存在的这些问题，需要开展深入研究，并引入先进的理论及其创新方法，对公共服务各供给主体间的协同关系、协调机制及协作环境进行全面系统研究。为此，本研究运用共生理论对地方政府公共服务多元协同供给的形成机制、运行机制、保障机制以及动态匹配的影响因素展开深入研究，最终得出政府主导、社会协同、运作有效、机制完善、功能到位的地方政府公共服务动态匹配运行体系。

（三）外部环境的剧烈变化为公共服务筹资带来挑战

筹资问题对公共服务供给的重要性不言而喻，它是确保公共服务持续、稳定开展的最为关键的环节，没有足够的资金支持，公共服务就难以得到保障，甚至难以维持，因此，运行良好有效并可持续的筹资和供给机制的建立具有重要的意义。在我国，政府财政收入仍是当前公共服务筹资的最主要的来源途径，但随着外部经济社会发展环境的快速变化，这种筹资模式已经受到越来越大的挑战。首先，随着我国经济和社会的快速发展，人民生活水平不断提高，公众对公共服务需求的数量和质量大幅提高，但与之相对应的公共服务筹资保障体系却不匹配，难以满足群众日益增长的公共服务需要。其次，2020—2022 年三年的新冠疫情期间，我国政府以强烈的历史担当和强大的战略定力开展防控措施，有效地保护了人民群众的生命安全和身体健康，但同时也在疫情防控、医疗救治、防疫物资采购、疫苗研发等方面发生了大量的财政资金支出，财政处于相对“紧平衡”状态，这也为后续的公共服务筹资带来压力。最后，进入后疫情时代，随着我国整体经济增长速度的放缓、减税降费政策的深入推进、房地产市场进入下行周期所导致的土地财政的不可持续、居民老龄化程度加深导致的养老开支增加等多种因素叠加，政府共公共服务收支平衡的压力不断增大。在这种挑战下，如何建立一套操作规范、运行顺畅且长期可持续的公共服务筹资体系，优化公共服务供给成为亟待解决的问题。

二、研究目的

党的二十大报告中强调“扎实推进依法行政”，对转变政府职能、深化行政执法体制改革、强化行政执法监督机制和能力建设等提出明确要求，为新时代法治政府建设提供了根本遵循。国家行政管理“必须坚持一切行政机关为人民服务、对人民负责、受人民监督，创新行政方式，提高行政效能，建设人民满意的服务型政府。”服务型政府的核心在于提高面向居民普惠的公共服务的质量和水平，织就更高质量的民生保障之网。本研究立足当前我国公共服务供需动态匹配不足的现状，运用共生理论，结合我国地方政府公共服务供给体系的内涵，分析地方政府公共服务协同供给的共生密度、共生模式、共生界面以及动态匹配的概念、特征和运行机理；确定地方政府公共服务协同供给动态匹配的形成机制、运行机制以及保障机制的构成要素、运行条件、演进路径等主要内容，并借鉴国内外先进经验，从而对提升地方政府公共服务供给效率提出建议，具有较高的公共管理理论价值和实践应用价值。

三、研究意义

（一）理论意义

一是强化我国公共服务多元协同供给理论的研究深度。当下，面对供给主体多元与公共服务需求多样的趋势，政府主导外的多元协同供给公共服务已成为普遍认同的共识。但在公共服务供给中，多元主体协同机制、其影响因素及与公共服务供给质量间的微观联系等议题尚待深入探究，这些问题均至关重要，关乎公共服务多元主体供给的核心理论问题。因此，对地方政府公共服务协同供给动态匹配机制开展理论探讨，深入剖析其中的影响因素及运作机制，将有助于公共服务供给理论体系的进一步丰富和完善。

二是为公共服务供给侧改革提供了理论支撑。当前，我国公共服务的需求日益多样化，公共服务在供给方面仍面临总量欠缺、结构不均、效率不高等挑战。但是当前公共服务供给过程中多元主体供给形成动力的研究不够深入，并且基于多元主体的协同供给模式、体系、机制研究相对较少。如何合理配置有限的供给资源，充分激发并调动政府、市场、社会等多方力量，确保它们在公共服务供给中各司其职、发挥所长并实现高效协同，从而有效增加公共服务供给总量，灵活适应需求结构的动态变化，显著提升公共服务供给效率，使公共服务供给精准对接公众需求，这对于提升我国公共服务供给水平、顺利达成全面建成小康社会的宏伟目标，具有至关重要的支撑作用。

三是深化共生理论探索的实践。该理论通过生态学中的共生概念、原理、密度、模式及界面，深入剖析了共生单元间的共生法则、运作机制及进化路径，与当前公共服务协同供给的动态适应与演进模型高度一致。这一应用不仅为公共服务领域提供了新颖视角，也标志着共生理论应用场景的一次创新性延伸与革新。

（二）现实意义

1. 有助于进一步推进民生领域的政府治理现代化

自新中国成立以来，为了更好地满足和改善群众生活的需求，政府在相关部门和职能的设置上一直在不断地探索和调整，提升治理能力。党的十八大以来，以习近平同志为核心的党中央着眼实现“两个一百年”奋斗目标和科学统筹“两个大局”的时代要求，提出了推进国家治理体系和治理能力现代化的历史命题，开启了政府治理现代化新的起点和征程。提供和改善公共服务是政府部门的重要职能，因此，政府部门改革也成为政府治理现代化的重点。当前，在共同富裕的大背景下推动公共服务的高质量供给和基本公共服务的均等化，离不开上下级政府之间、政府内部各个部门之间以及政府和市场、企业、社会组织之间的精细化协同和精准化供给。但事实上，在公共服务领域的筹资、供给和管理过程中，上下级政府部门之间、同级政府的不同部门之间存在着一定的冲突、资源重复配置和资源错配等问题。纵向上看，国家、省、市、县等各级政府部门之间在公共服务的需求上存在着较为严重的信息不对称，上下级政府之间往往存在着事权和财权的不匹配，并且在规划和政策的推进过程中存在对服务水平和标准层层抬高等情况，这很有可能产生新的公共服务不均等问题（李实等，2022）。横向上看，同级政府部门之间的公共服务职能也不够理顺，以养老保障为例，同级政府的卫生健康部门、民政部门、医疗保障部门以及残联部门等在一定程度上存在职能交叉和各自为政的问题，导致前述公共服务供给的碎片化现象。同时，政府部门在公私合作过程中也往往存在对企业以及社会组织越位管理和压制等问题，导致政府和企业及社会组织的合作难以长期持续，不利于形成长期互惠、持续合作和系统的为公共服务筹资和供给的合作模式，从而降低公共服务的筹资和供给效率。

通过对公共服务协同供给机理和机制的建设进行研究，建立公共服务多元主体之间理想的共生模式，在满足公共利益的前提下制定有利于各主体实现共赢的融合发展目标，建立公共服务多元供给的“命运共同体”，联结政府部门、企业与社会组织之间，能够实现长期的连续化、一体化的互惠共生模式，改善公共服务的筹资和供给，这一过程将有助于进一步推进民生领域政府治理的科学化和现代化。

2. 有利于解决当前公共服务供给领域存在的问题

公共服务领域存在自上而下，“靠天吃饭”的现象，公共服务在城乡和区域之间差异非常大，多元协同供给模式下各类主体在提供公共服务的内容、规模、形式仍然处于摸索期，对于如何有效发挥“一体多元”的功能作用，缺乏明晰的认识，甚至对于基本公共服务仍然存在分歧，一方面，如将基本范围缩小，则会造成资源的闲置与浪费；另一方面，如将范围扩大可能带来能力不足的困顿，如何将公共服务的基本家底摸清，本研究具有非常强的针对性。

3. 有利于形成一套行之有效的公共服务供给的方法

随着我国公众对公共服务需求的不断变化，公共服务的供给呈现出结构失衡的现象。积极探索公共服务供给的共建共享共治的路径与方法，通过多元供给主体的协同供给动态匹配需求，能较为有效地提升地方政府公共服务供给的能力，对地方政府制定公共服务供给相关政策具有重要的指导意义，对增强地方政府部门公共政策的执行有非常强的现实针对性。

在公共服务的多元主体协同供给体系中，一般有政府部门、市场、社会组织（主要指非营利组织和非政府组织等）这三大类组织。对于不同的国家，由于其政治经济文化和社会等因素差异，这三大类组织发挥的作用和功能有所不同，但总体来说，它们之间呈现互补和合作的状态。当前经济社会的快速多元化发展催生了对公共服务的高质量和多元化需求，这也就需要多元主体协同推进供给，因为单靠任何一种力量都无法满足如此复杂的需求。有效的公共服务筹资和供给体系需要各类组织之间开展相互合作，发挥互补优势，并且越来越多元化的复杂需求也就需要构建更为精细的协同筹资和供给体系。

然而，相对于单一的政府供给体系来说，公共服务多元主体供给在发挥各类组织优势的同时也会增加大量的协调和组织成本。公共服务由于多元主体参与供给有可能反而变得更加碎片化和分散化，阻碍协同效果的发挥。例如，不同的组织之间责权利边界不清，各自争取权利，推诿责任，大大增加了额外的协调成本，也存在政府部门、市场、社会组织等组织各自为政，导致资源浪费效率低下等问题，这些问题在实践中广泛存在、屡见不鲜。因此，在公共服务的系统供给过程中，有必要进一步厘清其内部机理，完善与多元主体相伴随的协同机制，超越碎片化和分散化状态。

公共服务的协同问题受到越来越多学者的关注，并从不同的角度进行研究，其主要的共同特点是对协同的制度化、经常化和有效“跨界”合作的重视和强调（汪锦军，2012）。本研究则通过构建多元主体的共生体系，强调将分散化和碎片化的各类组织和公私部门的力量进行整合，更加有效地利用各类组织的资源、能力和优势，协调发挥其整体力量，实现为居民提供无缝隙的整体性的公共服务，超越碎片化和分散化的状态，增加和改善公共服务的供给。

4. 有利于提升地方公共服务供给动态匹配能力

随着公共服务供给侧改革的深入，对于地方政府公共服务能力的要求也日益提高。基于共生理论的原理和方法，分析公共服务协同供给的成因、方式及运行等问题，可以有效寻找到激发政府、市场、社会等多元供给主体自身潜力的路径与方法，使得在公共服务供给过程中各尽其责、高效协同，加速公共服务供给结构的优化进程，着力提高公共服务供给效率，力求在较短的时间内实现公共服务供给与公众需求的精准匹配。此举对推动我国公共服务水平的显著提升，以及实现全面建成小康社会的宏伟战略目标，具有至关重要的支撑与促进作用。

四、概念界定

（一）公共物品

公共物品又称公共产品、公共品或公用品。公共物品是相对于私人物品的一个概念。公共物品理论是经济理论研究的热点问题之一。公共物品具有狭义和广义之分。狭义上来看，公共物品是指纯公共物品，即非排他性和非竞争性两个特性都需具备的物品；广义来看，公共物品是具备其中一个特性的物品，即具有排他性或非竞争性。依据萨缪尔森所下的定义，纯公共物品通常是指这样一种特定物品：所有人对其的使用或消费，均不会减少或妨碍其他个体对该物品的同等使用机会或消费数量。布坎南认为公共物品具有不可分性，奥斯特罗姆认为公共物品具有共同性。根据公共经济学，私人物品的供给与满足可通过市场机制自然达成，然而，公共物品的有效配置则无法完全仰赖市场机制，它必须依靠公共部门，尤其是政府的介入与提供，方能得以实现。

（二）公共服务

公共服务是公共物品的一种特殊形态，其无形性区别于生产领域有形公共物品的存在。因此，针对公共物品的分析框架同样适用于解析公共服务。与之对应的概念是私人服务，它主要由市场驱动供给，而公共服务则主要依赖政府作为提供主体。此外，还存在一种介于两者之间的准公共服务，其供给方式灵活多样，既可由私人通过市场机制提供，也可由政府主导，或由私人与政府合作提供。这里“提供”一词涉及资金来源，即资金来源于谁，便视为由谁提供，政府提供公共服务通常依赖于财政支出。当前，公共服务概念包含双重含义：一方面，它体现了服务型政府的本质属性，强调政府应致力于服务公众和公共利益，在此视角下，任何运用公共权力和公共资源的社会活动均被纳入公共服务的范畴；另一方面，它指政府及其他公共部门在提供公共物品方面的职责，特别是那些市场无法有效供给，而必须由政府和其他公共部门提供给公众共同享用的物品和服务，如公共设施、公共安全、文化教育、公共卫生服务、环境保护和社会保障等。

（三）基本公共服务

依据服务供给的权责划分标准，公共服务可被明确地归为两大类别：一类是基本公共服务；另一类则是广泛惠及的非基本公共服务。此外，还存在一类完全依托市场供给、由居民自费享受的生活服务，可以作为公共服务体系的有益补充。

2012 年，我国第一部国家层面的基本公共服务总体性规划《国家基本公共服务体系“十二五”规划》正式发布实施，并在规划中首次正式明确了基本公共服务的概念和范围。

根据此规划：“基本公共服务，指建立在一定社会共识基础上，由政府主导提供的，与经济社会发展水平和阶段相适应，旨在保障全体公民生存和发展基本需求的公共服务。享有基本公共服务属于公民的权利，提供基本公共服务是政府的职责。基本公共服务范围，一般包括保障基本民生需求的教育、就业、社会保障、医疗卫生、计划生育、住房保障、文化体育等领域的公共服务，广义上还包括与人民生活环境紧密关联的交通、通信、公用设施、环境保护等领域的公共服务，以及保障安全需要的公共安全、消费安全和国防安全等领域的公共服务。”

基本公共服务体系，2017 年出台的《“十三五”推进基本公共服务均等化规划》对其做了进一步完善，国家基本公共服务制度紧扣以人为本，围绕从出生到死亡各个阶段和不同领域，贯穿人一生的基本生存与发展需求，从学有所教、劳有所得、老有所养、病有所医、困有所帮、住有所居、文体有获以及从残疾人的需求侧出发，实现“残有所助”的目标，规范了基本公共服务的清单，共包括公共教育、劳动就业创业、社会保险、医疗卫生、社会服务、住房保障、公共文化体育、残疾人服务等八个领域的 81 个项目。每个项目均明确服务对象、服务指导标准、支出责任、牵头负责单位等。其中，服务对象是指各项目所面向的受众人群；服务指导标准是指各项目的保障水平、覆盖范围、实现程度等；支出责任是指各项目的筹资主体及承担责任；牵头负责单位是指国家层面的主要负责单位，具体落实由地方各级人民政府及有关部门、单位按职责分工负责。《“十三五”国家基本公共服务清单》是“十三五”时期实现基本公共服务均等化的重要基础，在具体实施时，各级政府可结合经济社会发展状况，按程序对《清单》具体内容进行动态调整。国家基本公共服务制度框架如图 1－1 所示。

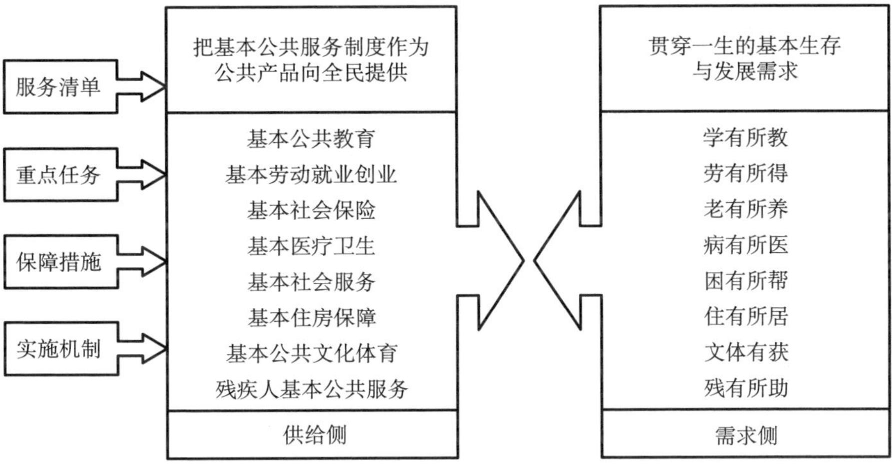

图 1－1 国家基本公共服务制度框架

2023 年，国家发展改革委联合多个相关部门，正式推出了《国家基本公共服务标准（2023 年版）》（以下简称《标准》），同时该标准对基本公共服务的分类进行了必要的调整与优化，包含基本公共服务幼有所育、学有所教、劳有所得、病有所医、老有所养、住有所居、弱有所扶、优军服务保障和文体服务保障等九个方面，其涵盖 81 个所列项目。

（四）公共服务供给

公共服务供给是指政府、非政府组织或私营部门等多元主体，为满足社会公众的基本需求和实现公共利益，通过一定的方式和机制，提供公共产品和服务的过程。这个过程涵盖了从确定服务需求、规划服务内容、筹集资源、组织生产到提供服务、监督评估等一系列环节。公共服务供给的核心理念是“以人为本”，旨在实现公共资源的公平、有效配置，提升社会整体福利水平。在现代社会，公共服务供给不仅涵盖了传统的教育、医疗、社保等领域，还扩展到文化、体育、环保、公共安全等多个方面，以满足人民群众日益多样化的需求。随着经济社会发展水平的不断提升，公共服务供给的主体、方式不断发生变化，公共服务供给结果公平、有效性不断提升。

（五）筹资

筹资是指提供公共服务的组织（政府、企业或其他组织等）通过各种渠道向市场、社会居民为公共服务筹集资金弥补公共服务成本的行为，其主要方式包括税收、发行股票债券、交易以及募集等方式。筹资是公共服务供给的重要职责，由于公共服务的非营利性，筹资后投入公共服务的目的并不是追求经济利益。因此，公共服务的筹资供给并不涉及投资行为。

（六）多元主体协同

首先，这里所说的多元主体主要是与政府的单一筹资模式相比较而言，如前文所述，在政府主导之外进一步实现筹资主体的多元化已在学术界和管理实践中形成共识。其次，是对协同概念的理解。根据汪锦军（2012）以及周志忍（2010）的研究，对公共服务筹资和供给“协同”概念的探讨主要涉及如下一些方面：如“协同政府”“网络式管理”“扁平化政府”“跨机构合作”“协同型治理”“全面政府”“整体政府”等，这些概念的共同点主要表现在对制度化和经常化的强调以及注重通过有效的“跨界”合作改进公共服务。跨界合作在实践中具有多种表现形式：一是政府部门之间的协同，主要包括：①不同级别的政府层级之间的“垂直协同”；②同层级政府或政府内部同级别部门间的“平行协同”；二是政府部门、企业和社会组织等多元主体间的“跨界协同”。本课题从共生理论视角讨论公共服务多元主体协同筹资，讨论的重点是第二种情况，即政府部门、企业以及社会组织等各类组织之间协同。

五、研究内容

一是公共服务协同供给的共生理论框架构建。将生物学的共生概念引入公共服务中，对公共服务供给的共生三要素即共生单元、共生环境和共生模式要素进行介绍，政府、企业、社会组织构成了公共服务协同供给的共生单元要素；共生模式的分析从组织模式和行为模式两个维度来进行；而所有能够对公共服务协同供给产生影响的各类因素和条件都构成了共生环境。共生过程中所产生的新能量是共生关系不断发展的根本，在共生关系中新能量产生依赖于共生度、共生模式、共生界面和共生密度，这些是构成了共生理论分析的基本方法。从充分和必要条件两个方面详细论述了公共服务多元主体协同供给共生关系的确立要求，论述了公共服务多元主体协同共生关系的确立。在此基础上，构架了公共服务多元主体协同共生关系框架。

二是公共服务供给的共生度分析。首先，结合理论和现实分别从政府、企业、社会组织角度分析公共服务单一主体供给的困境，这些困境是构成政府、企业、社会组织协同供给的现实动因。其次，通过构建一个非均衡的理论模型对单一主体供给公共服务的困境进行了分析，并进一步证明了政府、企业和社会组织通过协同供给公共服务能够摆脱供给困境，实现公共服务供给效率的提升。最后，在公共服务多主体协同供给的实践中，往往以政府部门为主导，但这种协同模式在供给公共服务的过程中，在动力机制、供给能力和运行机制方面都存在很大的问题，导致以地方政府为主导的公共服务协同供给面临困境。因此，通过引入共生理论完善和提升公共服务协同供给机制来破解以政府部门为主导的公共服务协同供给困境，在理论和现实层面分析政府、市场、社会组织在公共服务协同供给方面的互补优势和“目标—利益”耦合关系等现实基础，通过建立合作互补的共生关系，既能提升公共服务供给的效率又能促进各个主体目标和利益的实现，并且相较于单一主体的模式，公共服务多元主体协同供给共生关系的建立能够增加供给的效率和效果。

三是对公共服务供给主体的发展定位与共生密度进行分析讨论。引入共生理论的分析框架，将公共服务供给各主体定义为共生关系中的共生单元，将各供给主体间的关系转化为了共生单元之间的关系，并依次对政府部门供给公共服务的发展历程和在公共服务中的定位，企业参与公共服务供给的发展历程和企业参与公共服务供给的路径模式以及社会组织参与公共服务的发展历程进行分析总结，并对公共服务多元供给主体的关系和共生密度进行讨论，为进一步分析共生模式共生界面奠定基础。

四是公共服务多元供给和筹资共生模式分析。根据共生理论，应用共生模式研究政府部门、市场、社会组织等共生单元之间的在公共服务供给和筹资中的相互合作关系及作用强度，从共生组织模式和共生行为模式两种模式细化研究，其中共生组织模式包含点共生、间歇共生、连续共生和一体化共生；共生行为模式涵盖了寄生关系、偏利共生关系、非对称互惠共生关系以及对称互惠共生关系。从共生视角对公共服务供给的参与各方关系进行判定，给出多共生单元的关系演化。应用现实具体案例分析公共服务供给和筹资的共生模式，从共生模式视角分析公共服务供给和筹资中存在的问题。

五是公共服务协同供给的共生环境分析以及共生理论视角下的公共服务协同供给动态匹配要素分析。在共生环境分析中借助战略管理中的PEST工具进行。分别从政治和法律制度环境、社会文化环境、经济环境、技术环境等方面分析共生环境公共服务协同供给的影响。在分析公共服务协同供给的影响因素时，以多元主体协同供给动态匹配模型为逻辑起点，通过扎根理论的质性研究方法对公共服务协同供给动态匹配能力核心影响因素筛选，并进行扎根分析，运用共生度分析方法，对多元供给主体在经济、利益、文化、资源、制度与信息等要素环境中进行的合作、竞争与制衡关系展开分析，提炼影响公共服务多元主体协同供给能力的因素，验证得出经济投入、社会基础、经济基础设施、利益关注度、利益流动、参与文化、文化环境、内部资源、社会资源、宏观制度、微观机制、信息技术、信息对称性等具体影响因素，并对影响因素的表达形式进行规范描述和界定。

六是共生界面下公共服务协同供给动态匹配的作用机理及运行机制。基于多元主体协同供给形成动力的分析和公共服务供给主体系统演化过程模型的特征，从外部动力和内部动力两方面分析公共服务协同供给形成动力的推动作用。以公共服务多元主体协同供给动态匹配模型为逻辑基点，运用共生理论的共生界面分析方法从主体、方式、渠道以及程序等多个方面研究公共服务协同供给中需求表达机制的开发与建立、协同决策的流程安排、协同筹资的策略规划、协同生产的模式构建、激励监管的手段应用以及评价反馈的系统设置等内容，并对公共服务的协同供给的内外动力全面解析，通过协同运行效应的最优化条件判断，不断修正运行机制的环境条件和要素构件的组合，进而确定公共服务协同供给中的需求反馈机制、协同决策流程、协同资金筹措、协同服务提供、激励监管以及评价反馈等六个方面机制，通过促进政府主导的多元主体在各个阶段、各个环节的合作、竞争、制衡，实现协同供给机制的动态匹配运行效应的最优化。

七是共生界面下公共服务供给的筹资机制分析。利用非均衡模型，对多元主体协同筹资效率进行分析。在理论模型分析基础上，对筹资的主体、客体、筹资模式、筹资渠道及相应政策制度等进行研究，详细分析了公共服务多元主体协同筹资机制的构成、存在的不足及改进的方向，基于共生理论，从筹资主体共生行为关系、筹资共生环境、筹资共生单元密度、筹资组织模式等方面提出优化的对策建议。

八是公共服务协同供给的实证和对比分析。从公共服务协同供给动态匹配运行机制入手，通过基础模型构建，试图初步验证多元主体的互动合作和协同供给能提升公共服务供给质量的结论。在理论模型基础上，以宁波市养老服务供给模式为案例，采用其 8 年的社会化养老服务的运营数据进行实证校验。剖析地方政府引领下多元主体协同提供的“居家养老”服务新型模式，检验协同供给机制推动地方公共服务质量提升的实证研究支撑，体现了地方政府公共服务多元主体协同供给模型有较好的适用性，模型结构较为稳定，系统内部各共生要素间的协同程度较好，验证了政府主导的多元主体在各个阶段、各个环节的合作、竞争、制衡，实现协同供给机制的协同运行效应的最优化。

九是西方发达国家基本公共服务领域的成功经验借鉴。通过借鉴西方发达国家在公共服务领域的先进经验，并与我国的具体社会经济环境相结合，探索我国公共服务多元主体协同供给的有效路径。以具体的养老服务为例对发达国家公共服务协同筹资的经验进行分析总结，进而为扩大公共服务供给能力建设、提高公共服务协同供给的质量提供参考。

十是公共服务协同供给能力提升路径。运用共生关系进化方法，结合共生密度分析、共生环境分析、共生模式分析、共生界面分析以及实证研究结论和西方发达国家经验，分别从体系构建、机制优化、决策实施、能力建设等角度提出公共服务协同供给能力的提升路径和具体实施方案。

六、研究思路和研究方法

（一）研究思路和技术路线

本课题研究首先对相关概念进行界定，并以国内外的研究成果和研究现状为基础，分析政府、市场、社会组织（主要指非营利组织和非政府组织等）等公共服务协同供给主体即共生单元的本质特征和生存形态的分析，研究它们之间相互依存、彼此协同、交互作用的共生关系，通过共生度分析方法寻绎共生主体协同筹资的理论和现实基础，运用共生密度分析共生单元的发展演化、数量分布及其共生的聚集状态，运用共生模式和共生界面分析法深入剖析共生单元之间的信息传输、物质交流、能量传导以及合作秩序形成的逻辑关系，构建公共服务协同供给机制及作用机理模型，并通过实证研究对公共服务协同供给动态匹配的机理模型进行检验，结合西方发达国家的经验借鉴提出我国公共服务协同供给能力提升路径。

本研究将运用共生理论分析公共服务多元主体协同供给运行机理；遵循公共服务多元主体协同供给的“共生体系理论框架构建—共生度分析—共生密度分析—共生模式分析—共生界面机理模型构建—实证检验—国外经验借鉴—优化路径方案”的逻辑路线，确定公共服务协同供给的共生要素、共生原因、共生模式、运行机制、作用机理及提升路径等主要内容。具体研究技术路线如图 1－2 所示。

（二）研究方法

理论分析与比较分析相结合。以公共服务协同供给主体的理论分析为起点，应用共生理论分析框架，通过构建公共服务协同筹资共生体系对各主体行为及协作方式进行理论分析，探求多元共生主体协同筹资的作用原理；对公共服务协同筹资不同的组织和行为模式及特点进行比较分析，梳理并提炼协同筹资模式的关键特征。

数理模型分析与实证检验相结合。通过发掘问题、理解事件现象，运用数学符号和数学公式的推导和求解来研究基于共生理论的公共服务协同筹资机理，使共生主体之间的协同筹资关系更清晰和精确；同时，运用描述统计分析和动态匹配检验等方法开展协同筹资机理模型的实证

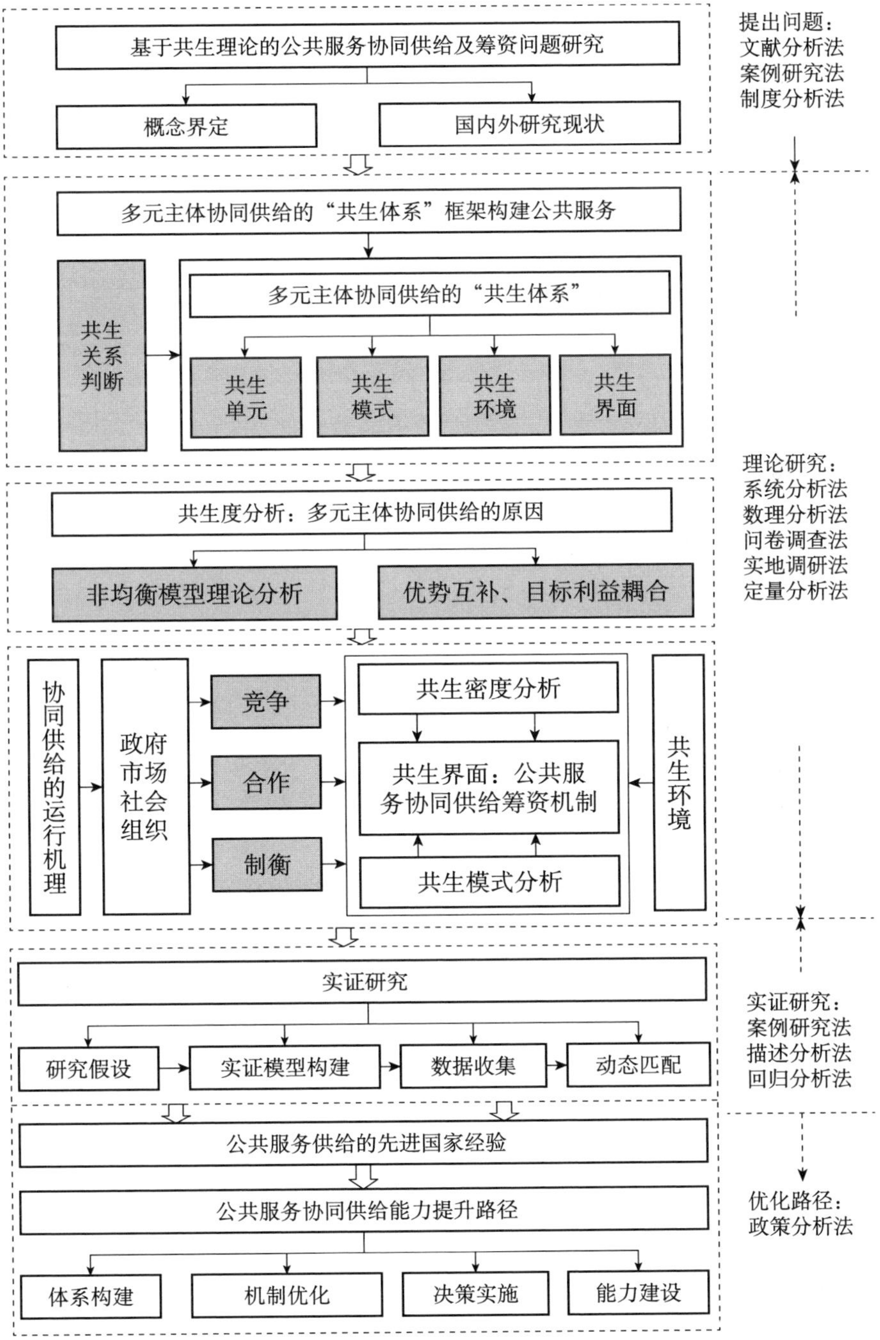
提出问题：
文献分析法
案例研究法
制度分析法
基于共生理论的公共服务协同供给及筹资问题研究
概念界定
国内外研究现状
多元主体协同供给的“共生体系”框架构建公共服务
多元主体协同供给的“共生体系”
共生关系判断
共生单元
共生模式
共生环境
共生界面
理论研究：
系统分析法
数理分析法
问卷调查法
实地调研法
定量分析法
共生度分析：多元主体协同供给的原因
非均衡模型理论分析
优势互补、目标利益耦合
协同供给的运行机理
政府市场社会组织
竞争
合作
制衡
共生密度分析
共生界面：公共服务协同供给筹资机制
共生模式分析
共生环境
实证研究
研究假设
实证模型构建
数据收集
动态匹配
实证研究：
案例研究法
描述分析法
回归分析法
公共服务供给的先进国家经验
公共服务协同供给能力提升路径
体系构建
机制优化
决策实施
能力建设
优化路径：
政策分析法

图 1-2 研究技术路线

研究，基于事实数据，从定量的角度对数理模型进行检验。

归纳研究与演绎研究相结合。通过对公共服务多元主体协同筹资模式的形成与发展的相关理论的归纳以及对公共服务协同筹资机制的发展实践、政策背景和特征的总结，科学归纳公共服务协同筹资发展的共性规律；同时，通过理论演绎，分析公共服务协同筹资的共生机理以及协同筹资模式创新的优化路径和实施方案。

第二章

文献综述

一、理论基础

公共服务供给体系展现出了多样性与灵活性，其表现形式因受制于多种因素，包括历史条件、地域特色及国家或地区特定环境的差异而有所区别。随着全球各国公共服务供给体系逐步地构建与发展，理论研究及构建发挥了至关重要的导向功能。这些核心理论涵盖了公共物品理论、新型公共管理学说、新型公共服务理念、多中心治理理论以及协同理论等多个领域。

（一）公共产品理论

从亚当·斯密的《国富论》中出现公共产品理论的雏形，到1954年保罗·萨缪尔森的《公共支出的纯粹理论》发表，经济学家最终完成了对公共产品纯理论的完整表述。“公共产品”这一概念，其根源可追溯至亚当·斯密（Adam Smith）与斯图亚特·穆勒的经济理论。奥地利经济学家萨克斯巧妙地将边际效用理论融入公共财政领域，此举极大地拓宽了学术研究的视野，使得公共产品问题的探讨不再囿于政治学、伦理学的体系框架，为公共物品理论奠定了坚实的经济学基石。公共产品理论的发展轨迹，与其他诸多理论相仿，是一个经过不断打磨与逐步推进的深化历程。在这一发展过程中，瑞典学派的代表人物维克塞尔（Knut Wicksell）独具慧眼地指出，考虑到公共产品所具有的不可分割的固有特性，其最佳供给必须紧密依照特定的效率原则。以此为依据，维克塞尔提出，在政府提供公共产品的过程中，产生的私人边际正效用应等于私人因纳税而给其带来的边际负效用，即设计公平的税制。同时，维克塞尔还注意到了公共产品供给过程中存在的一个社会公平失衡的现象，即个体倾向于不付出成本而享受公共产品的“搭便车”行为。正是基于对公平性的深入考量，他坚信，要实现公共产品的最佳供给，核心在于构建一套恰当的政治运作体系。除此之外，瑞典学派的另一位学者林达尔（Erik Robert Lindahl）在继承并发展维克塞尔理论的理论框架基础上，进一步将其发扬光大，并在1918年创新性地构建了著名的“林达尔模型”，同时引入了与“林达尔模型”紧密相关的“林达尔均衡”概念。林达尔认为，公共产品价格并非取决于强制性税收或政治选择机制，每个个体都会根据自己的意愿确定价格，并按照该价格购买公共产品。在达到均衡状态时，公共产品的总体供给量是根据均衡价格来确定的，其总价格恰好与所有个体支付的总和相等，同时确保每位个体所能享用的公共产品数量保持一致，且与政府规划所提供的公共产品总量保持一致。林达尔均衡概念的提出，推动了学术界在公共产品供给水平认知上达成一致，即个体所需承担的成本应当与其所获得的边际收益保持一个合理的比例关系。再次，福利经济学的代表人物庇古（Arthur Pigou）在1920年出版的《福利经济学》中提出了“外部性”概念，以这一概念为中心提出了“个人净产品”“社会净产品”等概念，丰富了公共产品理论研究内容。此外，保罗·萨缪尔森于1954年发表了其具有里程碑意义的论文《公共支出的纯理论》，在论文中明确地阐述了公共产品的定义，此外，该论文还深刻地将帕累托效率理论、序数效用理论、无差异曲线分析以及一般均衡分析等经济学原理，巧妙地融入对公共产品供给问题的分析框架之中，从而推导出了著名的“萨缪尔森条件”，该条件指出：全体消费者对公共产品与私人产品边际替代率的总和，正好等同于公共产品对私人产品的边际转换率（该比率为1）。自萨缪尔森提出其理论体系以来，公共产品理论经历了显著的发展，其研究视角也日益广泛，涵盖了公共产品供给的均衡、效率、制度设计、绩效评价等多个关键领域。例如，蒂博特提出的“用脚投票理论”就是其中的一项重要贡献。另外，博弈论、空间计量经济学等新兴研究方法也被逐渐引入公共产品研究领域，为政府间竞争的实证研究提供了新的视角。这些后续的研究结论，如福利竞争框架、环境分析框架、税收竞争框架以及标准竞争框架等，极大地拓展了公共产品理论的广度和深度。

（二）新公共管理理论

自20世纪70年代起，外部环境持续变化，政府面临的挑战愈发复杂，财政困境不断加剧，社会福利政策的实施面临重重阻碍，政府机构规模庞大且效率低下，公共服务质量亦不尽如人意。在此情形下，传统公共行政领域的两大核心基础理论：一是政治与行政二分法；二是科层制管理理论（亦称“官僚制”理论）显得捉襟见肘，既不能为这些问题提供有力的理论支撑，也无法提出切实可行的应对策略。同时，民众对政府的信赖程度逐渐降低。面对如此严峻的挑战，学者们着手积极探索破解之道，力图攻克传统行政管理理论难以解决的困境。同时，一种融合了自由经济思想、新制度经济学以及公共选择经济学精髓的“新右派”思想潮流，在意识形态领域内逐渐崭露头角。此思潮深刻认识到自由市场的巨大价值，并指出政府干预可能导致的各种问题，因此，学者们倡导利用市场机制来取代政治或政府干预，以实现社会资源的更高效配置。同时，部分学者也着重指出，应通过市场机制的自我调节来完善制度的设计与安排。正是在20世纪80年代这样的时代背景下，一场以新公共管理理论为核心的运动在英美两国蓬勃兴起，并迅速扩展至整个西方世界。克里斯托夫·胡德为西方国家在改革进程中涌现的新型政府管理模式赋予了“新公共管理”的命名。森特·怀特认为，新公共管理强调职业化的管理、明确的绩效标准和绩效评估；根据结果的准确性而非程序的精确性来评估管理效能；强调资金的使用效益；更加敏锐地关注消费者需求，而不仅仅是公民需求，并着重于提供定制化的公共服务，而非仅仅追求广泛覆盖。新公共管理时代的到来标志着政府正向“后官僚组织”转变，原有的单向等级指挥关系被互动交流和导向性管理所取代。随着官僚制的逐渐摒弃，公共管理开始从原先对效率的单一重视，转向了对服务质量与顾客满意度的双重关注。新公共管理理论的核心主张在于，在供给公共服务的过程中，政府应扮演“领航者”的角色而非“执行者”，应当是“服务提供者”而非单纯的“管理者”，并应当更倾向于采取“分权管理”的方式，而不是“高度集中管理”。应当以顾客需求为引领，以市场方向为指引，将竞争机制融入公共服务领域之中。新公共管理运动聚焦于在公共服务领域运用商业管理的理论体系、实际操作经验、运营流程及前沿技术，其核心在于将竞争机制及市场化的管理规则与模式引入其中，以此重塑政府角色与形象。其根本目的在于促使公共部门内部管理趋于更加科学与合理，从而全面提升公共服务的品质与标准，最终实现管理模式的转型，即以经济性、高效率和高效益为指引。新公共管理理论的崛起推动了多个核心转变的实现：由政府传统的主导模式转变为以社会服务为核心的模式，从效率至上的原则转变为以成本控制为主导的原则，由优先考虑个人利益转变为以公共利益为中心。

（三）新公共服务理论

新公共服务理念在20世纪90年代末期萌芽。早在1989年，帕特里夏·英格拉姆和戴维·罗森布鲁姆两位学者就率先提出了“新公共服务”的概念，他们将其视为一种旨在强化权力基础、提升代表性、促进公民参与及推动分权的新型公共行政运动，并着重强调公共服务必须严格遵循宪法和法律的规定。保罗·C. 莱特（1999）于其著作《新公共服务》一书中，系统地总结了新公共服务的核心特点，并深刻剖析了公务员在新公共服务模式下应具备的关键素质。然而，在进入21世纪之前，新公共服务的理念在学术界尚未获得足够的重视，其影响范围相对较小。步入21世纪之后，由于登哈特夫妇对新公共服务领域的深入探索与研究，该领域的理论研究和实践应用开始步入一个快速发展的阶段。在对比公共行政、新公共管理以及新公共服务这几个概念时，登哈特夫妇全面归纳了新公共服务的四大核心理论支撑和七项基础原则。他们认为，政府治理中民主价值观十分重要，虽然效率等价值观不应舍弃，但应当被置于公共利益和民主这一更广泛的框架内，并且公共服务应以协商和公共利益为基础。随后，他们持续致力于新公共服务理论体系的进一步优化与完善。在罗伯特·B. 登哈特的专著《公共组织理论》一书中，对传统公共行政、新公共行政以及新公共管理等各种组织理论进行了详尽的归纳与整理，同时，他也将新公共服务理论与上述各种理论进行了深入且细致的对比分析。从公共组织的视角出发，该书对新公共服务理念进行了详尽的阐述，其核心在于强调以公民需求为主导。

登哈特夫妇（2001）在其著作《新公共服务：民主为先》中，针对美国当时正在进行的新公共管理运动展开了透彻的批评。他们强调，当时的关注点过分偏向于私人事务的处理、顾客服务的提供以及绩效的评估，却忽视了那些深植于民主理念、公民权益以及公共利益之中的新公共服务。登哈特夫妇着重向政府工作者及研究学者指出，相较于其他领域，新公共服务更应获得高度的重视与关注。登哈特夫妇 2003 年推出了专著《新公共服务：服务，而非掌舵》，在其中全面且条理清晰地论述了新公共服务理论，此举意味着新公共服务在理论层面正式成为一个独立的体系。该著作的理论精髓聚焦于两大方面：它深刻突出了公共服务尊严及其价值的不可或缺性；此外，它重申了公共利益、民主以及公民权价值观作为实现卓越的核心与基石的重要地位。该书在其前期文章的基础上，追溯了新公共服务理论的起源脉络，并对其七大基本原则进行了详尽且深入的剖析。同年，登哈特夫妇发表了文章《新公共服务：一种改革的途径》，提出了不同于传统公共行政、新公共管理的，以民主和社会标准为核心的改革途径，即新公共服务。该文对新公共服务的特征进行了简要概述，并阐述了新公共服务将如何为公共行政人员指明工作导向。詹姆斯·L. 派瑞（2007）在其专著《民主与新公共服务》一书中，对民主与公共服务之间的关联进行了新的剖析，并着重指出，相较于传统的公共服务模式，新公共服务已经展现出截然不同的新面貌。登哈特夫妇（2015）发表了文章《新公共服务再审视》，在这篇文章里，他们重新整理了新公共服务的核心思想与基本原则，同时，他们还回顾了新公共服务在学术理论研究及政府实践改革中的实际表现与成效。他们总结认为，新公共服务在公共行政的理论探索与实际操作层面正发挥着越来越重要的作用。

（四）治理理论

自1989年“治理危机”（Crisis in Governance）这一术语被引入学术讨论以来，政治学、经济学及管理学领域纷纷接纳并进一步阐释了治理的概念，持续扩展其核心意义与应用范围。20世纪90年代起，治理理论作为一种新兴的政府管理模式逐渐崭露头角，引领了一股政府管理创新的潮流。长期以来，在政治学与行政学的研究领域中，政府中心论一直是探讨政府管理模式时的核心出发点和基础框架。然而，治理理论的兴起打破了政府中心论的局限，它倡导构建一个由市场、政府及非营利性社会组织与机构相互交织、密切合作的体系。在这一体系中，政府、市场与非营利组织通过协同合作与相互依赖，构成了多元化的治理主体，一起面对并解决公共事务的治理挑战。作为一种管理机制的治理理论，其核心在于围绕同一目标所开展的一系列活动。这些活动虽不一定依赖于正式的授权，但却能够实实在在地发挥有效作用。也就是说治理理论认为，公共管理活动的主体不一定必须是政府，也可以通过非政府组织来实现。公共管理不仅通过政府机制以尽到其应尽的责任，还能够借助非正式途径或非政府组织的形式以达成其既定功能。

权威学者格里·斯托克（Gerry Stroke）对治理理论的研究成果进行了系统的梳理与总结，最终概括出了五种核心的治理理论观点。其一，治理代表的是一系列由社会公共机构和行为者所采取的行动，这些行动虽源自政府，但并不受政府单一控制，进而打破了政府作为国家唯一权力中心的固有观念，向传统的国家和政府权威提出了质疑。其二，治理凸显了在社会和经济问题处理过程中，界限和责任所具有的模糊性特征。详细来说，营利性部门及非营利性部门，尤其是后者，正日益承担起更多原本专属于政府的职责，这致使国家与社会之间、公共部门与社会部门在界限和责任上的划分变得愈发模糊。其三，治理理论深入揭示了社会公共机构在集体行动中所表现出的权力相互依存关系。总而言之，一个组织若要实现其集体目标，必须依赖其他组织的支持与协作。为了实现各自的目标，各组织需在遵循既定规则的基础上，充分利用交换环境提供的机遇，调动各自资源，进行协商对话，共同设定目标，并达成合作所需的交换条件。其四，治理的核心理念在于，参与者将自主构建一个独立运作的网络体系。该网络在其专属领域内具有权威地位，能够发出有效指令，并与政府形成合作伙伴关系，共同分担部分行政管理职能。其五，治理理论着重指出，政府所拥有的权力、命令权及权威运用能力，并非实现良好治理和高效管理的核心要素。在公共管理的范畴内，政府肩负着采纳并实施新型管理手段与技术的使命，以便为公共事务的发展指明方向并进行有效调控。

治理理论的兴起有效地连接了政府管理与市场调节之间的缺口。市场虽然具备其固有的运行机制，然而，在诸如保障财富公平分配、供给公共服务以及应对生产无序等问题上，单纯依赖市场力量存在难以突破的局限性，这致使社会资源的最优配置没有办法实现。同样地，仅仅依靠国家的计划与指令等行政干预方式，也无法实现资源配置的最优化状态。治理理论是一个理论框架，它倡导多元性、鼓励民主参与、弘扬协作精神，并力求超越意识形态的限制，有效地填补了国家和市场在调控与管理中存在的不足之处，既推动了市场效率的提高，又增强了政府管理的灵活性与适应性。治理理论的核心在于，它依据市场原则，将政府、私营部门以及非营利组织等多个主体纳入其中，基于共同的价值观与目标，为实现公共利益而构建起合作、沟通与伙伴关系的网络。

（五）协同理论

协同理论（Synergetics）是在20世纪70年代初，由德国斯图加特大学的著名物理学家赫尔曼·哈肯（Hermann Haken）教授所创立的。协同指的是系统内部各个组成部分达到一种和谐共生的状态，它研究的是一个处于非平衡态的开放系统，当外部环境变化达到某一临界值时，探索如何在非线性相互作用的影响下，使系统内部自发地从无序状态逐步转变为有序状态，或者从已有的有序状态进一步升级为更有序状态的路径问题。换言之，协同论深刻钻研了那些在非平衡态中运行的开放系统，在它们与外界环境持续进行物质与能量交换的动态演变历程中，是如何借助内部的协同作用机制，自然而然地在时间序列、空间配置以及功能展现方面构建出有序结构的。从根本上讲，协同理论坚守一个核心观点，即无论是在自然科学的探索领域，还是在社会科学的研究范畴内，每个组织内部都蕴含着协同效应的力量。对于组织内部各个子系统来说，各个组成要素之间的协同配合是极为关键的，因为它是驱动整个系统向有序结构演变的内在核心力量。当外部环境的变化达到某个特定的临界点时，复杂系统中的各个子系统会开始发挥协同作用。这种协同作用促使各子系统充分展现其独特优势，并通过相互之间的紧密合作，实现整个系统层面的协同效应。这一过程能够促使系统从原先的混乱无序转变为井然有序。协同论着重指出，子系统之所以能展现出这种协同效果，其深层次的原因在于它们所具备的自组织特性。换言之，即便缺乏外部指令的直接操控，系统内部的子系统也能根据某种固有的规律，自动地形成特定的功能模式与结构形态。

在提供公共服务的领域内，协同治理模式着重于政府、市场、社会及民众等多元主体的共同参与，旨在通过各自的协同努力，追求治理效果的最大化，并最终达成治理目标。协同治理理论推崇多元主体协同合作的模式，原因在于基本公共服务构成了一个复杂且多元的系统，该系统包含了多个子系统和关键要素，涉及基本公共服务的生产、供给、公共政策的规划与实施等多个层面。这些层面广泛关联着政府、市场主体、社会力量等多元主体，它们作为系统中的关键组成部分，在公共服务供给的过程中既存在竞争关系，也开展合作。因此，为了保障治理成效，需要推动各主体协同一致、均衡贡献，以降低内部消耗，并通过互补优势来增强基本公共服务供给的效率。在基本公共服务这一开放的系统中，政府、市场主体、社会组织以及民众等多元主体应当携手合作，共同参与到行动策略的规划中，并建立健全的保障体系，以确保全体民众的基本公共服务权益得到落实，从而满足广大民众日益增长的需求。

（六）共生理论

“共生”这个词汇源自生物学范畴，其最初的概念是在 1879 年由德国著名的真菌学家安东·德·贝里（Anton de Bary）提出的。德·贝里将“共生”界定为不同生物间一种互利互惠、共同存在的现象，并强调在这种共生关系中，任何一方的缺失都可能对生态系统中的所有成员造成不良后果，在极端情况下，甚至可能引发整个共生生态系统的瓦解。此后，到了 1984 年，德·贝里又进一步深入探讨了共生理论中的共生、寄生现象与腐生过程等议题，对生物间存在的共生关系进行了详尽且深入的分析与阐释。与此同时，法国学者 Mayrecallery（1950）出版了一部专著，名为《Parasitism and Symbiosis》，在这部著作中，他对寄生与共生的基本原理进行了深入且系统的阐述。美国学者 Read（1970）在他的著作《Parasitism and Symbiology》中提出，将寄生现象与共生生物学之间有效地融合起来，以此将这一理论作为了概念性教材的重点。随着生物学研究的不断深入，人们对生物间共生关系的理解日益完善，与此同时，共生理论体系也在不断吸纳新的见解。例如，A. E. Douglas 就着重指出，共生机制在真核生物构建其复杂新陈代谢系统中发挥着重要作用。他深入剖析了共生关系形成的四个关键环节：共生伙伴的甄别、共生关系的逐步确立、共生关系的独特性或专一性特征，以及共生关系的辨识体系。作为一种创新的合作模式，共生在推动共生个体发展新兴能力方面展现出了显著的催化效应。20 世纪中叶，共生的概念开始突破生物学范畴，逐步被引用到其他领域，西方的社会学者们首先将这一概念引至社会学领域，并逐步运用到经济、农业、医学等学科。社会学者们认为，随着社会的发展，人与人之间、人与物之间的联系越来越紧密，逐步形成了一个相互依赖的共同体，因此，将共生的方法引入社会学的生产生活中具有理论指导意义。他们提出用共生方法来组织设计生产。这一时期，各国学者在这方面的尝试可谓众彩纷呈。美国、日本、韩国在这一领域作了探索和研究。美国经验社会学派利用生态学创立人文区位学；日本学者尾关周二倡导共生共存、兼容并蓄；国李秉律认为在日益激烈的市场竞争中，企业间的关系将逐步从竞争走向共生。在国内，袁纯清（1998、2002）最早将共生理论引入社会学领域，研究小型经济及银行金融业的共生问题。此后，胡晓鹏（2008）、杨玲丽（2010）、袁年兴（2012）、冯淑华（2013）、吴勇民（2014）、刘光富（2014）、王发明（2016）等将共生理论引入到更广泛的社会科学研究中。高明（2012）基于共生理论提出了区域城乡公共服务一体化的新思路。毛才盛（2013）将共生理论引入到大学科技园集群创新能力研究中，在概念界定、模型构建方面提出了一系列有价值的初步研究成果。赵曼丽（2013）以共生理论构建了县域农村公共服务协同供给的理论分析框架，并提出了富有针对性的政策建议。刘志辉（2015）阐述了政府与社会组织之间关系的发展脉络——从非对称性共生逐步转变为对称性互惠共生的趋势。宋涛、黄希宝等（2017）通过共生理论视角，提出基本公共卫生服务均等化与健康管理共生的基本运作机理，并提出了相应的对策和建议。王文龙等（2022）基于共生理论构建了新型农村社区公共体育服务多元化供给的路径等。

二、文献综述

（一）公共服务内涵研究

在19世纪下半叶，西欧与北美等地的西方国家大多确立了民族国家的地位，这些国家的政治体制、经济结构以及社会体系逐渐趋于成熟和完善。同时，政府对于公共服务的重视程度以及民众的公民意识均得到了持续的增强。在这种历史背景下，法国的公法学界涌现出了一批杰出的学者，他们共同构建了公共服务理论。其中，莱昂·狄骥尤为突出，他率先提出了“公共服务”这一重要概念。狄骥严厉地反驳了国家地位凌驾于法律之上的观点，他坚持认为国家应当受法律的约束。在狄骥的见解中，国家从根本上来说是一个为实现特定功能而存在的组织实体，莱昂·狄骥主张以“公共服务”的理念来取代传统的“主权”观念。狄骥提出，那些实际掌握权力的人并不具备对公共权力的主观行使权，他们的权力仅限于在特定范畴内组织公共服务，并需承担确保这些服务顺畅运行的职责。他深信，确保公共服务的提供是政府的核心职责与使命。狄骥对公共服务进行了如下定义：“任何与社会团结的实现和促进紧密相关，且需要政府进行规范和控制的活动，均可视为公共服务，这类活动在缺乏政府干预的情况下，将无法得到有效的保障。”相较之下，佩泽尔对公共服务的界定范围更为宽泛。他认为，“公共服务”这一术语既涵盖了组织层面的含义，也包含了物质层面的含义。从组织架构的角度来看，公共服务体现为一个组织或行政机构的职责所在；而从实体活动的层面来说，公共服务则涵盖了那些具备普遍利益性质的活动。佩泽尔关于公共服务观点的阐释更加贴合时代变迁的实际情况。

国内，孟春等从“什么是公共服务及其范围”“提供多少，如何融资、生产与定价”“需要建立什么样的机制来实现公平与效率”“制度建设与激励机制是什么”四个层次提出了一个完整的公共服务分析框架。尽管该理论框架已经涵盖了公共服务的具体内容、涵盖范围、提供方式的选择以及提供机制的有效性评估以及制度激励等多个方面，但其整体结构仍然显得较为松散。马庆钰（2005）对公共服务的范围和边界进行了清晰的界定。他认为，无论是政府还是非政府性的公共组织，只要是在公共物品的生产或提供过程中履行或担负的职责，都属于公共服务的范畴。他强调，在提供公共服务时应明确政府、市场和社会组织等多元主体的职责和角色。陈曦（2007）提出公共服务是指政府发挥相关职能，为公众提供生活、产业发展等方面的服务。唐铁汉与李军鹏（2009）指出，公共服务主要由各级地方政府承担，这些服务以可供全体社会成员共同享用的产品或服务形式展现。通常而言，公共服务涵盖了为满足社会公共需求、实现公共产品供给而展开的所有服务活动和行为。刘尚希（2008）着重指出要关注民众的实际需求，他认为，基本公共服务应当囊括居民日常生活所必需的各项服务。这些基本需求可以进一步细化为保障性消费需求与普遍性消费需求两大类。郭小聪与代凯（2013）建议更多地运用实例分析的方法，以深入探究供给主体的行为模式。他们提出，应适度减少对基本公共服务均等化的过度讨论，而将研究的焦点转移至对公众需求的细致分析上。黄诚（2014）主张基本公共服务应围绕人民为核心，专注于提升民生服务水平。李雄华（2016）强调政府有责任确保提供的公共服务能够全面满足居民的基本需求，这是居民基本权利（包括基本生存权与基本发展权）得以保障的关键体现。李明（2018）指出，公共服务是指政府或公共部门为满足社会公共需求而提供的服务，其核心在于公共性和服务性。他强调，公共服务不仅是政府职责的体现，也是实现社会公平和正义的重要手段。张华（2019）则从公共服务的供给主体出发，认为公共服务可以由政府、市场和社会组织等多元主体提供。他提出，随着社会的发展和进步，公共服务的供给模式应逐渐由单一化向多元化转变。王刚

（2020）在研究公共服务的范围时指出，公共服务涉及教育、医疗、社会保障、交通运输以及环境保护等多个关键领域，这些领域均紧密关联着民众的基本生活需求。赵晓（2021）认为，公共服务的内涵不仅包括物质层面的服务，如基础设施建设、公共服务设施等，还包括精神层面的服务，如文化、教育、科技等。她强调，公共服务应满足民众在物质和精神两个层面的需求。刘伟（2022）从公共服务的目标出发，指出公共服务的最终目标是实现社会公平和正义，提高民众的生活质量和幸福感。他提出，公共服务应关注弱势群体的需求，确保他们能够获得基本的生活保障。

（二）公共服务供给主体及供给模式

从现有文献及供给实践来看，公共服务供给模式经历了三个阶段，早期是以政府单一供给为主，后来演变为政府、市场等的多元供给，但理论上还是以政府为主导，随着经济社会的快速发展，多中心发展成为当前公共服务供给的主要研究热点。

1. 政府单一供给模式

早在20世纪50年代之前，公共产品的提供便与政府的关系紧密相连，古典主义国家理论和经济理论都对服务性质如何与政府职能相联系进行了全面而系统的说明。1651年，英国学者托马斯·霍布斯（Thomas Hobbes）在其著作《利维坦》中对国家职能进行了探讨并创造性地指出国家是一种具有公共品性质的社会契约，另一方面认为政府的职能就是为个人提供公共服务。1690年，英国哲学家约翰·洛克（John Locke）在《论政府两篇》中提出了“为了人民的公共福利”是政府的主要责任之一的论点。1739年，英国哲学家大卫·休谟（David Hume）在《人性论》中借助其设想的一个“草地排水”案例来说明某些事情只能由政府来完成。休谟在其著作里初次描绘了人性中的一种倾向，那就是“搭便车”心理，并在此过程中也隐含地触及了公共服务的一些特性。此外，古典政治经济学派的亚当·斯密（Adam Smith，1776）在《国富论》中从国家职能的角度论述了政府供给公共物品的适当界限及其作用，他提出政府的三项职责之一就是建设并维持某些公共事业及某些公共设施，而其建设与维持绝对不是为任何个人或任何少数人的利益。斯密在探讨政府职能的框架内，无形中列出了一份政府需提供的公共物品详尽清单，强调这些必需品涵盖国防、国内公共安全维护、公共秩序保障、公共设施建设以及公共事业的发展。让·巴蒂斯特·萨伊（Jean Baptiste Say，1803）在《政治经济学概论》中提出政府有责任为经济的发展创造一个安定、安全、公平和有利的环境，并把政府的活动范围限定在提供这些公共产品中。约翰·斯图尔特·穆勒（John Stuart Mill）在其1848年出版的《政治经济学原理》以及1861年出版的《代议制政府》中都提出了政府应该为人民（被统治者）提供福利的观点。这些论述为后续所有关于公共服务的研究奠定了坚实的基础，并构成了大多数探讨公共服务供给问题时所引用的主要理论支撑。

德国经济学家阿道夫·瓦格纳（Adolf Wagner）被誉为古典财政学派的开创者，他坚信政府提供公共产品不仅是不可或缺的，而且对经济的繁荣与发展具有显著的正面效应。瓦格纳通过运用需求收入弹性理论，为政府增加公共支出的合理性和必要性提供了有力的论证。自19世纪70年代起，边际学派崭露头角，该学派的重要代表人物包括里昂·瓦尔拉斯、威廉·斯坦利·杰文斯以及卡尔·门格尔等人，他们引入了效用价值论和边际分析的手段，对公共服务的供给议题进行了深刻且细致的量化分析与探讨。这一研究路径为公共产品理论的量化分析奠定了重要基础。紧接着，瑞典学派的两位卓越学者——克努特·维克塞尔与埃里克·罗伯特·林达尔，立足财政理论的视角，对政府如何高效供给公共产品这一议题展开了详尽且深刻的讨论。他们独具匠心地创建了一个需求均衡模型，该模型旨在探寻并实现公共产品的最优供给条件。

现代经济学亦支持公共产品应由政府负责供给的观点，并为此提供了坚实的理论基础。1920年，经济学界的权威人物阿瑟·塞西尔·庇古，在其备受推崇的《福利经济学》一书中，以条理清晰且深入细致的笔触，对市场失灵现象、外部性效应，以及私人成本与社会成本之间的显著差异等关键议题进行了详尽剖析。他深刻而精准地揭示了公共产品与市场机制之间那些根深蒂固的冲突与矛盾。庇古的这些深刻见解，有力地支撑了政府采取干预措施的理论依据，为政府介入公共产品供给领域奠定了坚实的经济学基石。在庇古之后，美国经济学家保罗·萨缪尔森（Paul Samuelson）在1954年发表的《公共支出纯理论》一文中从多个角度对公共产品理论进行更加系统而深入的研究。文中在界定公共产品的经典概念基础上，还深入分析了非排他性和非竞争性这两大核心属性，指出它们正是市场无法有效供给公共产品的症结所在。相较之下，政府作为公共产品的提供者，能够实现社会资源更加高效的帕累托最优配置。因此，该论述断言，政府应当承担公共产品的供给责任。同时，萨缪尔逊利用序数效用、无差异曲线、一般均衡分析和帕累托效率等对如何使公共产品达到最优供给问题进行了分析，建立了著名的萨缪尔森模型。《公共支出纯理论》一文的发表也标志着经济学中的公共产品政府提供理论的最终形成。此后，图克（Tucker，1950）建立的“囚徒困境”，曼瑟尔·奥尔森（Mancur L. Olson，1965）讨论的“集体行为的逻辑”以及加勒特·哈丁（Garrett Hardin，1968）提出的“公地的悲剧”都论证了公共物品消费的不可分割性和非排他性与人性中存有的“免费乘车”倾向之间的矛盾，从而得出了自利的私人难以合作、公共物品供给是政府的必然职责的结论。

综上所述，从社会契约论与经济自由论中政府应全权负责公共服务供给的论断，到微观经济学领域采纳效用价值论与边际分析，对公共服务供给议题展开了更为深入的探讨，随后，福利经济学根据资源应实现最优配置的原则、追求社会福利最大化的标准，并结合外部性理论，对公共服务供给所涉及的一系列问题，展开了全面且细致的深入剖析，这些理论架构和分析手段均一致地突出了政府在公共物品供给中无可替代的主导地位。

2. 政府与市场的双重供给模式

从20世纪60年代起，公共服务供给领域逐渐暴露出供给短缺与效率低下两大问题，这些问题清晰地指出了单一供给主体模式存在的不足之处。基于上述背景，公共选择学派着手研究市场作为公共物品供给新途径的可行性，同时高度关注私人部门在参与公共事务管理中所能带来的潜在正面影响。

科斯对传统观念中公共服务必须由政府垄断供给的观点进行了有力的辩驳，他清晰地指出，公共服务的提供不仅能够，而且非常适合引入市场机制。他深入剖析了英国早期灯塔服务的具体案例，结果揭示了一个事实：这些灯塔的提供者实际上是私人部门，而非部分经济学家之前所设想的那样，一直由政府主导。科斯进一步强调，灯塔服务的提供并非政府的专属职责，私人部门同样具备并提供这种服务的能力。康芒斯认为公共服务的供给过程完全属于“交易”的范畴，必然会产生交易费用，要不要采用某种公共服务供给机制和供给方式，取决于该种供给机制或方式下提供公共服务的交易费用是否最低，在回报相同的情况下，应该选择成本较低的公共服务供给方式，在无法进行或比较难以得出结论的情况下，应允许市场进入。德姆塞茨认为，当不付费者可以被排除时，私人企业可以切实提供公共服务，方法之一是把非排他性服务和私人产品结合起来提供。例如，为了获取收益，可以将无线电广播和电视信号这类公共服务与具有排他性的广告服务相结合。

1965 年，经济学家詹姆斯·麦基尔·布坎南（James McGill Buchanan）提出了一个创新性的概念——准公共物品（也被称作俱乐部产品），他明确指出，这类物品并不完全具备公共物品所固有的两大基本特性。他所构思的“俱乐部产权制度”，其核心目的在于为那些拥有共同个人偏好的成员构建一套既具激励性又含约束性的体系。当俱乐部产品不再能满足会员的需求时，会员有权利选择退出。这一制度设计旨在有效消除“搭便车”行为，并预防“公地悲剧”的发生。因此，在俱乐部理论的指导下，通过构建有效的机制和特定的组织架构，公共物品的收费难题得到了合理且有效的解决。哈罗德·德姆塞茨（Harold Demsetz，1970）提出如果能够排除非购买者，可以采用联合提供的方式使得公共物品能够通过私人物品价值实现的形式进行生产。罗纳德·哈里·科斯（Ronald Harry Coase，1974）通过对英国灯塔制度的研究探讨了在一定的技术条件和制度安排使排他成本降低的情况下，灯塔由私人建造和收费的可能性。在管理学权威彼得·德鲁克（Peter Drucker）首次系统阐述民营化理念之后，英国政府于 20 世纪 70 年代迅速展开了政府业务委托私营部门管理的实践探索；自 80 年代起，美国政府开始运用合同外包的手段，引领市政服务逐步迈向市场化道路。从 20 世纪 80 年代开始，西方发达国家着手对公共物品实施了民营化改革举措，这一变革带动了以提升经济效能、效率和成果为核心的新一轮经济管理运动的兴起。值得强调的是，新公共管理运动的主旨并非推动公共服务经营的全面市场化，而是其生产环节的市场化。具体而言，公共服务市场化供给机制，意指将原先由官僚体系内政府机构所承担提供的各类物品与服务，在明确界定公共服务的种类、数量及其所需达到的质量标准之后，通过市场招标流程与签订契约的方式，将生产与供给的任务转移给追求盈利的企业来完成。从整个操作流程的视角出发，这一过程本质上彰显了市场与政府携手合作的供给模式。

3. 社会组织参与的方式与形态

自20世纪80年代起，随着西方福利国家体制弊端的逐渐暴露、政府功能局限性的不断显现，以及新公共管理运动的蓬勃兴起，一场以社团革命为重要背景的社会组织运动悄然兴起，并在公共服务供给领域占据了举足轻重的地位。伯顿·韦斯布罗德（Burton A. Weisbrod，1974）最先在经济学分析范式下解释非营利部门存在的原因，通过指出政府和市场提供公共物品的局限性，提出非营利组织在供给公共物品方面的功能优势，从而证明其存在的必要性。亨利·汉斯曼（Henry Hansmann，1980）提出造成营利组织竞争无效的根本原因是“契约失灵”，而非营利组织所具备的“非分配约束”特性却能够对市场可能出现的“契约失灵”，即对生产者的机会主义行为进行有力的约束。因此，非营利部门在公共服务供给中扮演着举足轻重的角色。虽然非营利部门供给解决了政府失灵、市场失灵、契约失灵的问题，但是莱斯特·萨拉蒙（Lester M. Salamon，1981）却提出了第三方管理模式。他强调，由于政府职能存在固有的限制，当公共服务供给面临效率低下或完全失效的困境时，一系列替代性的制度安排便会自然产生。在这种情况下，非营利部门通常被视为在政府与市场双重失灵之后，能够为公共服务供给提供关键补救措施的重要角色。然而，这一新型供给主体的涌现，并不预示着它能彻底根除公共服务供给中存在的失灵问题。这是因为人们常常未能充分意识到，非营利部门作为服务提供者，同样具有其固有的局限性，具体表现为可能会遭遇“志愿失灵”的状况。面对“志愿失灵”现象的发生，政府的及时干预和强有力的支持变得极为重要。在此情境下，挖掘并利用政府与非营利组织各自的组织优势，以及促进它们之间的互补与协同合作，我们可以为两者协同工作创造有利条件。所以，萨拉蒙认为联邦政府应该通过第三方机构来实施政府功能，并且双方应该分享在公共基金支出和公共权力运用上的处理权。1992 年，本杰明 · 吉德伦（Benjamin Gidron）、拉尔夫 · 克莱默（Ralph M. Kramer）和莱斯特 · 萨拉蒙（Lester M. Salamon）等学者共同构建了一个理论框架，该框架详细阐述了政府与非营利组织之间关系的不同类型。该理论着重探讨了两个核心要素：服务资金的筹集与授权方式，以及服务的具体执行。基于这两个维度，该理论将政府与非营利组织之间的关系细化为四种基本类型：①政府主导型模式：在此模式中，政府成为资金筹集与服务供给的中坚力量。它既是财政支持的主导者，也是福利服务的主要提供者。政府借助税收机制来筹集资金，并依赖政府工作人员向公众输送必要的服务。②非营利组织主导型模式：在此模式下，非营利组织在资金筹集及服务提供的环节中占据核心位置，起着决定性作用。③双重主导模式：该模式介于政府主导模式与非营利部门主导模式之间，具有过渡性质。在此模式下，政府与非营利部门均深度参与资金的筹集与服务的提供过程。但它们的活动范围有着明确的界限。双重模式具体可分为两种形式：第一种形式中，非营利组织针对那些未获得政府服务的顾客提供相同类型的服务，从而起到对政府服务的补充作用；第二种方式是非营利部门通过引入政府尚未涉足的服务项目，来补充政府服务功能的缺失。无论采取哪种方式，双重模式最鲜明的标志是，它具备两个庞大且相对自主的服务资金筹集与服务提供的体系。④合作模式：在这一模式下，政府与非营利部门建立起合作伙伴关系，共同肩负起提供公共服务的责任，形成了一种协同工作的关系，而非各自孤立运作。合作模式涵盖两种类型：一是“合作的执行方”模式，在这一模式中，非营利部门充当政府项目管理的主要执行实体，拥有有限的决策与议价权力；二是“合作伙伴关系”模式，该模式更加注重政府与非营利部门之间的平等协作与紧密联系。在这个模式中，非营利组织拥有大量的自治和决策的权利，在项目管理上也更有发言权。在 1999 年与 2000 年的研究中，丹尼斯 · 扬（Dennis Young）运用了经济学理论，以深入分析非营利组织的行为特征，并详细探究了非营利组织与政府部门之间相互作用的方式与模式。他打破了政府主导的传统观念，对非营利组织与政府之间的关系进行了细致划分，将其分为补充关系、互补关系以及抗衡关系这三种类型。在补充型关系中，非营利组织与政府部门各自维持着相对独立的资金筹集系统和服务提供体系，非营利组织主要承担填补政府服务不足的角色；而在互补关系中，非营利组织与政府部门被视为解决复杂社会问题的有效组合，它们携手合作，共同为公众提供公共服务，其中一种常见的合作模式是政府资助非营利部门，由后者负责具体服务的实施。抗衡关系并非指两者完全对立，而是指在社会不稳定时期，非营利部分作为公共利益的代表，在资金筹集和服务供给方面都起支配作用，进而推动政府在政策上予以改进。

4. 多元参与模式

1991 年，罗伯特·伍思努（Robert Wuthnow）构建了一个理论模型，该模型详细阐述了国家、市场与志愿部门之间相互依赖的关系。在此模型中，国家被看作是一个掌控并行使强制性权力的实体，它借助一系列正式且带有强制性质的组织体系，精确地划定了其合法行为的活动范围，并有效加强了这一边界的稳固性。市场按照自愿交易的原则运作，其核心在于营利性商品与服务之间的互换，这些交换活动严格遵循着一个与供给和需求水平紧密挂钩的价格系统来执行。与之形成鲜明对照，非营利部门被界定为那些主要遵循志愿精神运作的组织。它们既不会诉诸正式的强制手段，也不会涉足旨在盈利的商品和服务交易活动。伍思努认为，政府、市场和志愿部门之间存在着竞争与合作、各种资源的交换、各种符号的交易等频繁的互动和交换关系。当多个部门组织均提供相同或类似的服务时，它们之间自然而然地形成了竞争态势。但当集中不同的资源来共同解决社会问题的时候，彼此之间又是合作关系。

此外，在公共服务的提供方面，PPP 模式（即公私合作模式）也扮演了举足轻重的角色。1992 年，英国人诺曼·莱蒙（Norman Lamon）创新性地提出了公共部门与私营部门合作的模式，并引入了私人投资计划（Private Finance Initiative，PFI）作为实施这一模式的具体手段。与政府供给、市场供给以及社会组织供给公共服务的方式相比，PPP 模式

（即公共部门与私人部门合作伙伴关系）更能突出展现公共部门与私人部门之间紧密且深入的合作关系。PPP 模式的核心在于，公共部门基于社会对公共服务的需求确定建设项目，并借助招标程序，从市场中精心挑选出适宜的合作伙伴。中标后的私营部门将承担起项目的设计、建造、运营及维护工作。这表示，在契约框架的规范与引领下，市场力量将融入公共服务的生产流程中，而政府则负责通过支付费用来弥补生产成本或回馈收益。PPP 模式有着区别于公共服务市场化供给新公共管理模式的鲜明特点：双主体供给、“政”“企”分开、代理运行机制、效率与公平兼顾。这些特点有利于将私人投资引入公共部门对非纯公共服务的供给，对财政投资不足加以补充，而且，能够在确保公平性的同时，引入私营模式的管理技术，从而提高了公共产品供给效率，实现公平与效率结合。然而，它是公共服务市场化改革不断向前推进与深化的结果，PPP 模式（Public-Private Partnership）也可能会由于信息不对称现象的存在、私营部门秉持的“自身利益最大化”动机，以及可能出现的寻租行为等多种因素，而引发“契约无法有效履行”的情况。

实际上，公共服务供给的市场化与社会化均反映了供给主体朝向多元化方向发展的明显趋势。总体而言，无论是市场化所倡导的公共服务供给模式，还是社会化所坚持的供给方式，其核心要义都在于促进社会权力的分散以及资源的有效整合。这两者都力求打造一个相互交织、协同作用的管理框架，目的是为公众提供更为广泛且多样的选择机会。资源整合则体现了深入发掘并妥善运用各类社会资源的美好期待。

我国在公共服务供给模式研究方面的起步相对较晚，早期研究以对国外理论的吸收借鉴为主，包括国外公共服务经典理论及实践经验的介绍，阐释公共服务供给主体的地位职能等。沈荣华（2004）、李军（2004）、廖晓明（2005）、刘厚金（2011）认为建设公共服务型政府，履行公共管理职能、完善公共服务体制，政府必须在公共服务供给中占主导地位。贾凌民（2007）、张瑾（2008）等认为在提供公共服务的过程中应打破政府垄断供给模式，引入新的供给主体，建立以政府为中心的“一主多元”的供给模式。刘晓苏（2008）将国外公共服务分为昂克鲁—撒克逊模式、欧洲模式、东亚模式，详细阐释了三种类型，并提出要构建一个健全的公共服务体系，关键在于实现政府、市场及非营利组织三者间的有效平衡与协调，政府在公共服务体系中要处于主导地位，负首要责任。闫越（2008）认为由于体制机制原因导致公共服务发展不平衡、效率低，主张采用政府为主导设置动态的制度体系保障全体社会成员分享改革发展成果。田永贤（2008）认为应建立政府与其他组织间的合作网络关系推动和改善公共服务供给。通过组织间合作网络在资源配置、利益取舍、需求表达、回应性等方面与传统的公共服务供给机制存在的显著差异来解决公共服务供给不均衡问题。许继芳与周义程（2009）深入剖析了市场、政府以及社会组织在公共服务供给过程中各自存在的、难以仅凭自身力量克服的诸多缺陷，他们主张，我国需逐渐削弱政府在公共服务供给领域的垄断角色，通过吸纳新的供给主体及创新生产方式，构建一个政府起主导作用，同时融合多元主体的“一主多元”公共服务供给新体系。郑晓燕（2010）立足于公共服务供给主体应朝向多元化发展的视角，从多个维度深入剖析了我国公共服务供给主体实现多元化发展的现实可行性，她着重指出，公共部门、私营部门和社会组织在公共服务供给的舞台上均占有举足轻重的地位。为此，她提议，需根据公共服务的不同类别以及供给所面临的特定经济社会背景，精心构建政府、市场、公众和社会组织在公共服务供给中的和谐互动关系，并配套建立有效的机制保障，旨在规避或减轻公共服务供给主体多元化进程中可能潜藏的风险与挑战。尚海涛和张金胜（2010）提出，高效的公共产品供给模式应当以满足公众的公共需求为基础，同时要实现政府主导下多种供给方式的融合与协调。政府、市场与社会之间应当建立起一种积极的协作机制，实现相互间的互补，并可能涉及职能的转移与替代，从而有效解决公共产品供给中所面临的各类挑战，最终达到单一供给模式难以达到的高效水平。郑晓燕（2010）则聚焦于公共服务供给主体的多元化发展，对我国实现这一目标的可行性进行了深入探讨。她强调了公共部门、私营部门及社会组织在公共服务供给中各自扮演的重要角色，并指出，应根据公共服务的特性和具体的社会经济背景，合理构建政府、市场、公众与社会组织在公共服务供给中的相互关系，并提供相应的机制保障，目的是减轻或防止在多元化发展道路上可能碰到的风险与困难。尚海涛与张金胜（2010）提出，一个有效的公共产品供给模式应当以公共需求的满足为根基，并在政府的主导下实现多种供给方式的协调统一。他们认为，政府、市场与社会之间应形成相互辅助、相互补充的关系，甚至在某些情况下实现职能的转移与替代，以有效解决公共产品供给中的种种问题，从而达到单一供给模式所无法实现的效率水平。郁建兴（2011）认为我国的公共服务供给模式经历了计划经济时代的平均主义、国家包办，20世纪八九十年代社会化、二元化、市场化和地方化改革后，逐渐过渡到政府主导下的多元主体供给机制。夏玉珍等（2014）、李洪佳（2016）、唐鸣（2017）等从网络化治理视角提出公共服务供给创新模式，分别从运行机制与多元主体合作供给的调整与优化角度进行阐述。戴祥玉（2016）就公共服务多元供给中存在的问题进行了分析，认为地方政府公共服务供给存在非均衡性扩张的问题，市场组织公共服务供给存在非公益性风险的问题，社会组织公共服务供给存在非有效性供给的问题，仍然影响着公共服务多元供给体系整体效能的发挥，必须转变政府服务方式，加大市场监管，强化社会组织引导，从而提升多元供给体系整体效能。当前，公共服务供给研究大多集中于智能时代的公共服务供给。如杨雅厦（2018）、刘淑妍（2019）、康之国（2019）、张金荣（2023）等都研究了智慧城市建设下城市公共服务供给模式的变革及优化路径。张会平（2019）、李利文（2019）、上官莉娜等（2021）等研究了人工智能时代大数据驱动下的公共服务模式，并且认为在大数据驱动下，公共服务变革呈现出供给主体多元协同化、供给方式集成便捷化、供给内容精准个性化和供给效果标准可视化的基本面向与整体趋势。

（三）公共服务供给机制

公共服务体制与机制创新是我国经济体制、政治体制和社会体制改革的重要组成部分。何艳玲（2006）通过分析街区公共服务的实际情况，揭示了供给模式正经历着显著变化：由过去依赖行政权力的“科层式供给”模式，逐步转向街区组织基于资源交换原则的“合作化供给”模式，并达成共同治理或共同生产的效果。晋璟瑶、林坚等（2007）则以北京城市居住区公共服务设施供给为例进行研究，认为公共服务供给机制的核心策略是“责‘钱’挂钩，规划先行，统一建设，分类管理”涉及公共服务的决策、规划、资金筹集及管理建设等过程。艾医卫、屈双湖（2008）认为随着农村公共需求的增长，必须改变政府单一供给的局面，必须构建农村公共服务的有效输入机制即需求表达机制和需求汲取机制，并在此基础上构建农村公共服务的多元供给机制。郁建兴、吴玉霞（2009）认为公共服务的供给机制是政府不同层级和不同部门都要面对的普遍问题，并指出要建立符合的供给机制进行供给参与方之间的二次分工，从而满足公民的异质性服务需求。陈振明、刘祺、邓剑伟（2011）认为在公共服务体制的结构基础上，一系列经过深思熟虑的制度组成部分，包括决策程序、服务供给系统、价格制定方案、支付机制、激励手段、监管体系、效果评估标准、责任追究流程及退出策略等，共同形成了公共服务机制的关键要素。王俊霞、王静、娄爱花（2011）认为农村公共服务机制应集中构建农村公共产品供给绩效评价指标体系、建立分级式农村公共产品需求偏好显示机制和新型农村公共产品供给机制。金世斌（2012）介绍了北欧各国公共服务供给机制的核心，北欧各国依据事权与财权相匹配的原则，并着眼于提高公共服务效率，采取了一系列措施。这些措施包括：构建和优化政府间的责任分担机制，确保各级政府在公共服务中的职责明确；加强公共财政的保障作用，为公共服务提供稳定的资金支持；积极推动公私合作伙伴关系，引入市场力量提升服务质量和效率；广泛鼓励公众参与服务提供过程，增强服务的民主性和透明度；以及实施严格的服务质量监督措施，确保公共服务达到既定的标准和要求。通过这些综合措施，北欧各国成功地满足了公共服务的需求。蒋牧宸（2013）认为在提供基本公共服务时必须处理好政府与市场、公平与效率、激励与约束的关系，要构建供给主体多元发展的优势互补机制，以公众需求为导向的供给决策机制，以公共利益为导向的综合评估机制及公共服务监督机制。王佳欣（2017）以旅游公共服务为例，认为应建立旅游者需求为导向，政府有限主导，包含需求表达、供给决策、多元主体供给、信息反馈、评估、监督等的多元主体协同合作机制。徐增阳等（2019）则研究了城市社区公共服务精准化的核心，聚焦于精准匹配社区居民的实际需求，并实施一个周全且有条理的运作体系。为了推动这一精准化服务的实现，需要搭建起六大核心支柱机制：其一，需建立以居民需求为指引的价值评估框架；其二，通过强化党建的引领作用，构建高效的资源整合机制；其三，确立以协商对话为基础的沟通渠道，以促进信息的畅通无阻；其四，打造以合作为基石的协同网络，增强服务的联动效应；其五，还需构建以服务质量为衡量标准的评估体系，确保服务品质；其六，依托科技手段，建立稳固的技术支持平台。这些机制的协同运作，旨在确保城市社区公共服务能够紧密贴合并满足居民的实际需求。林士俊、张薇（2019）设计了以居民为中心的农村社区公共服务合作供给机制，具体从供给主体层面、权责分配层面、协作机制层面、利益表达层面、财政保障层面进行详细阐释。何继新、邵艳丽（2009）从社区公共服务智慧化供给入手，从需求分析、三位系统、组织运行与功能实现四大系统角度搭建社区服务智慧化供给平台，并提出了要建立引导动员、激励补贴、利益整合、能力提升、网络嵌入、风险防范、管控监督、联动协同供给机制体系，明晰供给之间的内在关系及特征属性。范柏乃、唐磊蕾（2021）研究发现基本公共服务均等化政策运行主要依靠需求机制、供给机制以及监督机制保证整个系统有效运行。

（四）公共服务供给影响因素

已有关于公共服务供给影响因素的文章主要从内部和外部两个方面来进行研究。内部方面主要取决于财政状况、供给能力以及自身组织。Feldman（1986）、Ferris（1986）和 Bel（2007）认为由于财政压力以及成本节约的考虑，作为公共服务主体会采用服务外包形式提供公共服务。如 Miranda 和 Anderson（1994）对美国地方官员进行调查，结果显示，财政压力和削减机构开支是实行公共服务市场化的两大主要原因。从新公共管理理论来看，为缓解政府公共服务供给的低效运作，在公共服务领域引入了市场竞争提高供给效率，同时也能缓解财政危机，挪威、荷兰、意大利等地的实证研究也证实了这一结论。政府能力也是影响公共服务供给的重要因素，会影响公共服务供给的整个过程，包括前期的决策阶段确定公共服务供给的方式，以及在供给过程中的公共服务绩效。专业化管理能力较强的政府一般以内部供给为主，合同监管能力比较强的政府则会选择服务外包的形式。Bel 和 Warner（2009）以巴塞罗那为例，研究发现，在固体废弃物管理的市场化进程中，政府协调能力发挥了很重要的作用。政府的规模大小、内部存在的异质性程度高低，以及决策结构的特性等因素，均会对公共服务的供给产生相应的影响。政府规模越大，在提供公共服务时越有可能选择服务外包的形式，尤其是一些以劳动密集型为主的公共服务。城市社区差异越大的地方，越有可能采用服务外包的方式，如 Tavares 和 Camöes 以葡萄牙地方政府为例发现，城市内社区呈现公共服务需求多样化、差异化，从而必须要求地方政府丰富公共服务的供给。此外，公共服务供给方式还受地方政府领导人类型的影响，相比于民选的领导人，专业领导人由于不受选举的限制，更会关注公众的实际需求，从而选择采用外包形式提供公共服务。随着新公共服务管理理论的推行，地方政府在提供公共服务时越来越注重平衡效率、公平、公正等多元价值。

公共服务供给同样受经济因素、政治因素等的影响。经济方面，学者发现规模异质性、交易成本及市场竞争程度都是影响公共服务供给的主要因素。在规模异质性方面，Miranda（1994）和 Nelson（1997）的研究认为地方政府规模越大，其外部供应商越多，采用服务外包方式能够更好发挥市场规模经济优势，提高效率。Benton（1992）和 Greene（1996）的研究认为规模越小的地方政府，越有可能通过外包供应商同时为几个地区提供公共服务，从而克服自身规模经济性弱的缺点，提升供给效率。此外，还有研究表明城市规模与服务外包之间的联系并非呈直线式，而是展现出一种复杂的非线性关联。Brown 和 Potoski（2003）的研究表明，中等规模的城市可能有更高的外包率，而大城市自身的规模经济能够支持政府内部供给，小城市往往缺乏服务供应商而较少使用外包。关于交易成本方面，学者们也有不同的结论。有些学者认为交易成本越高，市场化程度越低。交易成本对公共服务的影响主要通过两个途径影响公共服务供给决策，一个是投资强度，另一个是合同管理难度。前期高强度的投资增加了市场进入的难度，监管难度大增加了外部供应者的机会主义行为，从而导致交易成本较高的公共服务领域，市场化程度也较低。有些学者则持有相反的观点，Brown 等认为政府往往无法承担高昂的公共服务投资，更有可能发挥市场化融资，引入多主体的供给。此外，不少学者认为市场竞争是影响公共服务供给方式的重要因素。市场竞争有助于克服政府部门的低效运作，市场竞争程度越激烈，政府越有可能选择服务外包，竞争越小，越可能自己提供公共服务。另外，公共服务同样会受到其他经济要素的波及。Bernadete（2009）强调，服务品质、安全保障以及经济产业的发展状况是左右公共服务供给的重要因素。站在居民的角度考虑，这些因素在日常生活里需要保持在一个适当的水平，以此来保证他们能够享有优质的公共服务体验。Luminita（2017）提出，政府公共服务供给的影响因素紧密联系于当地的产业特性和人口特性，由于不同区域的人口构成差异和经济产业构成的不同，公共服务的提供也会相应地呈现出差异性。

在政治方面，Brown 和 Potoski 认为高度职业化的理事会型政府（council-manager government）更倾向于多元化的公共服务供给。Neumann（2002）通过对比研究乡村产业发展过程中公共服务的供给状况，揭示了公共服务供给的主要影响因素，即公共政策或服务的实际成效水平。Pantelić M（2012）阐明，公共服务供给受多方面因素影响，其中关键因素为政府的政策方向、实施能力及其所占有的行政资源。Faria（2015）认为，政府公共服务的效果取决于政府部门之间的分工明确程度及权力配置的合理性。他进一步指出，若政府部门间能够有效实现资源的共享与协同合作，那么公共服务的质量将会显著提高，并且公共资源也将被更加充分、高效地调动和利用起来。何晴（2019）介绍了美国地方政府供给服务供给机制改革趋势，并且认为在中国服务外包越来越多的趋势下，地方政府合同监管能力也是影响其服务供给的重要因素。

国内关于公共服务影响因素的研究包含了理论和实证研究，综合起来，主要从经济、政治、社会及信息技术等方面。宋文昌（2009）从财政分权、财政支出结构研究了供给服务不均等的深层次原因。吕炜、赵佳佳（2009）等认为资金缺乏是公共服务供给不足的主要原因。张开云、张兴杰、李倩（2010）等摒弃传统观点认为，地方经济或财政实力决定地方政府公共服务供给能力的增强，明显受到公民积极参与、社会组织的有效作用、信息沟通机制的完善以及电子政务技术的广泛应用等多个关键方面的深刻影响。安体富、贾晓俊（2010）从供给和需求两个方面研究地方政府供给服务影响因素，发现公共服务供给水平取决于地区财力状况，从需求侧来看，不同种类的公共服务，影响支出水平的需求因素不同。续竞秦、杨永恒（2011）基于修正的DEA两步法，核算并解释中国大陆省级政府基本公共服务供给效率，结果表明财政自主权对地方政府基本公共服务供给效率具有显著的正效应，人口密度、人均GDP等外生环境因素具有显著的负向影响。徐林强（2015）认为，政府的公共服务供给与行政资源的有效配置以及行政目标的达成之间存在着密切的联系。同时，他也着重指出，当地的经济基础坚实程度以及公共服务供给的实际执行力度，同样是不可忽视的重要影响因素。孟兆敏、吴瑞君（2013）研究了人口变动对公共服务供给的影响，建议把握区域内人口变动状况，以人口需求为基础配置公共服务设施，加强薄弱区域公共服务的投入，从而实现公共服务的供给公平与效用优化。雷玉琼、李岚（2015）从人力资源、制度资源、社会资源、文化资源等角度对乡镇政府供给服务供给能力进行了评价。田玉麒（2015）指出要回答在最初缺少法律与规则约束的情况下，不同主体为什么会共同行动提供公共服务。必须搞清楚公共服务协同供给的影响因素。因此，从利益关系、社会资本与协调能力三个方面来阐释其对公共服务供给的影响。刘军、杨浩昌、张三峰（2015）运用2001—2012年中国省级面板数据，对中国基本公共服务供给的决定因素进行了深入探究。研究结果表明，经济增长的推动、城镇化进程的加速、基本公共服务投资规模的扩大以及政府对公共服务的高度偏好，均对提升基本公共服务供给水平具有显著的正面效应。然而，财政分权程度的高低，则在一定程度上对基本公共服务供给产生了制约作用。林雪（2017）进一步说明，政府公共服务的影响因素需广泛涵盖各行业与各领域的参与者。她认为，有效的公共服务供给能够助力相关产业的繁荣发展，同时，产业中潜在的不利因素，也可能对公共服务的供给造成一定的负面影响。韩峰和吴雨桐（2018）借助动态空间杜宾模型，对国家审计治理如何影响公共服务供给进行了深入探讨。他们的研究成果揭示，国家审计治理在短期内能够迅速提升本市的公共服务供给质量，并且在长期内也持续展现出其积极效应。此外，该治理方式还有效促进了不同地区之间公共服务供给水平的均衡，缩小了差距。值得注意的是，国家审计对不同种类的公共服务供给所产生的具体影响存在显著差异。与此同时，全华信（2018）指出，资金构成了政府公共服务供给的重要基石。那些经济实力较强的政府部门，通常能够提供更优质的公共服务供给。张琰飞（2018）强调，公共政策的执行力是确保公共服务供给质量的一个核心要素，并指出在公共服务供给或政策落实的过程中，公众的感知和反馈极为重要。李玲（2018）则指出，公共服务供给受到不同群体及行业群体的影响，这也是公共服务影响因素中不可忽视的一环。雷汉才（2018）在研究“小县大城”发展战略的过程中，提出利用公共政策作为助力，以推动具有鲜明地域特色的产业蓬勃发展的建议，并着重强调了公共政策在协调与整合各方资源中的桥梁作用。胡玉杰和彭徽（2019）的研究揭示，我国农村医疗卫生公共服务存在明显的区域发展不均衡问题，他们发现财政分权有助于提升农村医疗卫生公共服务的供给水平，而晋升激励程度则对其产生不利影响。杨银萍（2019）主张，在农业产业公共服务的供给过程中，应当充分考虑行业的特性和未来的发展趋势，以确保所提供的服务既具有明确的针对性，又能切实有效地满足实际需求。李继霞、刘涛、霍静娟（2022）研究发现农村经济发展水平和产业结构对公共服务质量具有促进作用，农村人口密度、城镇化则对公共服务质量提升具有负面的作用。兰旭凌（2023）构建了社区社会组织公共服务的“双向四维”质量评价框架，实证结果表明，“共情性”是当前社区社会组织在公共服务供给中的首要质量短板，“资源保障的有力度”“信任与承诺”和“服务效率”也是服务质量的薄弱点。

（五）公共服务协同供给研究

“协同理论”这一概念最初于20世纪70年代由物理学家哈肯所提出，他主张系统中的各个组成部分通过相互协作，能够促使整个系统形成在个体层次上无法显现的新结构和特性。紧接着，Michael Porter、Yves L. Doz、C. K. Prahalad、Christopher Bartlett和Andrew Campbell等一众学者，针对如何精准识别协同机遇，并有效地生成协同效应等核心议题，展开了全面而深入的探讨。国内学者解亚红（2004）较早对此进行研究，介绍了英国“协同政府”产生的背景、主要做法及其特点。郑恒峰（2009）研究了我国公共服务供给机制协同治理的实现路径。汪锦军（2012）从“目标”和“利益”两个变量出发构建公共服务协同机制的分析框架，并结合相关案例分析来阐释每一种协同机制的内在关系和实现机制。徐祖荣（2011）、顾丽梅（2012）、张文礼（2013）等的研究主要集中在如何合理界定政府、市场、社会组织在公共服务筹资和供给中的功能定位，优化公共服务市场化、社会化的制度环境，形成公共服务的职责体系等方面。刘平等（2010）基于多种理论框架，诸如公共产品属性中的准公共性、教育成本分担原则、教育服务的提供、基于社会交换的理论视角、马斯洛需求层次理论、社会资本积累理论以及人力资本理论等，均被用于对高校筹资模式进行全面而深入的剖析与讨论。邹静等（2012）论述通过地方政府、企事业单位与高校共建、合作，构建协同创新平台，用深度融合的体制和机制，建立科学长效的筹资机制，实现协同创新筹资。田玉麒（2015）对公共服务协同筹资供给的基本内容进行了界定，并从供给质量和供给效率两个方面分析了公共服务社会效用。张贤明等（2016）指出需要构建科学合理、有效衔接的运作机制，实现公共服务多元主体之间的协同。宋洁（2017）认为良好的协同是解决公共服务能力的理性选择，并根据目标—利益四象限分析法指出公共服务存在不同的协同机理。李磊等（2018）从善治视角出发探析了城市群公共服务供给的协同路径与创新。陈怡俊等（2020）基于地方政府与社会组织策略互动的动态演化视角，引入中央政策的发布强度、治理主体的支付参数与行动策略等变量，运用协同治理的博弈均衡，讨论了中央政策的外生干预、地方政府和社会组织的策略互动对社会治理均衡状态的共同影响。李政蓉等（2021）构建了由外部影响、行动情景及产出结果构成的多层次动态化的公共服务协同供给机制的分析框架，并在此基础上通过案例研究探讨推动公共服务治理体系和治理能力现代化的方法和路径。

（六）公共服务筹资研究的演进

西方国家关于公共服务筹资的理论研究历经了“政府失灵”（Bolton Weiss Brod）、“市场失灵”（Paul Samuelson）、“契约失灵”（Henry Hansmann）、“志愿失灵”（Salamon）等若干阶段；公共服务筹资的实践过程经历了政府单一主体筹资—市场导向—社会参与筹资—多元主体筹资等四个阶段。1969 年，Peter Ferdinand Drucke 提出公共服务市场化观点后，E. S. Savas 的“民营化思想”、Rainey 的“国家中空化”、Peterself 的“市场治理”、David Osborne、Ted Gaebler 提出的企业家政府理论均否定了政府的“单一主体”筹资供给公共服务，主张将市场化机制引入公共服务的供给体制中。Buchanan（1965）研究结果显示，随着收入水平的提升，“俱乐部”这种公共服务可以通过私人化筹资供应。Elinor Ostrom（1990）针对小规模“公共池塘资源”（CPR）问题的具体案例进行了深入研究，并证实了当一系列特定条件得以满足时，公共产品筹资以及管理和服务完全可以通过私人提供。E. C. 萨瓦斯（2002）的研究认为解决政府公共服务效率低下及资金短缺问题的最佳途径是实行公共服务的民营化。Reymont 首创了公共物品筹资的 PPP 模式，即公私伙伴关系，将私人部门和非营利组织引入到公共服务筹资和供给的行列中，这种合作形式改变了公共服务筹资中政府的“单一主体”模式。

国内关于公共服务筹资的研究较多的是集中在农村公共服务、公共卫生和教育等的筹资问题上，研究也主要经历了政府单一主体筹资—市场导向—社会参与筹资—多元主体筹资等阶段，研究包含了公共服务资金的测算及筹资来源。在公共服务资金测算研究中，学者们普遍认为资金的投入是实现公共服务供给的重要保障，而测算实际需要的资金量、筹集资金等方面是研究的重要构成。关于测算公共服务资金的需求总量，项继权、袁方成（2008）从财政投入与分配视角对 2010—2020 年我国逐步实现基本公共服务均等化的财政需求进行分析，参考其他国家的财政支出水平，从社会保障、公共教育、医疗卫生和公共文化四个方面测算了财政资金需求。一些学者对公共服务的各个组成部分进行了资金需求量的估算。举例来说，姚红义（2010）对我国中西部农村地区落实最低生活保障制度所需的资金进行了深入剖析。他根据贫困人口总数、低收入人群范围以及人均补助差额的具体标准，准确估算了东、中、西部及东北地区在某些特定年份的资金需求规模，并着重指出，中央政府应当承担起减贫资金的主要供给责任。李洁静（2011）对我国医疗保障体系的资金需求进行了全面剖析，这一剖析涵盖了静态与动态两个视角。在静态分析的框架下，她细致入微地估算了城乡医疗保险、政府公费医疗项目、医疗救助计划以及公务员医疗补助这四个核心板块所需的财政资金规模；而在进行动态预测时，李洁静对城镇居民医疗保险与新型农村合作医疗的总体资金需求进行了预估。

对于在公共服务供给筹资来源相关研究中，包含了政府单一筹资主体研究、基于市场导向的筹资研究、社会组织自愿筹资研究及多元主体筹资研究。在政府单一筹资主题研究中，黄佩华（1999）发现当时农村公共财政的最大问题是基层政府可利用财政资源的巨大区域性差异以及贫困地区日益严重的财政收入短缺。吴朝阳（2004）从税费、政府债券、转移支付、政府补贴以及政策性银行或其他金融机构投入等五个方面，对非营利性农村公共基础设施的具体筹资方式进行了分析。张元红（2004）认为农村公共卫生筹资方面的问题主要是政府投资不足，并提出增加专项转移支付，重组现有卫生资源等政策建议。季俊杰（2011）研究了教育经费筹资渠道问题，认为财政增收计划会加重宏观税负，而调整财政分配结构计划，将央企利润和土地出让金按一定比例出资投入公共教育等。在基于市场导向的筹资研究中，林万龙（2001）对农村社区公共产品供给制度的演变历程进行了深刻的剖析，并着重指出，农村公共产品日益向民间供给靠拢，以及公共产品出现的私人化倾向，是农村财产权逐步私有化以及农村经济逐步迈向市场化发展的必然趋势和结果。马欣等（2004）研究认为PFI是一种将私人资本引入公共建设的融资模式，有利于节省支出、转移风险、提高运作效率。《农村地区公共产品筹资方式研究》课题组（2005）探讨了农村地区公共产品筹资渠道和手段对农村公共产品建设的影响，针对如何构建符合市场经济运行要求的农村公共产品筹资机制提出了相应的政策建议。欧纯智等学者（2017）强调，地方政府传统的筹资、融资以及资金拨付模式已经构成了基本公共服务供给的一大障碍。他们主张，PPP 模式（即公私合作模式）通过吸纳市场机制，运用与市场相融合、相衔接的方式来供给公共服务，鼓励企业和专业机构投身建设与运营，使其在市场竞争中不断优化，这不仅能有效削减服务成本，还能显著提升服务质量。

在引入社会组织筹资提供公共服务研究方面，辛甜（2002）以上海市慈善基金会为案例，从社会网络的角度观察慈善团体的筹资行为，认为慈善团体应有自己的“拥护群”，并将之“资本化”以推动慈善筹资。李未（2004）研究认为应完善教育基金会制度、拓宽高等教育社会筹资渠道。蔡克勇（2006）研究认为高等学校在继续争取增加财政拨款之外，争取社会捐赠是一条重要的筹资渠道。江亮等（2006）对国外大众体育与我国社会体育经费筹资渠道的比较研究，认为应借鉴国外筹资经验。对于居民自愿筹资，臧旭恒（2002）认为以发行彩票作为公共物品供给的筹资方式，适用于发展对全社会具有重要意义的公益事业。樊丽明（2003）以中国福利彩票筹资为例，分析认为公共品福利彩票属于自愿筹资的一种有效形式，对社会经济产生了规模效应、财政效应和社会公平效应。周书成等（2017）运用福建省南平市 16 个乡镇的 37 个村 174 位农户的问卷调查数据分析了农户参与农村公共休闲产品筹资意愿及其影响因素等。

在多元主体筹资研究中，林万龙（2002）提出了一项见解：当政府能够营造一个激励性的环境，推动农村社区公共产品供给制度实现创新性的转变时，这将极大地促进民间资本的动员与利用，从而进一步拓展公共产品资金的筹措途径。这一转变将促使农村社区公共产品的供给主体呈现多元化的态势，进而有效缓解政府在公共产品供给领域的财政重压。张军（2003）认为应推动农村公共服务筹集渠道多样化和筹集手段的多样化，为此应通过合理评价完善一些带有全局和综合性的政策和措施。刘迪平等人（2008）、夏永祥等人（2008）建议，农村公共产品供给资金的筹集应采取多元化策略，该策略将政府的主导角色、社会的积极参与以及市场的灵活运作相结合。具体而言，这一策略包括政府财政的直接拨款、通过市场渠道筹集资金以及探索和利用其他多种筹资方式。江正平等人（2009）则强调，在完善农村公共产品供给筹资机制时，需要协调各筹资主体的责任、健全公共财政体制、统筹城乡发展，并建立筹资的长效机制。毛翠英等人（2013）的研究指出，鉴于政府、市场和社会组织单一供给机制均存在功能缺陷，因此，实行多元化的混合供给制度安排成为一个现实且理性的选择。林闽钢（2016）运用准市场理论分析了社会服务多元化筹资的必然性，并指出政府在社会服务筹资中可以发挥显性和隐性的双重作用。刘千贺认为，农村公共产品的资金来源应当多元化，具体包括：政府的转移支付、私人、企业和银行的资金投入、农民通过“一事一议”交纳的筹资和费用、强制保险收入以及慈善捐赠等。宋立根则指出，为实现公共服务均等化，农村公共产品的资金来源主要有以下几个渠道：财政筹资渠道，涵盖财政预算内资金和预算外资金；市场筹资的方式丰富多样，包括利用资本市场融资、成立专项基金、向金融机构申请贷款等，同时，还可以依托国家政策的扶持来筹集所需资金。此外，其他筹资途径也颇为广泛，如通过非政府组织筹集善款、从海外寻求资金援助以及接收个人捐赠等。

三、文献评述

当前，国内外关于公共服务供给的研究相对较为丰富，运用的理论包含了公共产品理论、新公共管理理论、新公共服务理论、治理理论、协同理论等，供给主体从单一的政府供给，到市场的二元供给再到政府、市场、社会的多元化供给，主体不断扩大，供给体系越来越强大，但在指导实际供给中仍然存在很多不足，有很多深层次的问题还没有解决，主要表现在：

（1）当前，关于公共服务供给的研究普遍赞同从多元化供给模式，但关于多元化供给的机理研究仍然存在不足，在多元化供给下各供给主体的职能定位不够清晰，多主体供给如何更好协作仍然有待理论上的探究。通过文献回顾可以发现，一方面共生理论已被证明在公共服务研究领域中具有重要的应用价值并被广泛使用；另一方面以往应用共生理论对公共服务协同供给开展系统性研究的文献尚不多见，对于供给中的重要环节筹资部分的研究更少。因此，本书的主要研究内容，将共生理论应用到公共服务供给的研究中，剖析政府、市场和社会组织多元主体协同供给的共生基础并构建了共生系统，依据共生机理为公共服务多元主体协同模式和路径提供参考，同时围绕公共服务供给的关键环节筹资进行重点的论述。

（2）有关公共服务供给机制的研究相对较为分散，机制构建内容较少，已有研究主要围绕需求机制、定价机制、决策机制、监督机制及保障机制等来进行研究，机制的系统与自动适应性相对较差。公共服务供给是一个动态的过程，不同时期、不同阶段、不同人群对同一公共服务的需求不同，因此，当前亟待建立一套动态的公共服务供给机制解决公共服务供给与需求不匹配的问题，在机制共建中也亟须一定的理论支撑。

（3）关于公共服务影响因素研究，大多从经济、政治、社会等的某一个方面出发查找影响公共服务供给因素，缺乏完整性。公共服务供给效果或绩效不仅受供给方的影响，还受需求方的影响，不仅受到内部要素如信息、制度等要素的影响，还受到外部经济、资源、文化、环境等要素的影响。因此，必须要综合全面研究公共服务供给绩效的影响因素，为提升公共服务供给提供指引。

（4）公共服务筹资是公共服务供给非常主要的方面，当前，学者们对多元主体协同筹资供给公共服务的成果为本研究的开展提供了宝贵的借鉴经验，并且随着时间的推移对协同的机理的研究和探讨不断深化。但以往的研究在公共服务筹资领域仍存在一定的不足，例如，对政府、市场参与者、社会组织等更广泛的筹资主体和筹资渠道的深入研究仍有待进一步深化，多主体协同机制的运行机理和数理模型构建仍然不够深入，以及如何对协同筹资提供科学的量化依据，通过量化研究对协同筹资进行实证检验等方面仍需关注。

第三章

公共服务多元主体协同供给的共生理论框架

一、生物学范畴的共生学说

共生（Symbiosis）是生物学领域中的一个核心概念，它涉及微生物学、寄生虫学、真菌学、植物学、昆虫学以及细胞生物学等多个生物学领域。1879 年，德国斯特拉斯堡大学的微生物学专家 Anton de Bary 首次阐释了共生的概念，将其定义为“不同生物间所形成的一种紧密且相互依存的关系”。1884 年，de Bary 对共生、寄生以及腐生之间的关系进行了更为深入的探讨，并且详尽地阐述了生物之间存在的多种共生形式。在同一时期及之后，Frank（1885）和 Pfeffer（1887）各自独立地提出，真菌与森林树木根部形成的菌根结构，可能代表着一种共生关系的存在。紧接着，Melin（1923、1925）通过精心设计的实验系列，有力地证实了真菌与树根之间共生关系的真实存在。现代生态学的种间关系研究广泛使用共生概念。

从食物链角度看，共生指的是两种或多种不同的生物生活在一起，彼此的分解物、排泄物能够为其他生物提供营养或食物来源。这种相依生存，对彼此都有利，白蚁与体内的鞭毛虫之间存在着一种密切的共生关系：鞭毛虫帮助白蚁分解木材纤维以促进消化，而白蚁则为鞭毛虫供给必要的营养物质。这种相互依存的关系意味着，如果两者分开，它们都将失去独立生存的能力。

在生物界里，食物链的紧密相连是一个显著特征。同时，动物间的相互依赖和互惠共生现象也普遍存在。互利共生描述的是两种生物间彼此有益且紧密共存的关系，这种关系的紧密度极高，以至于若其中一方消失，另一方也将面临生存困境，这充分展现了生物间相互关系的高度进化。基于共同的食物链，不同的种属事物彼此依赖一种或数种共享的机制而在一起的共居生存形式。共居中的各方，彼此为对方创造有利的生活条件，较之单独生活时更为有利，更有生活力；其结果就是形成有利于合作各方抑或一方的适应能力、竞争能力以及成长能力的机制。所以，共生基于共同的食物链，不同种属之间相互依赖，相互依存，一旦分离，双方都不能正常地生活。形成了跨越种属之间的障碍，形成了基于共同食物链而更加密切的、结合比较牢固的种间合作关系。

现代生态学将地球视为一个庞大的生态系统，即生物圈。在狭义上，共生指的是生物圈内生物之间组合的状态以及它们之间相互影响的程度。在生物圈这个广袤的生态系统中，各类生物之间以及它们与外部环境之间，通过能量的不断传递与物质的持续循环，形成了紧密且不可分割的联系，这种联系正是广义共生概念的核心所在。到目前为止，并没有一个被广泛接受和认可的共生概念，但研究者们对共生达成了一些共性认识——主要是指不同生物种属之间共存在一起，通过某种程度的长期的乃至永久性物质链接所形成的互利关系。考虑到共生现象的重大价值，Claire Ainsworth 等人（2005）将其誉为生命界中最杰出的十大创新之一。

二、共生理论与公共服务供给的耦合性

生物学的共生关系是指不同种属生物按某种物质联系而生活在一起，源于生物学的共生理论亦是研究社会科学领域的有效理论工具。袁纯清在 1998 年努力将生物学的共生学说引入社会科学领域，并在此基础上创新性地发展出了共生理论。他立足于生物学的共生概念及其相关

理论，借助一系列创新性的概念解析，将数理分析的精确性与哲学的深邃抽象思维相结合，系统性地建立起适用于社会科学的共生理论体系。该体系全面包含了必要的概念定义、清晰的逻辑结构以及有效的分析方法，有效地将生物学领域的共生学说迁移至社会科学领域，并进一步将其深化和发展为共生理论。根据袁纯清 1998 年的创新性贡献，社会学中的共生被明确定义为：在既定的共生环境中，各共生单元遵循特定共生模式所建立起的相互关系。这一定义深入剖析了共生的本质，指出其包含三大核心组成部分：共生基本单位、共生模式以及共生环境，采用共生密度、共生界面两大视角，并结合共生组织模式（具体分为点共生、间歇共生、连续共生和一体化共生）以及共生行为模式（包括寄生、偏利共生、非对称性互惠共生和均衡互惠共生）等多个维度，我们构建了一个旨在深入解析共生关系状态的理论架构。紧接着，一系列相关的研究成果如雨后春笋般不断呈现，这些研究均以袁纯清的共生论为基础。本书关于公共服务多元主体供给和筹资的研究也是基于袁纯清（1998）提出的框架和范式展开的。

当前在公共服务的研究领域，基于协同理论的相关研究占有重要地位。相较而言，共生理论旨在深入探讨共生单元在特定共生环境下，依据某种共生模式所形成的关系结构。它试图从宏观和微观两个层面出发，揭示系统之间以及系统内部的共生规律，这些规律涵盖了协同作用等关键方面。通过系统间相互的协调、交易、集成以及合作等手段，使共生系统产生了自组织效应、协同效应和功能内部化效应等，从而增加了整体收益、提高了系统各方的效率、改善了其内在功能。从这一视角出发，共生理论能够精确地阐述系统协同与共生作用的本质。共生作用是一个更为宽泛的概念，它包含了协同作用的概念。在共生的过程中，协同作用具体表现为各方共同适应环境、相互激发内在潜力、紧密合作以及实现协同进化的动态历程。此外，公共服务供给随着公民对公共物品需求扩大，单一共生的机制已难以满足公民日益多样化、个性化的需求。因此，多元协同以及供给主体同公民间的协同性加强都深刻体现了这一变化，共生理论能够清晰地反映这种动态平衡机制。故而，运用共生理论来探究公共服务协同供给，具有更为深远的指导意义及更高的实际应用价值。

三、公共服务多元主体协同供给的共生要素

在公共服务供给构建出的共生体系中，其包含的共生要素与经典的共生三要素特点相一致，主要由共生单元要素、共生环境要素、共生模式要素三大部分构成。

（一）共生单元

共生单元要素是指共生演化的种群要素，是构成共生系统的基本能量生产和交换单位，这些单位构成共生关系的最为基本的要素和物质条件，是共生关系形成的基础。在公共服务协同供给中，共生单元由供给的主体构成，在多元供给的情形下，共生单元并非单一的，而是由多个共生单元所组成的共生单元群。在整个公共服务供给的系统中，共生单元群是构成系统的前提和基础，作为共生的首要要素存在。公共服务协同供给的共生单元是指具有为公共服务供给能力的政府部门、企业、社会组织（非营利组织和非政府组织等）这三大类组织即共生单元群。其中，政府部门是共生单元中最主要的主体，通过服务外包等方式正在发挥作用的企业、社会组织等是公共服务供给共生单元中的重要组成部分。供给主体即共生单元的确定，决定了共生模式的结构。

1. 政府部门

公共服务具有公共产品非排他性（即无法排出他人从公共物品中获益）和非竞争性（即在生产水平一定的情况下，增加一个消费者不会影响其他消费者的消费数量）的特点。因此，无法通过市场进行有效的提供，此时政府部门在公共服务方面扮演着至关重要的角色。作为掌握公共权力的政府部门不仅仅是公共服务的管理者和监管者，更为重要的是扮演公共服务的供给者和筹资者的角色，例如，基础公共服务、经济公共服务、公共安全服务、社会公共服务等内容。国内外的经济理论和实践都表明，政府部门是公共服务供给的重要主体。我国长期以来形成了公共服务单一主体的供给模式，因此，政府部门的作用更为突出。这些部门主要包括国务院各部委、各直属机构、办事机构等中央级行政机构和省、地、县、乡等地方行政机构。中央政府和部门一方面负

责提供涉及国家整体利益的全国性公共产品和服务，如外交、国防、空间研究、基础科学研究等。这些服务具有全局性和战略性，对于维护国家安全、促进国家发展具有重要意义。另一方面负责全国性基础设施的建设，如国道、铁路、航空等交通设施，以及电力、通信等基础设施。这些设施的建设对于促进国家经济发展、提高人民生活水平具有重要作用。同时，中央政府负责制定公共服务相关的政策、法规和标准，以确保公共服务的公平、公正和高效供给，通过宏观调控手段，如财政、税收、金融等，来引导和调节公共服务的发展。而地方政府则是提供教育、医疗、社会保障、文化体育等公共服务的主要责任主体，这些服务对于满足人民群众的基本生活需求、提高生活质量具有重要意义。同时，地方政府还承载着促进公共服务均等化、优化资源配置、推动创新、协同推进城乡融合发展以及保障公共安全和服务等措施，地方政府通过发挥公共服务供给职能更有效地满足人民群众对美好生活的向往和追求。在筹资方面，财政分权制将公共服务分为全国性的和地方性两大类，并分别由中央政府和地方政府负责主要筹资和公共服务供给责任。基于公共服务均等化等原因，中央政府还通过转移支付等方法支持落后区域地方政府的公共服务筹资。除了财政税收方式，中央和地方政府还可以通过发行债券、发行公共福利彩票、服务收费以及与其他组织合作等方式为公共服务供给筹资。

2. 市场化运作的企业

将市场化运作的企业引入公共服务领域，有助于解决公共服务使用中的拥挤效应，增加公共服务供给和资金筹资能力，并提高公共服务供给的效率。市场化运作的企业和政府部门在为公共服务供给过程中的主要差别在于以下几个方面：首先是利益和目标导向不同，政府部门追求的是社会公众利益，市场化运作的企业则以利润最大化为目标；其次是行为方式不同，政府部门为公共服务供给过程强调整体性、遵循规章制度，企业主要强调个体行动、注重自主性；最后是管理的重点不同，政府部门强调程序的正当性，企业主要强调效率和结果。

在政府部门的规制下，企业按照市场规则运作，其经营和管理都以市场为导向，通过满足市场需求提升供给效率追求利润最大化的目标。

企业供给公共服务主要有以下几种：一是与政府合作，如政府采用购买公共服务的方式供给，企业可以通过竞标等方式成为政府购买服务的承接主体，为公众提供公共服务，政府会根据服务的质量和效果，向企业支付相应的费用。另外，还可以通过公私合营（PPP）模式，在这种模式下，政府与私营部门建立长期合作关系，共同设计、建设、运营和维护公共基础设施或提供公共服务。企业可以参与 PPP 项目的投资、建设和运营，通过分享项目的风险和回报，实现公共利益和企业利益的共赢。二是企业直接提供公共服务，如企业私人生产并供应，此时企业可以在完全自由的市场环境中，自主决定生产什么、如何生产以及向谁供应。三是社会企业模式，社会企业是涉及商业与公益的混合体，以社会价值为主要目标，通过市场化运作获得收入，并将部分或全部利润用于支持社会公益项目或提供低价高质的公共服务。在筹资方面，政府部门可以通过从财政税收中划拨款项对企业进行补贴、援助，或者通过减税、奖励等政策方式对企业供给公共服务进行间接补贴，从而使社会公众的公共服务费用维持在较低的水平。同时，企业筹资主要可以通过自有资金、银行贷款、发行债券或者与政府部门建立"公私伙伴"关系等方式。需要注意的是，市场化运作的企业参与公共服务供给不能完全脱离政府的规制，政府应制定相应的政策和法规等制度体系，保障社会公众利益，实现经济的可持续发展和社会福利的最大化。

随着相关制度的不断完善，将市场化运作的企业引入公共服务领域，通过开展政府和社会资本的合作建立长期关系来改善公共服务供给将会发挥越来越重要的作用，也会有越来越多的市场化企业参与到公共服务的供给和筹资过程中，使企业成为公共服务协同供给重要的共生单元。

3. 社会组织

社会组织在当代社会中扮演着至关重要的角色，它们是不可或缺的一环，广泛参与社会管理、提供公共服务、推动慈善事业发展、加强基层社会治理、有效调解社会矛盾，并且对促进经济发展具有不可替代的作用。具体来说，社会组织主要指的是那些由自然人、法人或其他组织为满足社会需要，自愿成立，按照其章程开展活动的非营利性法人，它们的组织方式介于政府和企业之间。社会组织的类型多种多样，包括但不限于社会团体、基金会、社会服务机构（民办非企业单位）等。它们在加速经济发展进程、供给高效公共服务、助力社会事业蓬勃发展、推动社会治理模式创新以及拓宽国际交往渠道等多个维度上，均展现出了极其重要的影响力。同时，社会组织也是公民参与社会治理的重要渠道，有助于增强社会凝聚力，推动社会和谐稳定。

社会组织具有以下主要特征：一是非营利性，社会组织不以营利为目的，其活动宗旨和主要业务内容不是围绕产生利润而展开的。它们的资金主要来源于社会捐赠、政府资助、会费收入以及部分有偿服务等。二是非政府性，社会组织不是政府机构，也不隶属于政府，而是独立于政府之外的民间组织。它们可以自主决定其活动内容和方式，并接受政府的指导和监督。三是公益性或互益性，社会组织以公益或互益为宗旨，致力于解决社会问题，满足社会需求，促进公共利益或特定群体的利益。四是志愿性，社会组织的成员参与组织的活动通常是基于自愿原则，他们为了共同的目标和信念而聚集在一起，为实现组织的目标贡献自己的力量。五是组织性，社会组织具有一定的组织结构和管理制度，能够有序地开展各项活动和项目。它们通常具有明确的章程、宗旨、业务范围和会员制度等。

社会组织的活动范围也几乎涉及公共服务的各个领域，根据清华大学 NGO 的相关研究成果，非营利组织的活动范畴极为广泛，它们活跃于文化艺术、体育健身及娱乐、教育培训、医疗健康服务与身体康复、养老服务、社会服务、灾害预防及紧急救援、扶贫济困行动、环境保护、社区发展、国际救援、国际交流等（王名，2001），并发挥越来越重要的作用。由此可见，社会组织已经成为公共服务协同供给和筹资的重要共生单元。

（二）共生模式

共生模式要素是共生单元之间相互影响的方式。公共服务供给的共生关系是政府部门、企业与社会组织所共同组成的，是一个复杂的共生体。共生三大要素在公共服务供给过程中相互作用产生了不同的资源组织和配给的方式。从供需的视角可以看到，共生模式实质就是公共服务供给的交易结构问题。共生模式决定了共生单元间的关系，也框定了共生单元和共生环境的互动关系，例如，政府部门和社会组织合作、政府部门和企业合作、企业和社会组织合作以及三者共同合作等。共生模式不仅清晰展现了共生单元之间合作的具体形态，还通过它们间的物质与信息流转，深刻体现了相互作用的力度。我们可以从组织维度和行为维度这两个不同视角，对共生模式展开深入的剖析与探讨。

共生的组织模式涵盖了点共生、间歇共生、连续共生及一体化共生等多种类型（袁纯清，1998；赵曼丽，2013）。具体而言，点共生模式是指在某一具体时间节点上发生的单次合作，此时共生单元仅在某一具体领域产生相互作用，该模式的特点在于其不稳定性和随机性显著。间歇共生模式则是指共生单元之间按照某种规律性的时间间隔，在某一或少数几个领域进行多次相互作用，其共生关系同样呈现出一定的不稳定性和随机性特征。连续共生模式则表现为共生单元之间在一段时间内建立起长期的、稳定的合作关系，这种模式下，共生单元在多个领域发生相互作用，共生关系相对稳固且具有一定的必然性。而一体化共生模式则是共生单元之间基于要素的深入融合，形成高度一体化的交流互动机制，此时共生单元之间在全方位、多领域上产生相互作用，共生关系极为稳固且内在必然性显著。

共生的行为模式主要包括寄生共生、偏利共生、非对称互惠共生和对称互惠共生四种（袁纯清，1998；赵曼丽，2013）。对于寄生模式，一般而言寄主在形态上大于寄生者，寄主和寄生者存在一种内生的供需关系。偏利共生模式存在一种共生单元具有强烈的利他倾向，这种共生单元的利他倾向并不影响其自身的存在和发展。对于非对称互惠共生模式，共生单元在形态上比较接近；共生单元以分工为基础。而对称互惠共生模式下，共生单元在形态上十分接近，共生单元以分工和合作为基础。在公共服务筹资过程中，单一的政府筹资模式具有寄生或者偏利共生的行为模式特征；政府主导，市场和社会组织参与公共服务筹资或者政府购买具有非对称互惠共生的特征；政府、市场和社会组织平等协商、相互协同则具有对称互惠共生的特征。

共生模式反映了多元主体在为公共服务协同供给过程中相互作用的

方式和强度。公共服务多元主体协同供给的一体化共生和对称性互惠共生是相对理想的共生模式，其他模式能够作为有益的补充。关于共生模式的详细分析在第五章展开。

（三）共生环境

共生环境是所有能够对公共服务供给产生影响的各类因素和条件，因为公共服务供给的共生关系不是在真空中运作的，必然会受到各种外部因素的影响。同时，共生关系的本质不是一个静态的系统，而是在共生环境的影响下，共生单元之间的共生模式会不断演化发展，其演化方向是利益趋于对称的互利互惠关系。因此，共生环境要素是共生种群在演化过程中的外部影响因素的集合。在公共服务供给领域，社会大环境构成了共生环境，宏观层面包括政治、法律、社会文化、技术等因素，从具体的供给过程来说包括供给的需求因素、供给的主体因素、供给的保障因素、供给的技术因素等。这些因素直接影响共生单元中各个组织需要付出的各类成本以及收益。

这些环境可以进一步依据政府对其的可控性进行分类，在政府部门、企业、社会组织为公共服务协同供给的过程中，各主体之间的组织方式以及相应的制度安排都处于政府部门的控制之下，因此属于内生环境，是政府部门能够完善和优化的，可以通过内生环境的建设推动共生关系朝更高级演化；而社会文化、国际、自然等环境则是各个共生单元之间短期无法影响和改变的，因此属于外生环境，相对于共生单元和共生模式而言，外生性共生环境存在持续的波动性和不确定性，并且难以抗拒。理想状态下的共生环境应当充分发挥其正向作用，推动共生单元间的相互作用，形成共生环境和共生单元间的良性互动关系，促进共生模式向更高层次演化，使共生单元之间的共生度逐步提高。共生环境越是趋于完善，公共服务协同供给水平和层次就越高，对共生单元的激励作用也越显著。

四、共生理论分析的基本方法

共生过程中所产生的新能量是共生关系不断发展的根本，体现了共生系统的本质特征，而这种特征为共生系统的设计与构造提供了方向和依据。在共生关系中新能量的产生依赖于共生度、共生模式、共生交互面与共生集中度。在公共服务领域中，赵曼丽的研究揭示了一个关键点：单要素的共生程度等同于供给主体间的共生程度。她进一步解释，共生界面涵盖了公共服务协同供给过程中的多种因素，诸如契约条款、政策导向、运行机制以及服务体系等。而共生密度，则具体指的是在同一协同供给主体内部成员的数量状况。因此，产生新的共生能量的要素也是影响公共服务供给的共生因素。

（一）共生度分析

共生度分析是共生理论分析框架下所采用的一种基本分析方法，也是一种对共生关系成立的前提进行判定的方法；在一个共生体系内，共生度的提升会相应地增大所产生的共生能量。对公共服务领域多元主体的协同供给的体系来说，共生度指共生单元之间的协同共生程度，即政府部门、企业和社会组织这三类供给主体之间只有存在共生度，才能互相表达，才能互相之间发生物质和信息交换并生成共生体系。因此，共生度分析具有重要的基础和前提作用。并且，共生度越高，政府部门、企业和社会组织之间的共生关系强度也就越大，作用关系的时间维度越长，共生体系也就越稳固。对公共服务协同供给共生度影响的一个重要因素在于供给主体的多样性选择，此外公共服务协同供给的过程中必然会产生损耗，要想提升供给的效率就需要降低系统内部的损耗，而共生界面的设计会直接影响到协同供给的内部损耗，所以说对公共服务协同供给中效率优劣的另一个关键影响因素是共生界面。

（二）共生密度分析

共生密度是指在一个共生系统中，共生单元的数量分布及其密集程度。它体现了共生单元在共生空间内的聚集状态，是衡量共生系统发展状态的一个重要指标。共生密度的重要性体现在：

（1）影响共生系统的稳定性。共生单元的数量过多或过少都可能对共生系统的稳定性产生不利影响。过多的共生单元可能导致资源竞争加剧，增加共生损耗；而过少的共生单元则可能使共生系统缺乏活力，难以形成有效的共生关系。

（2）决定共生能量的大小。共生密度与共生能量之间存在密切的关系。在合理的共生密度下，共生单元之间能够形成有效的互动和合作，从而促进共生能量的增加；而过高或过低的共生密度都可能抑制共生能量的产生。

(3) 影响共生系统的发展方向。共生密度还决定了共生系统的发展方向和速度。在适当的共生密度下，共生系统能够朝着更加有序、高效的方向发展；而共生密度失衡则可能导致共生系统陷入混乱或停滞。

对于公共服务协同供给的共生因素，应该注意它们之间的平衡与匹配。从相互交错的关系来看，共生主体与共生密度两个因素高度相关。在公共服务供给端，共生主体涵盖政府部门、企业和社会组织这三大核心类别。共生密度，则是指实际参与到供给流程中的政府部门数量、企业数量以及社会组织数量的总和。奥斯特罗姆认为，在公共服务供给领域自主治理也是不错且有效的选择，但需要指出的是企业和社会组织作为供给主体，其本身能力参差不齐，而且在利益驱动下的供给行为也较为功利。当低能力的社会组织提升供给密度时会使得供给的质量下降。因此，政府在鼓励企业和社会组织共同参与的同时也应该严格把关，做到高标准地选拔协同供给的主体。

（三）共生模式分析

如前文所述，共生模式是指政府部门、企业和社会组织等共生单元之间在公共服务协同供给过程中相互作用与合作的方式，反映的是多元主体在为公共服务协同供给过程中相互作用的方式和强度。对于各主体之间共生的组织模式和行为模式特征进行分析和判别，能够为共生现象提供思路和方向，也对为公共服务多元主体协同供给共生体系的设计和优化提供参考。公共服务多元主体协同供给的一体化共生和对称性互惠共生是相对理想的共生模式，其他模式能够作为有益的补充。

（四）共生界面分析

公共服务多元主体协同供给的共生界面是共生单元之间进行物质和信息交流的中间媒介，并且共生界面和共生环境之间存在高度的相关性，二者之间有所重合。共生界面主要是指公共服务协同供给的相关体制机制和制度、政策环境等方面的内容，因此可以理解为共生界面是共生环境中的内生环境或相关制度安排。共生环境对共生单元之间相互关系的影响离不开共生界面的媒介作用，只有当共生单元通过共生界面发生相互作用和联系时，共生环境才能通过对共生界面的影响来影响共生关系。换句话说，就是没有基于共生界面的共生单元相互作用就不存在共生关系，而没有共生关系，共生环境的影响也就不复存在。与此同时，共生界面是否顺畅也会对共生环境产生反向作用和影响。作为公共服务多元主体协同供给关系发生的媒介，共生界面具有传输物质、信息、能量，构建共生单元之间的分工合作与秩序的作用。共生界面既可以是有形的，也可以是无形的；既可以是单一界面，也可以是复杂的多界面。在公共服务多元主体协同供给的过程中，共生单元之间合作的相应体制、机制等制度建设越完善，越有助于协同供给共生体系向高级模式演化，也就更有利于公共服务协同供给的进行和改善，反之将产生负向作用。

五、公共服务多元主体协同供给共生关系的确立

公共服务多元主体协同供给共生关系的确立需要满足相应的充分和必要条件。其中，必要条件是共生关系确立的前提和基础，充分条件是共生关系成立的重要推动力量。

（一）公共服务多元主体协同供给共生关系成立的必要条件

公共服务多元主体协同供给共生关系确立的必要条件主要是针对各个主体特征而言的，主要包括以下几方面：

（1）公共服务供给的各个主体之间至少有一组能够兼容的特征并互相表达。在公共服务协同供给过程中，政府部门、企业和社会组织这三大类组织都具备为公共服务供给的能力，也都具备为供给公共服务进行筹资的能力，并且在公共服务供给过程中，各大类组织之间能够互相表达并发生物质和信息的相互联系。

（2）公共服务供给的各个主体之间至少具备一个共生界面。共生界面是公共服务供给的各个主体之间进行物质和信息交流的中间媒介，是共生关系赖以发生的必要条件，公共服务供给的多元主体共生关系和共生模式起作用都离不开共生界面。具体来说，共生界面既可以是有形的，也可以是无形的；既可以是单一界面，也可以是复杂的多界面。共

生界面作为公共服务多元主体协同供给关系发生的媒介，具有传输物质、信息、能量，构建共生单元之间的分工合作与秩序的重要作用，影响共生模式作用的发挥。因此，在共生关系中不可或缺。

如前所述，在公共服务协同供给过程中，政府部门、企业、社会组织这三大类组织都具备为公共服务供给的能力，并且能够在协同供给的过程中形成相应的合作机制和制度，并依靠这些制度化产生物质、信息和能量交流，因此，共生界面的必要条件也成立。

（二）公共服务多元主体协同供给共生关系成立的充分条件

必要条件是公共服务多元主体协同供给共生关系成立的基础和前提，并不必然表明共生关系一定成立，因为还需要具备一些充分条件，即推动共生关系发展的能量。这些充分条件主要是指：①公共服务协同供给的多元主体在共生界面上传输物质、信息、能量过程中，传输的方向不能仅仅是单向的而应当是相互交流的；②公共服务协同供给的多元主体之间通过相互联系和作用能够产生持续的能量动力，并且这种动力要大于阻力，促进它们之间持续的物质、信息和能量交流使传输顺利发生和进行。

根据上述原理，公共服务多元主体协同供给共生关系成立的充分条件在于各主体之间通过协同供给相对于单个主体能够提高效率或者带来更好的效果，即产生持续的共生能量克服共生阻力。依据国内外理论研究进展和公共服务领域实践的发展，政府部门单一主体模式相比较，公共服务多元主体供给无疑能够有效提升供给效率，改善公共服务筹资和供给的数量和质量。引入市场化运作机制和社会治理模式，将企业和社会组织纳入公共服务供给领域也是国内外公共服务领域改革的重要方向。因此，在公共服务供给领域，政府、企业和社会组织协同满足共生关系成立的充分条件。

（三）公共服务多元主体协同供给共生关系框架

公共服务多元主体协同供给的共生系统是各方利益相互作用和耦合的演化结果，旨在满足广大居民日益增长的生活需求。政府、企业和社会组织等不同主体间建立物质和能力交流的共生体系需要发挥各自特长、弥补缺陷，使合作的收益大于成本，产生对共生系统具有持续促进性作用的共生能量。共生系统的建立对于公共服务供给提供了新型视角，有助于进一步理清各主体之间的关系，为改善多主体协同供给模式打开新的思路。公共服务多元主体协同供给的共生系统如图 3－1 所示。

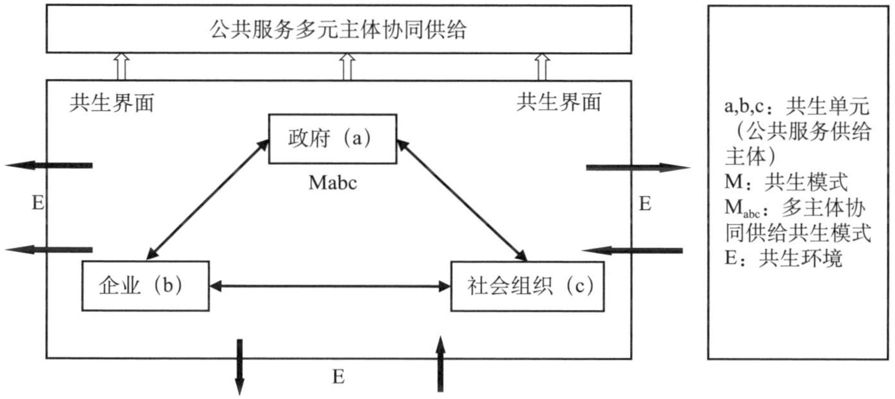

图 3－1　公共服务多元主体协同筹资的共生系统

六、小结

本章将生物学的共生概念引入公共服务中，介绍了生物学范畴的共生学说，阐释了公共理论与公共服务供给的耦合性，厘清了公共服务多元主体协同供给的共生要素构成，介绍了共生理论分析的基本方法，论述了公共服务多元主体协同共生关系的确立。

公共服务供给的共生环境中包含经典的共生三要素即共生单元要素、共生环境要素和共生模式要素，其中政府、企业、社会组织构成了共生单元要素；共生模式从组织模式和行为模式两个维度来进行分析，组织模式主要包括有点共生、间歇共生、连续共生和一体化共生，行为模式主要包括寄生共生、偏利共生、非对称互惠共生和对称互惠共生四种；所有能够对公共服务供给产生影响的各类因素和条件都构成了共生环境。

共生过程中所产生的新能量是共生关系不断发展的根本，在共生关系中新能量的产生依赖于共生度、共生模式、共生界面和共生密度。因此，在对公共服务多元协同共生系统进行分析时需要从共生度、共生模式、共生界面和共生密度等方面进行全面的分析。

本章从充分条件和必要条件两个方面详细论述了公共服务多元主体协同供给共生关系的确立要求，各主体之间通过协同供给相对于单个主体能够提高效率或者带来更好的效果是公共服务多元主体协同共生关系成立的充分条件。在此基础上，构架了公共服务多元主体协同共生关系框架。

第四章

共生度分析：公共服务多元主体协同供给的共生成因

在公共服务协同供给主体确定的基础上，我们需要进一步深入剖析特定种群的共生关系结构，即共生单元、共生环境和共生模式三个要素，而三要素间的联系程度可以通过共生度来表现，共生度体现了共生模式的稳定性。对于公共服务协同供给来说，多元供给主体的协同能提升系统的共生度。本章通过共生度分析深入寻绎和论证政府部门、企业和社会组织等多元主体通过建立共生关系协同供给公共服务的成因。

一、公共服务单一主体供给的困境分析

（一）政府部门的低效率：负担沉重、成本高昂

公共服务是公民基本生活和发展需求的重要组成部分，如教育、医疗、社会保障等。政府部门作为公共权力的代表，有责任和义务为公民提供这些服务，以确保公民的基本权益得到保障。但如果仅仅依靠政府作为单一的主体对公共服务进行供给，会存在一些难以摆脱的问题。首先，根据前文的相关定义，公共服务涉及的领域非常广泛、内容繁多，特别是进入新时代，随着人民群众对美好生活的追求和向往，对公共服务的数量和质量提出了更高的要求，以政府作为唯一的公共服务供给主

体，无论是在资金方面还是事务管理上都显然负担过于沉重，这将导致筹资和供给的低效率且难以满足公共服务的供给要求。其次，各政府部门虽然是公共利益的集中代表，但上下级政府之间，同级政府的不同部门之间在具体决策中仍然具有各自的自利性动机，这往往会增加部门之间的协调和沟通成本，部门之间互相争夺权力、推诿责任，为确保各自的利益互相掣肘，导致在公共服务的供给过程中发生职能重叠或者越位、缺位、错位等现象，造成资源利用效率的低下和浪费等问题。最后，居民对公共服务需求表达渠道不畅通导致政府部门的公共服务供给效率下降。这主要是由我国长期以来形成的自上而下的决策机制造成的，这种自上而下的决策机制导致政府部门对居民的基本公共服务需求以及不同居民群体之间多样化和差异化的公共服务需求难以做到充分的回应，导致公共服务供给效率低下、成本高昂。

借鉴欧纯智（2017）的研究成果，利用一个经济学的理论模型来分析政府部门作为公共服务单一的供给主体，以广义税费的传统的方式为公共服务筹资过程中，由于政府部门之间的协调和沟通成本以及缺少对居民公共服务偏好的了解所导致的供给效率低下。

理论假设1：假定公共服务是非拥挤性的，即不存在拥挤效应。

当存在拥挤效应时，公共服务的非竞争性将不再成立，此时一个消费者对某种公共服务的消费将会影响其他消费者对该公共服务的消费。例如，当公路上的汽车很少时（即不存在拥挤效应时），道路上增加一辆汽车并不会对其他汽车行驶造成影响；但如果在交通高峰时段，道路上增加的汽车就会对其他汽车行驶造成影响。此时，通过公路收费有助于减少道路使用、缓解交通拥挤。在本模型中，我们不考虑拥挤效应。假设政府税收收入仅仅作为公共服务筹资的手段，不用于解决拥挤效应。

理论假设2：居民享受公共服务的边际收益递减。

如图4－1所示，MR是公共服务的社会边际收益（即社会上所有个人公共服务边际收益的总和），符合边际收益递减规律，即随着公共服务供给量的增加边际收益下降，MR曲线向下倾斜。

理论假设3：理想的、高效率的公共服务投入的边际成本处于较低水平且随着公共服务投入增加保持恒定不变。

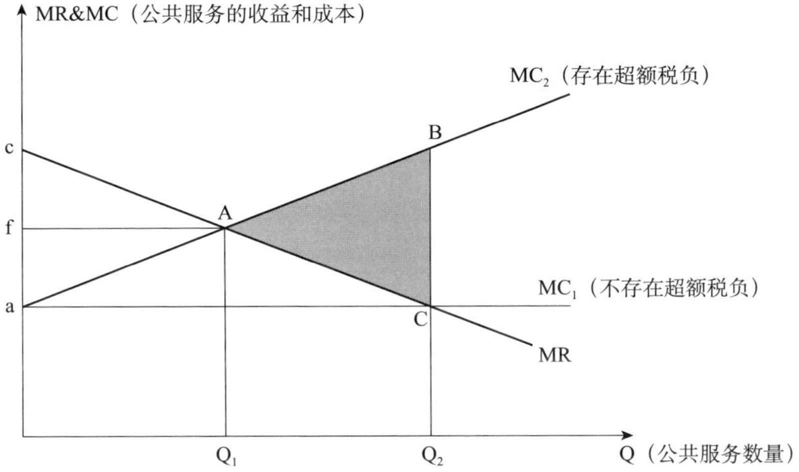

图 4-1　单一的政府部门以传统税收方式为公共服务筹资

如果居民像市场化交易一样愿意对公共服务供给进行自愿支付，而此时公共服务由高效率运作的企业提供时，理想的公共服务供给的边际成本保持较低水平且恒定不变，如图 4-1 所示，即社会面对的公共服务投入的边际成本为一条水平线 MC_1，此时居民无须为公共服务供给支付额外税负。

理论假设 4：政府部门的低效率将导致公共服务投入的边际成本上升，需要超额税负为理想的公共服务水平进行筹资。

政府部门无法像假设 3 那种理想化的状态供给公共服务，这里所说的导致公共服务投入边际成本上升的政府部门的低效率主要包括：①上下级政府之间，同级政府的不同部门之间的协调和沟通成本；②政府部门对居民的基本公共服务偏好和需求以及不同居民群体之间多样化和差异化的公共服务偏好和需求的调研成本；③由于居民需要为公共服务投入支付额外税负导致的税收成本。此时，由于政府部门的低效率以及额外的超额税收成本，社会面对的公共服务投入的边际成本为一条向上倾斜的直线 MC_2。

根据图 4-1 可以得出如下一些结论：

（1）在理想的状态下，最优的公共服务投入和供给水平是 MR 和 MC_1 曲线的相交点的 Q_2 水平，此时的理想状态下由于边际成本曲线

MC_1 处于较低水平，导致公共服务的整体投入和供给水平较高。

（2）由于政府部门的低效率导致边际成本曲线 MC_2 向上倾斜，且随着投入的增加越来越高于理想的边际成本 MC_1，这将导致公共服务的有效投入和供给水平下降到 MR 和 MC_2 曲线的相交点的 Q_1 水平，这一水平低于 Q_2，即公共服务的投入和供给低于最优水平。

（3）如果政府部门想通过传统的税收方式为公共服务筹资，增加公共服务的供给，就需要进一步提高税率增加税收，而此时由于 MC_2 向上倾斜，随着税收成本的增加，MC_2 在 f 水平上进一步增加，MC_2 和 MC_1 之间的差距进一步增大。

（4）如果政府部门想通过传统的税收方式为公共服务筹资，增加公共服务的供给达到最优的 Q_2 水平，将会导致社会福利的净损失，即 ΔABC 所示的阴影部分面积。

（5）如果政府部门的运行效率能够达到理想状态，并且税收无成本，那么 MC_2 和 MC_1 曲线重合，政府部门的公共服务投入和供给能够达到最优状态 Q_2 水平。但由于政府部门共同协调成本的存在以及超额税收的成本不可避免，政府部门作为公共服务的单一供给主体仅仅通过税收方式为公共服务筹资将导致公共服务投入和供给的不足。

这一公共服务供给的经济理论模型表明了政府部门沟通协调成本等的存在导致了单一的政府部门作为单一主体供给公共服务的低效率。这也与斯蒂格利茨（2012）的研究结果相一致，即超额税负这样的扭曲性征税会导致公共服务供给的低效率。

（二）企业供给公共服务困境：公共物品的市场失灵与企业的逐利属性

企业是市场经济最重要的运行单位，其具有灵活、高效率的特点，企业能够灵活准确地捕捉消费者偏好，通过低成本高效率的市场需求获得利润。但对于公共服务来说，企业具有某些天然的缺陷，企业无法作为单一主体供给公共服务。

首先，公共服务具有的公共物品的基本属性会导致市场失灵。依据高鸿业（2021）对公共物品的解释，所谓的公共物品是指消费者在消费过程中具有非排他性和非竞争性的物品。非排他性是指无法排除一些人“不支付便使用”，例如国防或者公共安全服务，一个公民即使拒绝为国防付费也同样可以享受国防带来的安全和好处。非竞争性指的是，一个消费者对公共物品的使用，不会干扰或影响其他消费者对该公共物品的同时使用。这意味着，所有消费者在实现公共物品的消费时，无须相互竞争或产生冲突。因为某个消费者分享公共物品的利益通常也不会减少其他人分享该公共物品的利益，例如，国防、公路、公园、公共体育设施以及环境美化等公共服务都具有非竞争性和非排他性的特征。公共服务这一非竞争性和非排他性的特征，决定了人们在享用公共服务时都想“免费搭便车”，不支付成本就享受服务进而导致“市场失灵”，即如果仅依靠市场化运作的企业作为单一筹资和供给主体，公共服务无法形成有效的市场价格，也就无法达成交易、缺少甚至是没有企业愿意为其进行供给。

其次，市场化运作的企业是以利益最大化为目标的，如果以企业作为公共服务单一的供给主体往往会偏离社会公众利益。以利润为导向的企业在市场上竞争的直接结果是提升运营效率，降低公共服务供给和运行成本。但是，如果离开政府的引导和监管，企业追求自身利益往往只能满足社会的部分需求，难以兼顾公共服务的公平和均等化；同时为了追求自身利益，企业供给公共服务还有可能导致供给质量不高，缺乏对公共资源利用的关注，甚至将其自身利益凌驾于公共的共同利益之上等问题。市场化运作在西方国家已经比较成熟，而我国的市场化改革尚不完善。因此，在公共服务供给过程中无法单独依靠企业，否则容易形成资本垄断、资源浪费、掏空公共资源甚至官商勾结、贪污腐败等问题。

（三）社会组织供给：力量薄弱

无论市场化运作的企业还是政府部门作为单一主体为公共服务供给都会带来低效率。因此，引入非营利（或非政府）组织等社会组织成为一个可供参考的选择。社会组织作为公民通过志愿行为开展公益活动的组织载体，其目标一般包括促进社会福利、提供公共服务、增强自身的影响力、推动社会改革、倡导社会价值观等，由其供给公共服务也符合我国政治经济体制改革和经济社会发展的需要。近年来，社会组织数量和规模不断扩大，通过与政府部门或者企业合作已经在公共服务领域发挥越来越重要的作用。但是总体来说，由于我国社会组织的发展起步较晚，本身仍然存在很多不足，难以作为单独的主体成为公共服务供给和筹资的中坚力量。

一是独立性和自组织能力不足，我国各类社会组织是在计划经济的土壤下成长起来的，很多非营利组织和部门在处理与政府的关系时往往处于从属地位，而且实质上确实有相当数量的非营利组织是由政府管辖的，类似政府的下属部门，导致社会组织的独立性和自组织能力不足，在为公共服务供给过程中难以发挥重要作用。二是随着社会组织数量的增加也暴露出质量不高的问题，其主要表现是一些非营利组织和非政府组织等成立过程合法性不足，缺乏明确的纲领、目标、职能设置和相关专业人才，组织结构、管理体制、决策程序、财务制度、激励机制、监督机制等制度建设不健全，导致管理能力不足降低了服务能力和公信力。三是筹资能力欠缺，社会组织无法像政府部门一样通过税收进行筹资，也无法像企业一样通过经营盈利，主要资金来源于社会捐赠和政府部门拨款，由于我国经济发展起步较晚，社会财务积累尚有不足。因此，获得捐赠的数量不稳定，在为公共服务供给过程中更多地是通过与政府部门或者与企业合作进行。因此，将社会组织作为单一主体进行供给力量过于薄弱。

综上所述，政府部门、企业或社会组织中任何一类组织作为单一主体供给公共服务能力都是有限的，因而政府部门、企业和社会组织协同供给公共服务成为更优的选择。

二、多元主体供给公共服务的供需平衡分析

（一）公共服务供给的非均衡表现

共生理论主要聚焦于探究存在共生关系的单元在资源、信息及能量方面的交换与分配的具体机制。其核心观点在于，它揭示了社会主体是如何遵循特定的共生行为模式和组织结构，来建立和保持相互之间的共生联系。

非均衡模型，也被称为宏观的非瓦尔拉斯均衡理论，标志着西方经济学领域的一次重大突破。与凯恩斯宏观理论的不同之处在于，该模型将非均衡的分析方法作为核心理论框架进行扩展与深化。随着相关研究

的深入，非均衡模型也从西方市场经济扩展到了计划经济领域，近年来也被广泛地用于分析发展中国家的经济。学界根据非均衡理论在发展过程中的模型特点将其归纳为四个基本模型，即事业均衡模型、通货膨胀模型、中央计划经济的非均衡模型和短缺模型。无论哪种非均衡模型其根本就是对生产者和消费者之间供求关系的直接反映。

从公共服务供给的现状来看，我国公共服务供需的非均衡特征还是比较突出。我国政府经过多年的改革，在公共服务领域，尽管政府增加了对公共服务供给的资金投入并扩大了服务数量，但实际上并未能有效缓解公共服务中存在的非均衡状态，未能达到预期效果。此外，公共服务供给的非均衡性还受到供给主体特性的影响。从公共服务供给的主体来看，政府部门占据了主导地位。长期的单一供给主体以及缺乏合作与竞争的供给环境造成了这种结构性的失衡，继而产生了社会资源配置的浪费。而共生机制内部的合作与竞争关系可以避免非瓦尔拉斯均衡现象的出现，多元的供给主体也能在有效提升公共服务供给总量的同时兼顾需求的多样性。

美国制度经济学家曼瑟尔·奥尔森在其所著的《集体行动的逻辑》一书中，尽管是以压力集团作为研究的主要对象，但其核心的研究兴趣却在于对社会公共服务供给领域内集体行动可能性的深入探究。书中将公共供给的非均衡状态划分为四种类型：指令—遵从式、规范—协作式、议题—动员式和协商—合作式。为了深入理解公共资源配置的问题，我们可以从主体间的关系角度出发。同时，运用现象学还原的方法，我们可以将上述四种类型看作政府在行政运作、资源调配以及公共服务提供等多个环节中可能采取的不同行为模式（见图 4 – 2）。

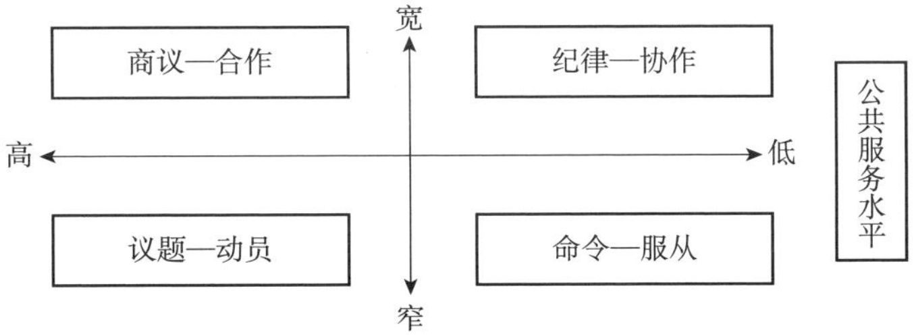

图 4 – 2　公共服务供给非均衡行为表现

指令—遵从式模式是扭曲型区域政府在资源配置中的典型行为模式。在此模式下，政府提供的公共服务受益面较为狭窄，服务质量也相对较低。而在资源配置的具体操作中，政府对行动的设计与规划表现出明显的随意性和非系统性。这种随意性源于权力意志的主导，呈现出一种非理性的状态。

议题—动员式模式是分裂型区域政府在分配公共资源时惯常采用的一种策略。科层制结构的一个显著标志是，权力和资源往往向更高层级汇聚。在公共资源的分配过程中，行政权力往往受到自身利益的驱使以及“官本位”思维的影响，从而采取一种从上至下的方式，对相关议题进行动员和推动。

规范—协作式模式往往被计划型区域采纳用于公共资源配置，这类区域的特点在于公共服务能够惠及广泛人群，但所提供的服务水平相对较低。

协商—合作式模式与那些由单一决策主体控制的公共服务提供模式截然不同。它的核心在于挣脱权力政治的枷锁，通过多方的沟通与协商，来有效解决政府在公共服务提供中所面临的价值观差异及利益分配上的挑战。此模式致力于将原本隐秘的资源分配流程透明化，其秩序体系不会拒绝参与、设置限制或附加额外条件以妨碍人们的加入，以此来保障资源分配的清晰度和公平性。

必须指出，在现实生活中，公共资源配置的行为往往并不严格符合既定的类型划分。运用类型学研究方法，目的在于对公共资源配置模式的核心特性进行分类整理与概括总结，从而更精确地提炼出核心现象、构建出理论框架，并对相关问题做出深入细致的分析。一般而言，整个公共服务市场的信息传递是不完全的，各主体在获得信息的过程并非完全竞争的过程。而服务的供给与需求之间又存在着较长的滞后性，使得供需非均衡状态更加剧烈。从非均衡理论的典型假设来看：①公共服务供给和需求得到实现的一方或者双方均很难得到明确的统计；②即使统计记录下来的实现一方所反映出来的满足也不能完全获得认可，即是否是供给真的达到了最大或需求真的得到了满足。因此，公共服务供给的非均衡状态在本质上是会长时间存在的，而在供给过程中也会出现动态的均衡。从现实中看，更多情况下的满足是从公共服务供给方出发的。服务供给的数量越多和供给的层次越多，这种供给的充分性也就越大，能获得均衡的机会也就会越大。因此，从公共服务供给中出现的非均衡性表现来看，多元供给主体能较好平衡供给与需求，在一定程度上解决公共服务供给过程中的非均衡性，即解决公共服务资源的供需均衡趋势问题。

（二）多元主体供给公共服务的原因分析：一个非均衡模型

通过构建一个非均衡的理论模型分析公共服务多元主体通过协同提升供给能力和效率，改善公共服务的供给。

1. 理论假设

（1）社会需要两种产品，分别以 x，y 表示，其中，x 代表私人物品，y 代表公共服务。

（2）存在三个具有公共服务供给和筹资能力的部门：政府部门、企业和社会组织。

（3）居民总的福利函数如下：$TU(x,\ y)=U+\alpha\ln x+\beta\ln y$，且 $\alpha>\beta>0$，$\alpha+\beta=1$，α 和 β 反映居民的偏好特征。

（4）私人物品和公共服务的价格分别为 p_x 和 p_y，并且价格保持固定不变。

（5）假设 r 为所有国民收入之和，并且 r 由政府、企业和社会组织共同产生，代表着总的筹资能力并在三个部门之间分配（或筹集），其中 r_1 代表政府筹资能力，r_2 代表企业筹资能力，r_3 代表社会组织筹资能力，且 $r=r_1+r_2+r_3$ 成立。

2. 模型求解

（1）三个部门协同供给公共服务。

依据上述假设，在国民总收入 r 一定的前提下，为了实现社会总福利最大化，需要满足下列条件：

$$\max TU = U + \alpha\ln x + \beta\ln y$$
$$s.t.\ p_x x + p_y y \leqslant r \qquad (4-1)$$

对此模型进行求解可得：

$$x(p_x, p_y, r) = \alpha r / p_x$$

$$y(p_x, p_y, r) = \beta r/p_y \tag{4-2}$$

由公式（4－2）可以得到如下结论，社会公众对公共服务 y 的需求受到其偏好 β，居民总收入 r 和公共服务价格 py 的共同影响。

（2）政府部门作为单一主体供给公共服务。

当政府部门作为单一主体对公共服务筹资和供给时居民总的福利函数如下：$TU_1(x, y) = U_1 + \alpha_1 \ln x + \beta_1 \ln y$，$\alpha_1 > 0$ 且 $\alpha_1 \neq \alpha$，$\beta_1 > 0$ 且 $\beta_1 \neq \beta$，$\alpha_1 > \beta_1$，$\alpha_1 + \beta_1 = 1$；α 和 β 反映居民的偏好特征，α_1 和 β_1 反映政府部门对居民偏好特征的理解；$\alpha_1 \neq \alpha$，$\beta_1 \neq \beta$ 表明政府对居民偏好的理解存在偏差。依据上述假设，当政府部门收入或筹资能力为 r_1 时，政府为了实现公共服务的社会福利最大化，需要满足下列条件：

$$\max TU_1 = U_1 + \alpha_1 \ln x + \beta_1 \ln y$$

$$s.t.\ p_x x + p_y y \leqslant r_1 \tag{4-3}$$

对此模型进行求解可得：

$$x(p_x, p_y, r_1) = \alpha_1 r_1/p_x$$

$$y(p_x, p_y, r_1) = \beta_1 r_1/p_y \tag{4-4}$$

比较公式（4－2）和公式（4－4）可以得出：

$$\beta_1 r_1/p_y \beta r/p_y \tag{4-5}$$

由公式（4－4）可以得到如下结论：当政府部门作为单一主体供给公共服务时，公共服务 y 的供给受到政府对公众偏好 β_1 的认知、政府部门的收入和筹资能力 r_1 和公共服务价格 py 的共同影响。同时，由于政府部门单一的收入和筹资能力必然小于社会总收入。因此，公共服务的供给水平小于多元主体协同筹资下的公共服务供给，且由于政府部门对公共服务偏好的理解 β_1 与 β 不一致，这将导致公共服务供给发生扭曲。总之，由于政府不能完全掌握居民对公共服务的基本偏好，而且也无法享受所有的国民收入为公共服务筹资。因此，将导致公共服务的筹资和供给无法达到最优水平。

（3）企业作为单一主体供给公共服务。

当企业作为单一主体为公共服务筹资时，采用同样的方法进行模型求解，可以得到公共服务供给水平：

$$\beta r_2/p_y\beta r/p_y \quad (4-6)$$

企业与政府部门有所不同，企业能够更好地掌握居民对公共服务的基本偏好。因此，对居民公共服务需求的偏好理解不易发生扭曲，但同样由于无法享受全部国民收入为公共服务筹资导致公共服务的筹资和供给低于最优水平。

（4）社会组织作为单一主体供给公共服务。

当社会组织作为单一主体为公共服务筹资时，采用同样的方法进行模型求解，可以得到公共服务供给水平：

$$\beta_3 r_3/p_y\beta r/p_y \quad (4-7)$$

社会组织供给无效的原因和政府类似，它既不能完全掌握居民对公共服务的基本偏好，也不能享受全部的国民收入为公共服务筹资。因此，无法单独完成公共服务的有效筹资和供给，况且社会组织的力量与政府和企业相比更加薄弱，所支配的资源也更加局限。

3. 基本结论

通过构建一个非均衡的理论模型分析了政府部门、企业和社会组织任何一个组织作为单一主体供给公共服务能力都是有限的，其原因在于任何一个单一部门都无法完全享受国民收入和或以国民收入对公共服务进行供给，并且对社会公众偏好的理解偏差将会造成公共服务供给的扭曲，但政府、企业和社会组织通过协同供给公共服务则能够摆脱困境，实现公共服务供给能力和效率的提升。

三、政府部门主导公共服务协同供给的现状

（一）以政府部门主导公共服务协同供给的逻辑前提

当前，在公共服务多主体协同供给的实践中，往往以政府部门为主导，企业和社会组织作为重要的组成部分参与进来。政府部门是公共服务协同供给中“主体中的主体”，其将提供公共服务的意愿与能力有效转化为实际行动的能力，对公共服务协同供给的整体质量具有重大影响力。换言之，公共服务协同供给模式的效果如何，既有服务对象的倒逼，又是政府部门结构性困境的现实呼唤。因此，优化公共服务协同供给关键在政府部门是否有意识、意愿和能力。同时，通过协同供给的运

行机制，其驱动力与执行力被实际应用于公共服务的提供中。公共服务供给的多元主体之间是相互依存、紧密相连的，并非各自为政、孤立无援。因此，在致力于提高政府部门公共服务供给效率与质量的过程中，准确理解并把握各个相关要素之间的内在联系是至关重要的。

首先，也是至关重要的一点，政府部门提供服务的意愿是引领公共服务协同供给的主要动力。公共服务供给是一个包含诸多环节的复杂流程，其核心在于有效地运用公共权力和资源，旨在最终实现满足公民需求的目标。从理论上来看，拥有公共权力的政府部门不仅肩负着提供公共服务的责任，而且通常也具备相应的意愿。当地方政府在推动公共服务供给方面动力不足时，中央政府会采取自上而下的制度性措施来施加压力，推动其前行。同时，公共服务的需求方也能够通过“反向激励”等方式，促使政府部门不断改进公共服务供给。若政府部门在提供公共服务时面临能力上的挑战，它们可以选择通过实现供给主体的多元化和市场化来应对。此外，政府部门官员对于公共服务协同供给的认知差异，会在很大程度上影响他们的行为，而这种行为上的差异又会导致公共服务供给质量的差异。

其次，政府部门协同提供公共服务的能力根基，在于其拥有的公共服务能力。这种能力主要体现在三大核心领域：财税基础、管理效能以及决策智慧。财政实力的雄厚与否，直接关乎公共服务资源投入的多寡，且这一特性在短期内相对稳定，从而对公共服务的覆盖范围和服务质量产生直接的制约作用；管理能力和决策能力决定着有限公共资源的优化配置效率等，同时也是公共服务协同供给的制度来源。不同地方政府公共服务能力差异大，公共服务协同供给的绩效差距亦会非常大。

最后，运行机制是确保公共服务协同供给顺利进行的制度性保障。从某种程度上来说，如果不同地区的地方政府在供给意愿和供给能力上存在差异，且相应的运行机制不够完善，那么，其供给的公共服务极有可能出现较大的误差。公共服务供给的运行体系涉及从多元供给主体到服务对象的需求表达、协同决策、资源筹集、协同生产、激励监管以及评价反馈等。

（二）以地方政府为主导的公共服务协同供给困境

当前，我国公共服务整体上存在供给总量不足、供给结构不合理、供给效率低下三大问题，尽管在理论倡导、中央压力、基层倒逼的共同推动下，政府部门公共服务的协同供给已经开始起步，但是区域差异大，在现实运行过程中面临现实困境。

1. *动力困境*

当前，部分地方政府在推进公共服务协同供给方面面临着动力不足的难题，这一问题具体体现在以下三个层面。

首先，公共服务协同理念不强。一是政府部门传统政治化角色尚未实现根本性转变。鉴于我国长久以来存在的控制型政府传统，管制观念渗入性较强，观念的更新步伐相对迟缓。当前，尽管许多地方政府机关已经实现了“门易进、脸带笑、语和善”，但服务意识依然不够强烈。在“GDP 至上”的观念主导下，有些地方政府甚至持有这样一种观点，即公共服务是对有限财政的一种“浪费”。在服务型政府建设尚不完善，特别是偏远的地区和乡村，地方政府仅愿意提供“低保型”的公共服务，在财政支出秉持经济性原则，更遑论公共服务协同供给的制度设计，即使运行也更倾向于“甩手掌柜”式的简单资源置换而已。二是法治观念不强。某些政府部门及其工作人员法治观念不强，在制度监管框架缺失的情况下，政府部门及其官员的行为往往倾向于较强的个人主观意愿。若部门利益、地区利益或个人利益与依法行政的原则相抵触，他们可能会秉持“权力超越法律”的观点，进而对执法流程进行不当的介入和影响。所谓公共服务供给协同变成了不计成本、强制执行的“号令”。

其次，激励机制存在显著的导向偏差。第一点在于，激励机制过度偏重于经济发展而忽视了服务的重要性。长期以来，地方政府在承担经济型政府职责的过程中，一旦公共服务与经济增长发生冲突，通常倾向于将经济发展置于优先地位。不少地方政府选择公共服务协同供给，只不过是为了减轻经济发展的负担，而不是致力于提升公共服务成效评估的质量。第二点在于，公共服务协同供给方面缺乏强有力的激励措施。尽管政府从法律和道德层面都承担着提供公共服务的责任，但多数地方政府在实际操作中对协同供给动力不足，认为会损害其利益和权威，在公共服务供给方面，地方政府往往倾向于采取完成任务式的应对策略，其特征表现为服务水平较低但覆盖范围广泛。这反映出，在我国的权威型治理体系下，许多地方政府提供公共服务的驱动力主要源自中央及上级机关的问责机制。缺乏民众基层需求的倒逼机制，对公共服务的不热心，导致协同供给其他主体的激励有效性缺失。

最后，公众需求的外在压力传导不足。由于社会公众对公共服务需求的多样性，他们要求增加参与和监督公共服务供给的权力与机制，这成了地方政府在公共服务供给工作中必须面对的外部压力。然而，目前公众的公共服务需求尚未能直接且有效地促进政府行为的正面改变，这主要由两个原因造成：首要原因是，公众参与公共服务需求表达及监督反馈的机制仍待完善。公众参与更多的都是填表式的询问，而非真正关切，通常情况下，在涉及的公共服务的听证会，形式单调，且可能缺乏足够的代表性，导致公众参与变得表面化，进而削弱了公众参与的积极性。若公共服务需求的传递渠道不顺畅，直接导致“供非所求”现象。第二个原因是公众参与公共服务供给决策监督的广度和深度不够，受制于对参与路径不明了，加上公众代表受到自身认知水平、能力构成以及利益倾向等因素的影响，公众参与能力本身有限，而这些都会影响到政府部门难以接收到外在服务对象压力，对政府部门提升公共服务协同供给影响亦有限。

2. 能力困境

地方政府目前在公共服务协同供给领域所遭遇的能力挑战，主要集中在以下三个核心环节。

核心挑战聚焦于地方政府财政保障能力的局限性。财政实力的强弱，不仅是地方政府高效推动公共服务供给的决定性因素，也是构建公共服务协同供给体系的重要基石。然而，当前众多地方政府正面临财政上的掣肘，这一困境主要源自两大根源：一方面，各级政府间财权与事权的失衡，给预算管理带来了严峻挑战。我国现行的分税制财政体制尚未达到充分分权的程度，财政权力持续向中央集中，这造成地方政府在财政资源分配上受到极大制约。并且，由于政府间事权划分尚未制度化，每当中央政府出台政策后，地方政府经常需要接过公共服务供给的责任重担，形成了“政策源自上层，资金源自下层”的尴尬局面，这无疑进一步加重了地方政府，特别是经济基础较为脆弱的地区在公共服务供给上的压力。另一方面，部分地区经济基础相对薄弱，也是导致地方政府财政保障能力受限的重要因素。在推进高质量发展的道路上，我国各地区之间存在着显著的差异性，尤其是一些地区的经济实力较为薄弱。基于此背景，众多地方政府在面对有限的财政资源时，往往更倾向于满足内部经济发展需求和经济再投资，而非公共服务领域。因此，公共服务支出在地区生产总值中所占比例相对较低，这直接制约了地方政府在公共服务协同供给方面的能力发挥。

第二大挑战在于决策满意度与公众期望之间存在差距。面对公众多元化且差异化的公共服务需求，同时受限于有限的公共财政预算，地方政府在公共服务供给决策方面仍未能完全契合公众的期待。这一差距主要体现在两大核心领域：首要领域是，协同决策的科学性迫切需要得到加强。部分地方政府在决策过程中存在“一言堂”的现象，对公共服务协同供给的科学决策缺乏应有的重视，且尚未建立起高效的决策机制。这些地方政府对多元协同主体的认知不足，有时决策过程会过度依赖以往经验、领导的主观意愿，或是简单复制周边地区的做法，从而导致决策过程缺乏应有的严谨性和精细度。另一方面，决策中对公共服务对象的公共需求关注不足。一方面，地方政府的管理主义思维倾向较为明显，导致公共服务供给的协同形式和内容相对单一，更多地满足了一些表面的、简单的需求。另一方面，当前的公共服务供给与户籍制度之间尚未实现完全脱钩，对于城市化进程中的人口流动问题回应不够充分，由此引发了一系列城市发展问题。

第三大挑战在于地方政府在公共服务协同动态匹配能力上的不足。面对公共服务供给内容、方式及技术的频繁更新，地方政府在公共服务管理方面显得有些难以应对，这一不足主要体现在以下两个方面：一方面，地方政府在公共服务管理方面的专业结构尚需进一步优化。公共服务供给的成功实施，依赖于一系列专业能力，诸如精准的公共服务需求分析、高效的效率计算方法，以及有效的供给效果评估与反馈机制。而这些核心能力的充分发挥，均以深厚的知识素养为根基，不可或缺。然而，当前地方政府在公共服务管理领域面临的一个挑战是，其管理人员在专业知识上难以全面满足实际需求。以 PPP（政府和社会资本合作）模式为例，该模式的项目运作涵盖了从项目识别到执行、移交等 5 个阶段，共计 19 个具体流程，这些流程广泛涉及法律、工程、财务、金融等多个高度专业化的知识领域。因此，在 PPP 项目的协议起草、风险评估等关键环节，均需要配备具备相关专业知识的人才队伍来提供有力支撑。另一方面，地方政府在公共服务协同供给方面的执行能力有待提高。公共服务协同供给涉及多个流程和多个主体，包括政府、企业和社会组织等，在计划制定、生产流程、服务提供以及评估反馈这一系列环节中，地方政府工作人员需要具备较强的事务性应对能力，以应对各种挑战。然而，目前地方政府在这方面的执行能力尚显不足。

3. 运行困境

就目前情况而言，地方政府在公共服务协同供给方面所面临的运行难题主要体现为：

首先，内外反馈与评估机制的不完善。一方面，公共服务协同供给体系中各主体的权责界定不清晰，导致多元主体监管的缺失现象显著。当前，中央与地方、地方各级政府间以及政府与其他参与主体之间的关系尚未理顺，权责利益的划分不够细致，既存在职能交叉重叠的情况，又存在监管空白区域，相互推诿责任的现象时有发生。同时，反馈与评估机制的制度化和法治化程度尚待提高，执法操作的实际可行性不强，问责机制难以有效实施。另一方面，公共服务供给的动态匹配绩效评估体系仍存在缺陷。当前，公共服务供给方面的绩效评估实际应用较为稀缺，且主要由政府部门负责，其重点偏向于内部监管层面，而过程性评价则显得不足。外部评估的途径有限，且缺乏强制性。内外评估机制之间难以形成有效的合力，这在一定程度上导致了公共服务协同供给中“市场失灵”“政府失灵”以及“志愿失灵”等现象的出现。

其次，协同水平和能力不高。在公共服务供给过程中，多方协同能力和水平略显不足，表现在：一是地方政府内部协同还不够充分。在不同层级不同部门，由于各方利益冲突，造成难以形成有效的协同机制。

上级部门的管理主义思维，下级部门的本位主义思想，在难以协调的情况下，造成条与条、条与块、块与块之间各自为政、管理打架的现象，财政资源和公共资产的有限性给优化配置带来了挑战，从而阻碍了公共服务的高质量供给。此外，多元主体在公共服务供给协同过程中表现出的惰性十分明显。地方政府作为公共服务供给的主要负责人，掌控着大部分的公共资产，其管理主义思维使得在决策和执行阶段容易忽视其他主体的参与，常常出于规避风险的考虑而选择忽略其他主体的贡献。即便外部企业拥有强大的实力，但在缺乏竞争的市场环境中，它们难以成为公共服务的有效提供者，因为盈利的不确定性可能让企业望而却步。同时，多数社会组织难以摆脱行政干预的影响，缺乏必要的独立性和足够的能力，难以顺利整合进协同体系并达成实际成果。在涉及多个主体共同负责公共服务供给的模式中，若公共服务供应链的控制权集中于单一主体，整个系统极易遭遇“集体行动困境”的难题。

四、公共服务协同供给演化：从政府主导到多元主体共生

（一）多元主体共生破解公共服务协同供给困境

如上文分析，在政府主导协同供给的背景下，尽管公共服务供给结构不断优化，社会力量参与更加积极，但以政府部门为主导的公共服务协同供给仍面临较大的困境，公共服务供给效能差强人意。因此，迫切需要研究和理清多元主体的协同机理，建设一套行之有效的、可持续的、保障各方利益的、顺畅的合作机制，提高公共服务供给多元主体长期的合作效率。

共生理论为解决这一困境提供了新的思路，该理论通过探究共生单元在一定的共生环境中按某种共生模式形成的关系结构，力求从宏观与微观两个层面深入探究系统之间及其内部的共生法则，这些共生法则涵盖了协同作用的基本原理。通过系统间相互的协调、交易、集成以及合作等手段，使共生系统产生了自组织效应、协同效应和功能内部化效应等，从而增加了公共服务协同供给的整体收益、提高了系统各方的效率、改善了其内在功能。从这个角度出发，共生理论能够准确地揭示系统协同与共生作用的深层次本质，其中协同作用是共生作用的一个重要

组成部分。在共生的进程中，协同作用具体表现为各方共同适应环境、相互激发潜能、紧密协作以及持续进化。因此，将共生理论应用于公共服务协同供给的研究，不仅具有更为深远的理论指导意义，而且在实践操作中展现出更高的适用性。能够有效破解公共服务协同供给困境。政府部门、企业和社会组织等多元主体共生的可能性以及通过建立共生关系协同供给公共服务的原因可以归纳为以下几个方面：

一是公共需求的多样化与复杂化与单一供给机制的局限性。随着经济的稳步增长与时代的稳步迈进，社会公众对公共服务的需求正日益呈现出全面增长、多样化、差异化以及显著个性化的特征。这些多样化的需求包括教育、医疗、交通、环境等多个领域，且每个领域的需求都在不断变化和升级。面对复杂的公共需求，任何单独的供给机制，或者仅由政府主导的协同机制，都会受到自身问题额的限制，从而无法满足所有需求。政府可能因资源有限、决策过程冗长等原因无法及时响应；而市场则可能因追求利润最大化而忽视某些公共服务的供给；社会组织则受限于自身力量薄弱。

二是政府角色的转变与职能的优化。在经典公共行政理论框架下，政府被视为公共服务供给的唯一主体。然而，随着新公共管理理论、新公共服务理论和治理理论等的发展，政府角色逐渐从单一供给者转变为多元主体协同供给的引导者和监督者。通过引入市场和社会力量参与公共服务供给，政府可以充分利用市场机制提高供给效率，同时借助社会组织的灵活性和创新性提升服务质量。这种基于多元主体共生的协同供给模式有助于形成良性竞争环境，促进公共服务的持续优化。

三是市场机制与社会力量的积极作用。市场主体在追求利润最大化的过程中，会积极投入资源和技术提升公共服务供给效率和质量。同时，市场竞争机制有助于优胜劣汰，促进优秀企业和服务商脱颖而出，社会组织如非营利机构、志愿者团体等具有独特的优势，如贴近基层、了解民众需求等。它们可以在政府和市场无法覆盖或难以有效供给的领域发挥补充作用，提供个性化、差异化的公共服务。

四是政策与制度的支持。我国党和政府高度重视公共服务供给领域的改革与创新。党的十八大以来更是从多角度多方面明确提出要加强政府与市场组织和社会力量的合作，提高公共服务供给的共建能力和共享水平。为推动多元主体协同供给公共服务，我国不断完善相关法律法规和政策制度，明确各主体的权利与义务、规范合作流程与监督机制等，为协同供给提供坚实的制度保障。

公共服务多元供给主体通过建立共生关系进行协同能够满足多样化的公共需求、优化政府职能、发挥市场与社会力量的积极作用以及政策与制度的支持。这种基于共生关系的协同供给模式有助于实现公共服务的供需平衡和可持续发展。

（二）公共服务多元主体的共生的目标—利益分析

在分析了政府部门、市场化运作的企业、社会组织之间共生的可能性以及通过建立共生关系协同供给公共服务原因的基础上，进一步论述公共服务供给共生主体之间之所以能形成稳定的共生关系，是因为彼此在目标和利益上存在耦合的可能性。公共服务供给的各共生主体的目标是否一致是否有所重合，直接决定着他们之间共生关系能否形成和稳定，关系着协同的效果。而利益耦合是指政府部门、市场化运作的企业以及非营利组织等社会组织这些共生主体间的利益存在交集，互相依赖且较为一致，彼此能够通过为公共服务协同供给进行筹资和资源整合来实现共同利益。根据公共服务协同供给的共生主体间的目标—利益关系，可以得到图 4－3 所示的四个象限：第一象限，目标一致—利益耦合；第二象限，目标冲突—利益耦合；第三象限，目标冲突—利益分离；第四象限，目标一致—利益分离。对于公共服务协同供给的共生体系来说，各共生主体利益存在耦合但目标不一致，即位于第二象限。

1. 目标分析

从目标这一维度进行分析，政府部门作为人民集体意愿的代表，为公共服务筹资、供给和管理是其应有的责任。进入新发展时期，政府部门提供公共服务的目标一方面是增加和改善公共服务供给，满足人民群众对美好生活的向往；另一方面是推进公共服务向农村边远地区和生活困难群众延伸，推动基本公共服务均等化实现共同富裕。企业作为市场经济最重要的主体，其目标是通过满足市场需求实现股东价值最大化或

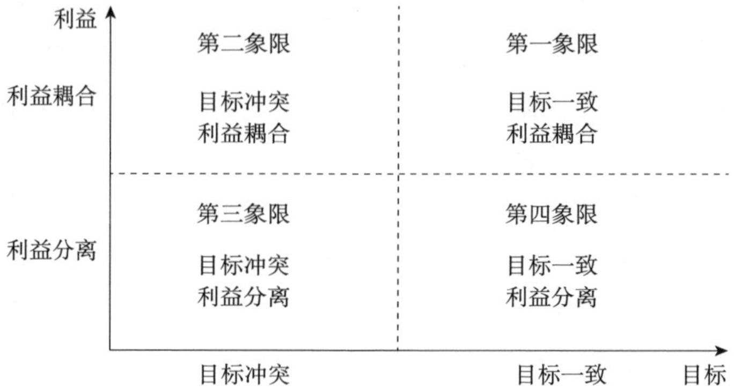

图4-3　公共服务多元主体供给和筹资的目标—利益分析

者利润最大化。基金会、非营利组织等社会组织的目标相对来说比较复杂和多样化，一般包括促进社会福利、提供公共服务、增强自身的影响力、推动社会改革、倡导社会价值观等。这些目标一般来说都是以公共利益为导向，旨在提高社会整体福利。因此，公共服务协同供给的三个共生主体之间目标并不一致。但是由于上述三类主体在公共服务协同供给领域扮演着不同的角色有着显著的职能差异，并且具有各自独特的优势，使得他们之间存在利益耦合，能够形成互补互利的依赖关系，产生共生的基础和前提。

2. 利益分析

增加和改善公共服务供给，推动公共服务均等化和共同富裕体现了政府部对人民利益的代表，但同时也反映出政府满足的是大多数社会公众的基本需要，而对于不同居民群体之间多样化和差异化的公共服务需求难以做到充分的回应。同时，由于政府部门决策制定和执行采用的是科层制度，导致在公共服务的供给过程中不可避免地会出现行政效率不高以及官僚化等一系列问题，导致“政府失灵”现象。

对于“政府失灵”现象，企业能够提供有益的补充。首先，企业以市场需求为导向，对公众需求的反应具有灵敏性和及时性，即使很小的市场需求，只要能够产生利润就会带来市场供给。因此，可以弥补政府无法满足不同群体多样化公共服务需求的缺点。其次，以利润为导向的企业在市场上竞争的直接结果是提升运营效率，降低公共服务筹资和运行成本。但是，如果离开政府的引导和监管，企业追求自身利益只能满足社会的部分需求并缺乏对公共资源利用的关注，甚至将其自身利益凌驾于公共的共同利益之上。因此，政府部门和企业之间在公共服务的供给上有了互补和利益耦合的可行性。

社会组织的非营利（或非政府）组织是公民通过志愿行为开展公益活动的组织载体，这类组织类似于政府和企业的中和。在公共服务领域，它们一方面能够像政府部门一样，把提高公共利益和社会福利水平作为组织的宗旨；另一方面又能像私人企业一样，具有灵活的运营和管理方式，对公众的公共服务需求做出灵敏的反映。但是，这样的组织形式也带来了一些难以克服的缺点，首先它们容易受到资金提供者的操控而成为资金提供者利益的载体，同时随着组织的扩大又容易像政府部门一样出现机构烦冗、效率低下等问题。近年来，社会组织数量和规模不断扩大，通过与政府部门或者企业合作已经在公共服务领域发挥越来越重要的作用。

通过上述分析，政府部门、企业和非营利组织等社会组织在公共服务的协同筹资和供给方面具有目标、利益、互补优势等基础，承担着相互协同的职责，通过建立合作互补的共生关系，既能提升公共服务筹资和供给的效率又能促进各个主体目标和利益的实现，并且相较于以政府部门、企业或者社会组织等单一主体的模式，公共服务多元主体协同供给能够增加供给的效率和效果，即有下式成立：

$$TC(y_1, y_2, y_3) < TC(y_1) + TC(y_2) + TC(y_3) \tag{4-8}$$

式中，$TC(y_1)$ 为政府部门为实现公共服务供给 y_1 发生的成本，$TC(y_2)$ 为企业为实现公共服务供给 y_2 发生的成本，$TC(y_3)$ 为社会组织为实现公共服务供给 y_3 发生的成本，$TC(y_1, y_2, y_3)$ 为政府部门、企业和社会组织供给公共服务总产出 y_1，y_2 和 y_3 发生的协同供给总成本。通过“目标—利益”分析，公共服务协同筹资和供给的各个共生主体具有互惠性，能够实现优势互补，增加供给的资金总量、降低供给成本、提高供给水平，这些都是各主体间实现深化融合的基础，具有共生的基础、适切性和稳定性。

五、小结

本章应用共生度的分析方法探讨多元主体协同供给公共服务共生关系的成因。

首先，结合理论和现实，分别从政府、企业、社会组织角度分析公共服务单一主体供给的困境。政府的官僚化和协调沟通成本导致公共服务供给的低效率，公共服务具有公共物品非竞争性和非排他性的特点导致市场失灵，而社会组织起步晚、力量薄弱尚无法具备单独供给的能力，这些困境是构成政府、企业、社会组织协同供给的现实动因。

其次，通过构建一个非均衡的理论模型对单一主体供给公共服务的困境进行了分析，由于任何单一部门都无法完全享受国民收入和或以国民收入对公共服务进行筹资，或者难以完全理解社会公众对公共服务的偏好。因此，会造成公共服务供给的无效率和供给的扭曲；并进一步证明了政府、企业和社会组织通过协同供给公共服务能够摆脱供给困境，实现公共服务供给效率的提升。

再次，在公共服务多主体协同供给的实践中，往往以政府部门为主导，但这种协同模式在供给公共服务的过程中，在动力机制、供给能力和运行机制方面都存在很大的问题，导致以地方政府为主导的公共服务协同供给面临困境。因此，通过引入共生理论完善和提升公共服务协同供给机制来破解以政府部门为主导的公共服务协同供给困境，并分析了政府部门、企业和社会组织等多元主体共生的可能性以及通过建立共生关系协同供给公共服务的原因。

最后，在现实层面，分析政府、市场、社会组织和居民在公共服务协同供给方面的互补优势和“目标—利益”耦合关系等现实基础，政府部门、企业和社会组织在公共服务的协同供给方面具有目标、利益、互补优势等基础，通过建立合作互补的共生关系，既能提升公共服务供给的效率又能促进各个主体目标和利益的实现，并且相较于单一主体的模式，公共服务多元主体协同供给共生关系的建立能够增加供给的效率和效果。

综上所述，共生度分析对公共服务多元主体之间的共生关系提供了有力的理论支撑，以此为据可以进一步应用共生理论的共生模式和共生界面等相关方法对公共服务的协同筹资和供给的现状、存在问题与优化对策等展开分析和讨论。

第五章

公共服务供给主体的发展定位与共生密度分析

共生理论的基础在于确立共生单元，在公共服务供给过程中即是确立供给主体，基于共生理论的内涵逻辑，依据共生要素对各主体间的关系以及在公共服务供给期间的定位综合确定。在对提供公共服务产品的各参与者来说，相互之间是既有独立性又有联系性。独立性主要是参与者都应具备独立的法人资格和行为意识，而联系主要是指在公共产品的提供期间，各供给主体在地方政府的引导下开展相关供给活动，供给主体间以及供给主体与政府间存在着社会资源匹配和社会治理行为的协同要求。因此，本研究将直接引入共生理论的分析框架，将公共服务供给和筹资的各主体定义为共生关系中的共生单元，这将各供给主体间的关系转化为了共生单元之间的关系，即将多元供给主体表述为多共生单元，这也符合共生理论分析框架的要求。公共服务供给者在共生理论中的概念如图 5－1 所示。

如前所述，对共生单元的数量分布及其密集程度的研究需要借助共生密度方法，在一个共生系统中，它体现了共生单元在共生空间内的聚集状态，是衡量共生系统发展状态的一个重要指标。公共服务供给的共生密度是一个复杂而多维的概念，它涉及公共服务供给过程中不同主体

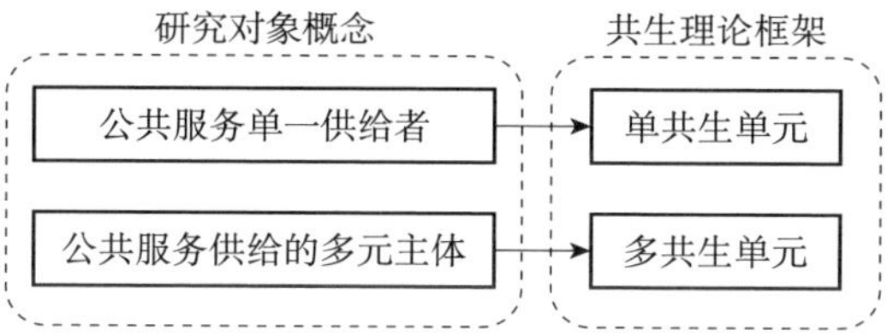

图 5－1　公共服务供给者在共生理论中的概念漂移

之间的合作与协同程度。共生密度在公共服务供给中可以理解为不同供给主体（如政府、企业、社会组织等）在提供公共服务时的协同程度与紧密性。这种协同不仅体现在数量上，即参与供给的主体数量，还体现在质量上，即各主体之间的合作效率与效果。每个共生主体的发展定位、它们之间的关系以及共生密度是一个随着经济、社会和政治环境的变化而不断演变的过程，并直接影响到公共服务的供给效率、质量和可持续性。

一、我国政府部门供给公共服务的发展历程

（一）公共服务供给的全面重建时期（1949—1956 年）

1949 年新中国成立后，为了稳固新生政权、促进生产发展和国民经济恢复，国家逐步拓宽了公共服务供给的领域、范围，并增加了供给数量，标志着我国公共服务供给的初步发展阶段正式开启。在这一阶段，公共服务主要由政府提供，以满足人民的基本生活需求。

（二）公共服务供给的单一供给制阶段（计划经济时期）

在计划经济时期，公共服务供给主要由政府负责，形成了单一的供给制。政府通过计划手段来分配资源，提供公共服务，如教育、医疗、住房等。这种供给方式在当时的经济社会条件下，确保了公共服务的公平性和普及性，但也存在效率不高、服务质量参差不齐等问题。

（三）公共服务供给市场化的发展阶段（1978—2002 年）

随着社会主义市场经济体制的逐步建立，公共服务供给开始打破单一的供给制，逐步向市场化方向转变。政府不再是公共服务的唯一提供者，而是转变为以政府为主导、市场为补充的供给机制。在这一阶段，政府开始引入市场竞争机制，鼓励社会力量参与公共服务供给，提高了

公共服务的效率和质量。.

(四)公共服务供给的现代治理转型阶段(2002年至今)

进入21世纪后,随着经济体制改革顺利完成与政府职能的逐步调整,公共服务供给机制已步入现代治理体系转型的新阶段。政府开始借鉴现代西方公共治理理论和实践经验,推动公共服务供给机制的深刻变革。在这一阶段,政府更加注重公共服务的公平性和可持续性,加强与社会力量的合作,推动公共服务向多元化、专业化、智能化方向发展。

具体来说,现代治理转型阶段的特点包括:一是政府角色转变,政府从公共服务的直接提供者转变为规则的制定者、监督者和协调者。二是引入市场竞争,通过招标、特许经营等方式引入市场竞争机制,提高公共服务的效率和质量。三是鼓励社会参与,鼓励社会组织、企业和个人等社会力量参与公共服务供给,形成多元化的供给格局。四是加强监管和评估,建立健全公共服务监管和评估机制,确保公共服务的公平性和可持续性。

政府供给公共服务的发展历程是一个随着经济、社会和政治环境的变化而不断演变的过程。从全面恢复阶段到单一供给制阶段,再到市场化形成阶段和现代治理转型阶段,政府供给公共服务的方式和机制不断变革和创新。未来,政府将继续推动公共服务向数字化、智能化和个性化方向发展,以满足公众日益增长的需求和期望。

二、政府部门在公共服务供给中的定位

(一)中央政府供给公共服务的职能和作用

在公共服务供给过程中,中央政府和部门与地方政府部门的职能和定位有所差异。中央政府和部门在供给公共服务中扮演着至关重要的角色,其职能和作用主要体现在以下几个方面。

1. 中央政府和部门在公共服务供给中的职能

一是全国性公共服务的提供,中央政府负责提供维护国家整体利益的全国性公共产品及服务,诸如外交、国防、空间研究、基础科学研究等。这些服务具有全局性和战略性,对于维护国家安全、促进国家发展具有重要意义。二是全国性基础设施的建设,中央政府还负责全国性基

础设施的建设，如国道、铁路、航空等交通设施，以及电力、通信等基础建构设施。这些基础设施的建设对于推动国家经济发展、提升民众生活质量具有关键作用。三是政策制定与宏观调控，中央政府负责制定公共服务相关的政策、法规和标准，以确保公共服务的公平、公正和高效供给。同时，中央政府还通过宏观调控手段，如财政、税收、金融等，来引导和调节公共服务的发展。

2. 中央政府和部门在公共服务供给中的作用

一是决策与规划，中央政府部门负责具体制定和实施公共服务供给的决策和规划。这些决策和规划基于对国家整体利益的考虑，旨在确保公共服务的均衡、协调和可持续发展。二是监管与评估，中央政府部门还负责对公共服务供给进行监管和评估。通过建立健全的监管机制和评估体系，中央政府部门能够及时发现和解决公共服务供给中存在的问题，确保公共服务的质量和效率。三是协调与整合，在公共服务供给过程中，中央政府部门还负责协调各方力量，整合各种资源，以确保公共服务的有效供给。这包括协调不同地区、不同部门之间的合作，以及整合政府、市场和社会等各方面的资源。

（二）地方政府在公共服务供给中的定位

地方政府在公共服务供给中的定位主要表现在以下四个方面：一是责任主体，地方政府是提供基本公共服务的责任主体，必须确保底线公共服务的供给，满足居民的基本生存和发展需求。二是政策执行者，地方政府负责执行中央政府的公共服务政策，确保政策在当地的有效实施。三是创新推动者，在公共服务供给中，地方政府应积极推进政策创新，提高公共服务的质量和效率，满足居民日益增长的多样化需求。四是合作协调者，地方政府需要与中央政府、其他地方政府以及社会组织等各方进行合作协调，共同推动公共服务的供给和优化。

对于地方政府来说，提供公共服务是其工作的重点，也是其最为基本的职责所在。而能否提供有效的公共服务则体现了地方政府的公共服务能力强弱。公共服务能力是指某个地方政府对于满足区域内社会总需求而能调动和匹配资源的程度。公共服务的模式不仅仅体现了政府对于社会资源的管理和引导的水平，更是一种社会治理模式的体现。我国社会发展已经进入了一个私人产品多于公共产品的阶段，公共服务的供给面临着严峻的挑战，在政府财力有限的情况下，公共服务已无法由单一政府组织来完成，尤其是地方政府直接面对满足社会需求的压力。因此，需要一个具备多共生单元的公共服务供给系统来解决社会需求多重变化的问题。而多共生单元间的联系、合作与竞争关系也会反映到整个公共服务供给的质量上，协同多共生单元间的行为关系将是高质量公共服务供给体系运行的基础。

此外，对于多个主体行为的管理和社会资源调动，地方政府在引导过程中需要格外注意要素间的协同。这类协同应该包含了社会供给主体间的协同和政府与社会供给主体间的协同，即各共生单元间的相互协同。而协同行为的本身也将是公共服务供给结构的重要部分。为此，构建一个行之有效的高质量的公共服务多元主体供给体系的基础和前提是要明确供给侧各个单共生单元的权责，标定各共生单元在供给服务运行体系中的定位，理清在地方政府引导下多共生单元间的关系。奥斯特罗姆在研究中指出传统政府直接提供公共服务产品的方式导致了资源配置的重复和权责不清。如果将公共服务供给先进行产品化再将其外包就会使直接出资人和产品生产者的分离，这也将成为促使政府改变公共事务管理的方式，促进多个组织竞争参与公共服务的供给活动，从而利用市场机制引入公平竞争，提升公共服务供给的效率和质量。这是一个有别于传统公共管理的全新范式。

（三）中央政府与地方政府在公共服务提供中的角色与关系

中央政府与地方政府在公共服务供给中的关系主要体现在分工协作与指导监督的关系。首先，中央政府和地方政府在公共服务供给中存在着明确的分工与协作关系。全国性范围的公共服务项目及基础设施的建设任务，主要由中央政府负责执行；而对于地方性公共服务项目及其基础设施的建设，则由地方政府来主要承担。两者相互协作，共同推动公共服务的均衡发展。其次，中央政府对地方政府在公共服务供给中的行为进行指导和监督。通过制定相关政策、法规和标准，中央政府能够引导地方政府按照国家的整体利益进行公共服务供给。同时，中央政府还通过监督手段，确保地方政府在公共服务供给中不偏离国家的整体规划和要求。

综上所述，中央政府和部门在供给公共服务中发挥着至关重要的作用。它们通过提供全国性公共服务、建设全国性基础设施、制定政策与宏观调控等手段，确保公共服务的公平、公正和高效供给。同时，中央政府部门还负责决策与规划、监管与评估、协调与整合等工作，以确保公共服务的有效供给和持续发展。地方政府在公共服务供给中扮演着多重角色，既是责任主体也是政策执行者、创新推动者和合作协调者。通过明确职能和定位，地方政府可以更好地履行公共服务职责，满足居民的基本需求，推动当地经济社会的持续发展。

三、企业参与公共服务供给的发展历程分析

企业参与公共服务供给的发展历程是一个复杂而多变的过程，涉及多种因素，包括政策环境、市场需求、技术进步以及企业自身的转型与升级。在计划经济时期，公共服务主要由政府垄断供给，企业很少参与其中。然而，随着市场经济的不断发展，政府垄断供给模式逐渐暴露出效率低下、服务质量不高等问题，企业开始逐渐参与到公共服务供给中来。

（一）国有企业主导阶段（1949—1978 年）

新中国成立伊始，原先经营城市公共服务的官僚资本主义企业，经社会主义改造后转变为地方国有企业。这一时期，城市公共服务主要由政府投资驱动，国有企业独家经营，采用行政定价机制，并由政府财政提供补贴。在这些公共服务领域，国有企业并未获得经营自主权，它们更多的是作为生产实体存在，同时还肩负了多项社会政治职责。

在公共服务范畴内，国有企业执行的是资金集中借贷与归还、物资集中分配的管理方式，严格根据政府的规划来组织公共产品的生产。这种模式下，分配中平均主义严重，企业缺乏创新动力和竞争意识。因此，尽管国有企业在公共服务领域占据主导地位，但服务质量和效率并不高。

（二）市场化改革初期（1978 年至 20 世纪 90 年代末）

改革开放后，随着市场经济体制的建立和完善，政府开始逐渐放权

让利，企业也逐渐获得了更多的自主权。在公共服务领域，政府开始尝试引入市场机制，鼓励企业参与竞争。

这一时期，国有企业开始逐步退出部分公共服务领域，非公有制资本开始进入城市公共服务领域。例如，在城市公交服务领域，政府开始尝试通过私人承包、转让经营权等方式引入市场竞争机制。这种改革打破了政府在公共服务领域的行政垄断，提高了服务质量和效率。

然而，由于市场发育不成熟、法律法规不完善等原因，这一时期的公共服务市场化改革仍存在一些问题。例如，部分私营企业在追求利润最大化的过程中忽视了社会责任和公共服务质量；部分国有企业在退出公共服务领域时未能妥善处理好与员工的劳动关系等问题。

（三）深化改革阶段（20 世纪以来）

进入 21 世纪后，随着中国经济社会的快速发展和人民生活水平的不断提高，社会和公众对城市公共服务的重视程度日益提升。为了契合人民群众对于高质量、高效率以及易于获取的城市公共产品和公共服务的需求，政府开始进一步深化公共服务市场化改革。

在这一阶段，国有企业仍然是公共服务领域的重要参与者之一。但与过去不同的是，现在的国有企业已经不再是单纯的政府附属物，而是成为具有自主经营、自负盈亏能力的市场主体。同时，政府也加强了对国有企业的监管和考核力度，确保其能够更好地履行社会责任和提供优质服务。

除了国有企业外，非公有制资本也继续积极参与公共服务供给。例如，在城市供水、供电、供气等领域，非公有制资本已经占据了相当大的市场份额。这些企业通过引入先进技术和管理经验，提高了服务质量和效率，为人民群众提供了更加优质、便捷的公共服务。

此外，政府还积极鼓励社会资本通过 PPP（政府和社会资本合作）模式参与公共服务项目。PPP 模式代表了一种政府与社会资本之间建立起的长期合作关系，旨在实现利益共享与风险共担。通过 PPP 模式，政府可以引入社会资本的资金和技术优势，提高公共服务项目的建设运营效率和质量；同时，社会资本也可以获得稳定的投资回报和长期的合作机会。

四、企业参与公共服务供给的路径与模式

（一）PPP 模式

PPP 模式是当前最为合规且常见的政府投融资模式之一。在 PPP 项目中，企业可以作为社会资本方或政府出资代表参与其中。

1. 作为社会资本方

当企业作为社会资本方参与 PPP 项目时，需要满足相关政策规定并具备一定的资金实力和技术能力。企业可以通过与政府签订特许经营协议或投资合作协议等方式参与项目的投资、建设和运营管理等工作。在合作期内，企业可以获得稳定的现金流和合理的投资回报；同时，政府也可以借助企业的资金和技术优势提高公共服务项目的建设运营效率和质量。

然而，需要注意的是，现有政策不允许本级国有企业作为社会资本方参与本级 PPP 项目。因此，一般而言，国有企业作为社会资本方更多地参与的是非本级地区的 PPP 项目。这种模式下，企业需要充分了解当地的市场环境和政策法规，并加强与当地政府的沟通和协作，以确保项目的顺利实施和运营。

2. 作为政府出资代表

当企业作为政府出资代表参与 PPP 项目时，通常是通过在项目公司中参股的方式实现的。企业不直接承担项目的经营责任，而是承担监管职责并按比例获取利润分红。这种模式下，企业可以获得较为稳定的现金流和一定的投资回报；同时，也有助于增强企业与政府之间的合作关系和信任度。

然而，受限于政府出资代表的身份和股权比例要求，企业在项目公司中的股权比例往往较低，实际参与项目公司管理的话语权较小。因此，作为政府出资代表的企业应尝试通过各种途径积极参与项目实际的建设运营过程，在与社会资本合作的过程中加强对其优秀技术及经验的学习，逐渐培养更加专业化的建设运营管理团队。

（二）特许经营模式

特许经营模式是指政府通过授予企业特许经营权的方式允许其建设

和运营特定基础设施或提供特定公共服务的一种模式。这种模式下，企业通常需要承担项目的投资、建设和运营管理等工作，并在合作期内获得稳定的现金流和合理的投资回报。

与PPP模式相比，特许经营模式的政策约束相对较少，但对项目的经营属性要求更多。因此，这种模式往往在能源、水利、交通运输等领域有较多应用。在这些领域中，企业需要具备较强的专业运营能力并能够统筹负责项目的投资、建设和运营管理等工作。

在特许经营项目中，企业作为特许经营者或政府出资代表参与其中。作为特许经营者时，企业需要承担更多的经营责任和风险；而作为政府出资代表时，则更多地承担监管职责和利润分红。无论哪种方式参与特许经营项目，企业都需要充分了解项目的特点和市场环境，并加强与政府的沟通和协作以确保项目的顺利实施和运营。

（三）片区开发模式

片区开发模式是当前各地积极探索的一种创新模式。这种模式下，政府授权本地企业作为项目实施主体负责组织片区发展整体提升建设和产业导入开发的投资、设计、建设等工作，并通过合法途径选择社会资本进行项目合作。政府负责制定规则、进行绩效考核，并承担授权运营所需费用的支付责任。

片区开发项目通常能够实现“自我造血”功能，政府方向社会资本支付的费用绝大部分来源于片区土地增值收益及片区开发带来的增量财政收入。因此，这种模式下企业能够获得合理的投资回报和长期的发展机会。

在片区开发项目中，企业需要充分利用自身优势完成基础设施建设并获取合理的投资回报；同时，也需要增强与政府之间的黏性以“城市运营商”的方式开拓新的业务市场并深度参与城市运营建设。

（四）基础设施建设项目代建和配建模式

除了PPP、特许经营以及片区开发外，企业还可以积极参与本地基础设施建设项目代建和配建。这种模式下，企业在获取地产项目的同时帮助地方政府完成基础设施建设任务，有助于企业获取优质资产并增强其房地产开发业务的综合实力。

然而，需要注意的是，基础设施建设项目代建和配建模式更多的是企业在发展初期阶段的一种业务类型。随着企业实力的增强和资产规模的扩大以及本地区对高质量公共服务需求的增长，企业应更积极主动地参与到本地公共服务的提供中来并争取作为城市运营商的角色深度参与城市未来发展。

（五）企业参与公共服务供给的挑战

企业参与公共服务供给的挑战主要表现在以下几个方面：一是政策法规不完善。目前，关于企业参与公共服务供给的政策法规仍不完善。例如，在 PPP 项目中存在合同不规范、监管不到位等问题；在特许经营项目中存在经营权转让不规范、政府违约等问题。这些问题都给企业的参与带来了一定的风险和不确定性。二是市场竞争不充分。尽管政府已经逐步放开公共服务领域的市场准入条件，但由于历史原因和体制机制障碍等因素的影响，部分领域的市场竞争仍不充分。这导致部分企业在参与公共服务供给时面临较大的竞争压力和不确定性。三是融资难融资贵。公共服务项目通常具有投资大、周期长、回报低等特点。因此，企业在参与这些项目时往往面临融资难融资贵的问题。这限制了企业的参与意愿和积极性。

企业参与公共服务供给是推动公共服务市场化改革和提高服务质量和效率的重要途径之一。随着中国经济社会的快速发展和人民生活水平的不断提高，社会和公众对城市公共服务的关注程度日益增强。为回应人民群众对高质量、高效率及便捷性的城市公共产品和公共服务所提出的需求，政府应继续深化公共服务市场化改革并鼓励企业积极参与其中。未来，政府应进一步完善政策法规体系推动市场竞争的充分开展；同时，也应加强监管力度确保项目的顺利实施和运营。此外，政府还应积极探索创新融资方式为企业参与公共服务项目提供资金支持；并加强与金融机构的合作推动金融产品和服务创新以满足企业的融资需求。通过这些措施的实施，相信企业参与公共服务供给将取得更加显著的成效并为人民群众提供更加优质、便捷的城市公共产品和城市公共服务。

五、社会组织参与公共服务的发展历程

中国社会组织的发展历程是一个伴随着国家改革开放和现代化建设的不断推进而逐步展开的过程。

（一）新中国成立初期至改革开放前（1949—1978 年）

新中国成立初期，中国社会组织的管理架构体现了党政社三者紧密相连的特性。中国共产党依靠其强大的组织力与动员力，对经济、社会以及各类组织实行了全面性的调控与指导。在这一时期，社会组织的管理并未由单一的政府部门来主导，而是几乎涉及了所有的党政机关，这些机关各自依据其业务范围来管理相关的社会组织，而社会组织则无须经历统一的注册登记程序。随着单位制的形成和逐渐成熟，个人被纳入行政集体领导之中，社会组织发育处于停滞状态。

（二）改革开放初期（1978—1989 年）

改革开放后，中国社会组织开始蓬勃发展。1978 年，党的十一届三中全会胜利召开后，民政部的设立标志着我国社会组织长达近 30 年的多头管理状况开始逐步发生变化。为了充分调动民众的积极性，促进经济的蓬勃发展，政府在经济领域内积极推动行业协会的组建。然而，从 1978 年到 1988 年的 10 年间，社团管理依然处于较为无序的状态，尚未有明确的职能部门来统一负责。截至 1989 年初，全国性社团的数量，在文化大革命前还仅有近百个，但随后迅速增加，现已超过 1600 个，实现了大约 15 倍的显著增长。与此同时，地方性社团的数量也经历了巨大的飞跃，从原先的 6000 多个激增到接近 20 万个，增长了约 32 倍。社会组织这种无序且快速发展的态势，促使决策层开始着手制定并实施相关的管理政策，以应对这一挑战。

（三）双重管理体制形成期（1989—1998 年）

为了应对社会组织无序发展带来的问题，政府开始对社会组织进行“限制”，并建立了“双重管理体制”。1988 年，民政部设立了“社团管理司”，这一举措为社会组织后续的健康发展与有序管理奠定了坚实的组织基础。1996 年，国务院发布了《关于加强社会团体和民办非企业单位管理工作的通知》，要求修订 1989 年颁布的《社会团体登记管

理条例》，建立登记管理机关和业务主管单位双重负责的管理体制。1998 年，新版《社会团体登记管理条例》的正式颁布，标志着社会组织正式纳入了“双重管理体制”的框架之中。尽管正式注册的社会组织数量增长不多，但社会组织的整体规模得到了扩展，并且它们所发挥的作用也在日益增强。

（四）规范化、法制化发展阶段（1998 年至今）

进入 21 世纪，中国社会组织的发展逐渐走向规范化、法制化。国家民政部正式成立了民间组织管理局，并陆续发布了《社会团体登记管理条例》《民办非企业单位登记管理条例》和《基金会管理条例》这三项具有法律效力的行政法规，为社会组织的稳步发展奠定了坚实的法律基础与保障。此外，政府还加强了对社会组织的立法、政策和资金支持，为社会组织发展创造了良好的环境和条件。

在这一阶段，社会组织的数量和规模不断扩大，领域也逐渐多元化。慈善组织、公益组织、行业协会、社区组织等类型的社会组织纷纷涌现，形成了结构合理、功能完善、竞争有序、诚信自律、充满活力的社会组织发展格局。这些社会组织在促进社会发展、服务群众、维护公共利益等方面发挥了重要作用。

（五）新时代的发展与挑战

党的十八大以来，中国特色社会主义进入新时代。中国社会组织也面临着新的发展机遇和挑战。一方面，政府继续加大对社会组织的培育扶持力度，推动社会组织参与国家治理和社会治理创新。另一方面，社会组织也需要加强自身建设，提高组织能力和管理水平，以更好地适应新时代的发展要求。同时，互联网和信息技术的发展也为社会组织的发展提供了新的机遇和手段。社会组织可以利用互联网和信息技术进行信息共享、资源整合和跨界合作，推动社会组织向数字化、智能化方向发展。

综上所述，中国社会组织的发展历程是一个伴随着国家改革开放和现代化建设的不断推进而逐步展开的过程。中国非营利组织等社会组织的起步和发展较晚，但成长迅速并且积极参与到公共服务领域，显现出一定的成效，这无论在相关的理论研究还是实证研究中都得到了印证。

关于社会组织的发展情况，参考民政部《2022 年民政事业发展统计公报》的统计口径和数据，到 2022 年底，全国范围内社会组织总数达到了 89.1 万个，细分来看，社会团体数量为 370093 个，基金会为 9319 个，而民办非企业单位则达到了 511855 个。具体情况如表 5－1、图 5－2 和图 5－3 所示。未来，中国社会组织将继续发挥其独特作用，为推动社会进步、解决社会问题、促进社会和谐发挥积极作用。

表 5－1　　2022 年社会组织按登记机关分类　　单位：个

指标	社会团体	基金会	民办非企业单位
合计	370093	9319	511855
民政部登记	1995	215	92
省级民政部门登记	32210	6177	15153
市级民政部门登记	90761	1990	63550
县级民政部门登记	245127	937	433060

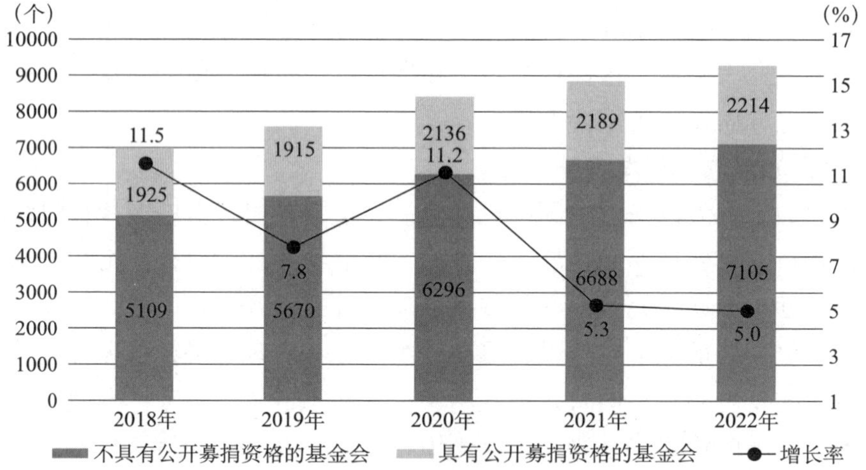

图 5－2　2018—2022 年基金会情况

六、共生主体关系与共生密度分析

基于上述分析，在公共管理领域引入多共生单元参与公共服务产品的供给有利于社会公共需求满意度的提升。但在引入多共生单元之前政

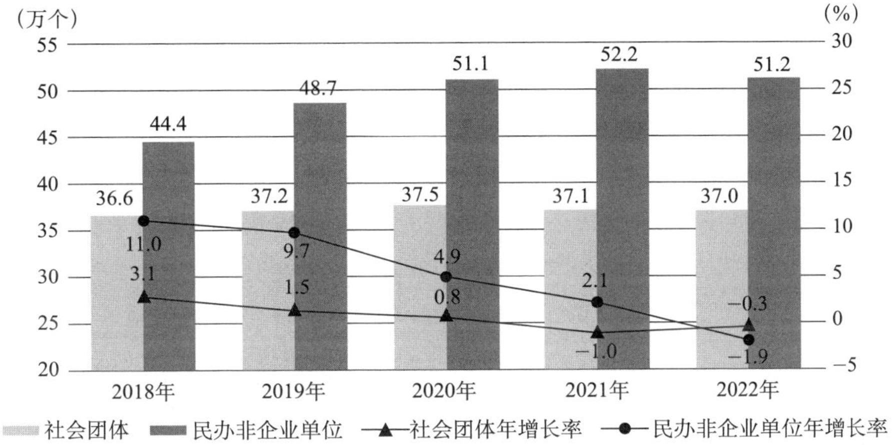

图 5－3　2018—2022 年社会团体、民办非企业单位情况

数据来源：《2022 年民政事业发展统计公报》。

府还应该对公共产品进行有效的分工和归类，即将公共产品和服务流程结构化，以便政府的有效管理和避免因权责不清晰而引起的混乱。同时，有效的公共服务分工也可以有效降低各主体间在提供公共服务产品期间的交易成本，清晰社会治理的关系，提升各共生单元间的协同性。

在界定各主体定位的同时，也需要对公共服务产品本身进行有效分工。一个社会公共服务的丰富除了增加公共财政的投入，也需要多共生单元间的互动。专业的分工是指依据公共服务的细分对象来进行专业分工，从而匹配专业的供给者，即提高了共生单元的专业化程度。依据共生理论自适应组织的定义，在整个资源匹配的过程中，共生系统会自发形成筛选机制，找出高质量的共生单元，从而提升整个系统的效率。分工越专业，单共生单元的比较优势就越明显，匹配的协同性要求就越高。在这个过程中，要提高最终的效率，还需要关注匹配过程中的交易成本，而降低交易成本的有效方式就是提升多共生单元的协同性。因此，整个公共服务产品的供给侧构成了一个具有层级的共生生态系统。而在这个共生生态系统中，各共生单元根据对公共服务产品不同的职责区间和流程阶段给出了各自特有的定位，产生了基于共生关系的公共服务协同供给的模式。多共生单元在公共服务协同供给体系中的定位如

图 5 -4 所示。

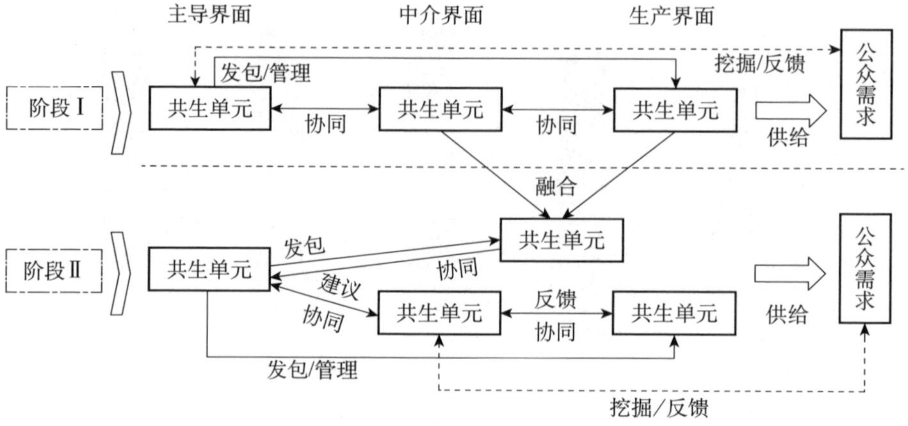

图 5 -4　多共生单元在公共服务协同供给体系中的定位

从公共服务供给的多元参与者来看，主要由政府、市场中的企业、社会组织等共同组成了公共服务供给的生态。而在这个生态共生关系中，政府作为主导的共生单元，其主要的职责在于发包、引导和管理。从职责上来看，政府作为共生关系的领导者对于共生关系的维持，降低共生交易成本，优化共生交易结构负有直接的责任。同时，政府也是公共需求挖掘和公共产品规划的第一责任人，是共生生态中的核心共生单元，处于绝对的领导地位。

在公共服务供给侧除了处于共生环境领导地位的政府，还有公共服务产品的生产者和协调者。在公共服务供给方式转变的初级阶段，由政府主导的共生环境中，公共服务产品的生产者和公共服务的协调者会处于并存状态，两者均属于共生生态中的共生单元。作为重要的共生单元，公共服务供给侧的生产者在政府主导的共生环境中处于交易结构的生产端，而非标准的制定方和需求的挖掘者，并属于被协同的对象。另外，在这个共生系统中，与公共服务产品生产者共同存在的还有共生环境的协调者，如行业协会或者商会组织。其主要的职责就是帮助公共服务产品规划管理端和产品生产端，以及产品生产者之间进行有效协同，即协同多共生单元间的行动。协调者在共生生态中属于与公共产品生产者相同地位的共生单元，具有中介作用。随着公共服务供给模式的深入发展，处于中介位置的共生单元会被逐步地压缩，在大部分与生产者逐步融合的情况下产生出更加专业的共生单元。值得注意的是，处于生产端的共生单元和处于中介端的共生单元存在重叠与相互转化的职能形态，均位于共生环境中的基础位置。

从图5－4的模型中不难发现公共服务供给不同阶段的结构变化。公共服务供给阶段Ⅰ，主导界面的共生单元、中介界面的共生单元、生产界面的共生单元基本供给流程还是传统意义上的线性传导。整个供给链较长，参与环节单向，供给控制相对简单，但系统风险相对较高。行政主导的力量比较强，而需求挖掘变形也会随之增加。公共服务供给阶段Ⅱ，主导界面的共生单元、中介界面的共生单元、生产界面的共生单元基本供给流程转化为了网状传导。整个供给链结构的变化导致参与形式的多样化，供给控制相对复杂，但系统风险也随之降低。市场机制能发挥更大的调节作用，需求挖掘也更加精确。

七、小结

本章对公共服务供给主体的发展定位与共生密度进行分析讨论。引入共生理论的分析框架，将公共服务供给和筹资的各主体定义为共生关系中的共生单元，将各供给主体间的关系转化为了共生单元之间的关系，并依次对政府部门供给公共服务的发展历程和在公共服务中的定位、企业参与公共服务供给的发展历程和企业参与公共服务供给的路径模式以及社会组织参与公共服务的发展历程进行了分析总结，在此基础上对公共服务多元供给主体的关系和共生密度进行了讨论，为进一步分析共生模式共生界面奠定基础。

第六章

公共服务多元供给和筹资的共生模式分析

根据共生理论，共生是指共生单元在一定的共生环境中按某种共生模式形成的关系，它由三个核心要素构成，具体包括共生单元、共生环境以及共生模式，共生模式深入解析了共生单元间相互作用的详细机制及其结合的具体形式，不仅明晰了这些单元如何协同运作，还直观展示了它们之间作用力的强弱差异。共生模式分两种：一种叫共生组织模式，反映共生组织程度；一种叫共生行为模式，反映共生行为方式。公共服务多元主体合作供给与联合筹资的共生机制是指政府部门、市场、社会组织等共生单元之间在公共服务协同供给和筹资过程中物质和信息交换的相互作用与合作的方式，也反映了作用强度。本章将从共生组织模式和共生行为模式两个维度对公共服务多元主体协同供给和筹资的现实情况、存在问题等进行分析，为进一步优化改进指明方向、提供参考。

一、共生模式介绍

（一）共生组织模式

共生组织模式是指不同组织之间基于共同的目标和利益，通过相互合作、资源共享和优势互补，实现共同发展、互利共赢的一种组织形态。这种模式具备如下特性：

（1）相互主体性：在共生型组织中，成员间摒弃了传统的主客体关系，转而相互视对方为主体。这意味着每个成员都具备独立的主体性和自主性，能够积极参与到组织间的合作与互动中。

（2）整体多利性：共生型组织强调合作组织之间的相互吸引与相互补充，经由协同激活、相互促进及联合优化，达成单凭组织内任何一方均无法独自完成的高质量发展水平。这种合作模式不仅有助于合作伙伴的成长，更能为自身带来超出原有能力所创造的价值。

（3）柔韧灵活性：共生型组织能够适应复杂多变的环境，通过跨组织的多维协同模式，与环境形成良好的互动。这种柔韧灵活性使得组织能够迅速应对市场变化，抓住发展机遇。

（4）效率协同性：共生型组织通过信息、技术和资源的共享，实现组织间的高效协同。这种协同性不仅提高了组织的运营效率，还有助于推动整个生态系统的创新和发展。基于共生理论，组织共生的模式可细分为点共生、间歇共生、连续共生以及一体化共生四种模式，具体如表6－1所示。

表6－1　　共生组织模式基本特征

	概念	共生界面特征	开放特征	阻尼特征	共进化特征
点共生模式	在某一特定时刻共生单元具有一次相互作用；共生单元只发生某一方面作用；具有不稳定性和随机性。	界面生成具有随机性，共生介质单一；界面极不稳定；共生专一性水平低。	一般对比开放度远远大于1，即内生单元更依赖于环境；共生关系与环境不存在明显边界。	与环境交流的阻力和内部交流阻力较接近；界面阻尼作用最明显；分配关系一般不影响阻尼特征。	事后分工；单方面交流；无主导共生界面；共进化作用不明显。
间歇共生模式	按某种时间间隔共生单元之间具有多次相互作用；共生单元只在某一方面或少数方面发生作用；共生关系具有某种不稳定性和随机性。	界面生成具有随机性也有必然性；共生介质较少但包括多种介质；界面较不稳定；共生专一性水平较低。	对比开放度在1附近波动，共生单元有时依赖环境，有时依赖共生关系；共生关系与环境存在某种不确定的边界。	与环境交流阻力大，内部交流阻力较小；界面阻尼作用较明显；分配关系对阻尼特征影响较小。	事后事中分工；少数方面交流；无主导共生界面；有较明显的共进化作用。

续表

	概念	共生界面特征	开放特征	阻尼特征	共进化特征
连续共生模式	在一封闭时间区间内共生单元具有连续的相互作用；共生单元在多方面发生作用；共生关系比较稳定且具有必然性。	界面生成具有内在必然性和选择性，共生单元介质多样化且具有互补性，界面比较稳定，均衡时共生专一性水平较高。	对比开放度大于0但小于1，共生单元更多地依赖共生关系而不是环境。共生关系与环境存在某种稳定但不清晰的边界。	与环境交流阻尼大，而内部交流阻尼小；界面阻尼作用较低；分配关系对阻尼特征影响大。	事中事后分工；多方面交流；可能形成主导共生界面和支配介质；有较强的共进化作用。
一体化共生模式	共生单元在一封闭时间内形成了具有独立性质和功能的共生体；共生单元存在全方位的相互作用；内生关系稳定且有内在必然性。	界面生成具有方向性和必然性；共生介质多元化且存在特征介质；界面稳定；均衡时共生专一性水平高。	对比开放度远远小于1而大于0，共生单元主要依赖共生关系；对环境的开放表现为共生整体的对外开放；共生体与环境存在稳定清晰的边界。	与环境交流阻尼大，而内部交流阻尼很小；界面阻尼作用最低；分配关系对阻尼特征影响最大。	事前分工为主，全线分工；全方位交流；具有稳定的主导共生界面和支配介质；有很强的共进化作用。

从表6－1可以看出：

点共生是共生组织模式的一种初级形式，表现为共生单元之间基于一组质参量偶然的供需联系形成相互作用。这种合作模式通常具有偶然性和短期性，风险共担和利益共享机制难以建立。

间歇共生是共生组织模式的一种中级形式，表现为共生单元之间在一段时间内存在合作关系，但合作时间和频率不稳定。这种合作模式需要双方建立一定的信任关系，以实现长期稳定的合作。

连续共生是共生组织模式的一种高级形式，表现为共生单元之间在较长时间内保持稳定的合作关系。这种合作模式需要双方建立深厚的信任关系，以实现长期的互利共赢。

一体化共生是共生组织模式的最高形式，表现为共生单元之间实现高度融合，形成一个有机整体。这种合作模式需要双方具备高度的互补性和协同性，以实现整体利益的最大化。

（二）共生行为模式

共生行为模式是指两个或多个不同但相互关联的生物体或组织之

间，通过某种形式的相互作用和相互依赖，达到共同生存、共同发展的状态。这种相互作用可以是正面的，也可以是负面的，但总体上是通过合作与协调，实现双方的互利共赢。共生行为模式可以根据其表现形式和利益关系，分为以下几种类型（见表6－2）。

表6－2　　　　共生行为模式特征表

	共生单元特征	共生能量特征	共生作用特征
寄生	一般而言，寄主在形态上大于寄生者；寄主和寄生者存在一种内生的供需关系。	不产生新能量；存在寄主向寄生者能量的转移。	寄生关系并不定对寄主有害；存在寄主与寄生者的双边单向交流机制；有利于寄生者进化而一般利于寄主进化。
偏利共生	存在一种共生单元具有强烈的利他倾向；这种共生单元的利他倾向并不影响其自身的存在和发展。	产生新能量；以防获取全部新能量，不存在新能量的光谱分配。	对一方有利而对另一方无害；存在双边双向交流；有利于获利方进化创新，对非获利方进化无补偿机制时不利。
非对称互惠共生	共生单元在形态上比较接近；共生单元以分工为基础。	产生新能量；存在新能量的光谱分配；光谱分配按非对称机制进行。	存在光谱的进化作用，不仅存在双向双边交流，而且存在多边多向交流；由于对称机制的不对称性，导致进化的非同步性。
对称互惠共生	共生单元在形态上十分接近；共生单元以分工和合作为基础。	产生新能量；存在新能量的光谱分配；光谱分配按对称机制进行。	存在光谱的进化作用；既存在双边交流机制，又存在多边交流机制；共生单元进化具有同步性。

寄生模式表现为一方获益、一方受害的共生关系。在这种模式下，一方（寄生者）从另一方（寄主）身上获取营养或能量，而寄主则因此受到损害，这种关系在自然界中很常见，如寄生虫与宿主之间的关系。

偏利共生模式表现为一方获益、另一方不受影响的共生关系。在这种模式下，一方（偏利者）从另一方（被偏利者）身上获取某种利益，而被偏利者则不会因此受到损害。例如，某些植物与昆虫之间的共生关系，昆虫通过采蜜传粉帮助植物繁殖，而植物则提供花蜜作为回报。

非对称互惠共生模式表现为双方均获益但获益不对称的共生关系。

在这种模式下，虽然双方都能从共生关系中获得利益，但一方获得的利益大于另一方。例如，在森林生态系统中，树木为鸟类提供栖息地和食物来源，而鸟类则帮助树木传播种子。

对称互惠共生模式是最理想的共生行为模式，表现为双方均获益且获益对称的共生关系。在这种模式下，双方通过相互合作和资源共享，实现共同发展。例如，蜜蜂与花朵之间的共生关系，蜜蜂在采集花蜜时帮助花朵传粉，而花朵则提供花蜜作为回报。

二、公共服务供给的共生关系演化及判定

从共生视角对公共服务供给的参与各方关系进行判定，基于多共生单元在公共服务协同供给体系模型中的关系定位（见图6-1），多共生单元行为的不同阶段即对应共生模式下的组织方式和行为方式。在公共服务供给的整个系统内，多共生单元由政府和社会组织构成。从图5-4关系定位判断，在组织发展的阶段Ⅰ中，存在着三种基本关系：寄生关系、偏利共生关系以及互惠共生关系。而在阶段Ⅱ，则涌现出多种共生状态，具体涵盖了点共生、间歇共生、连续共生以及一体化共生等形态。

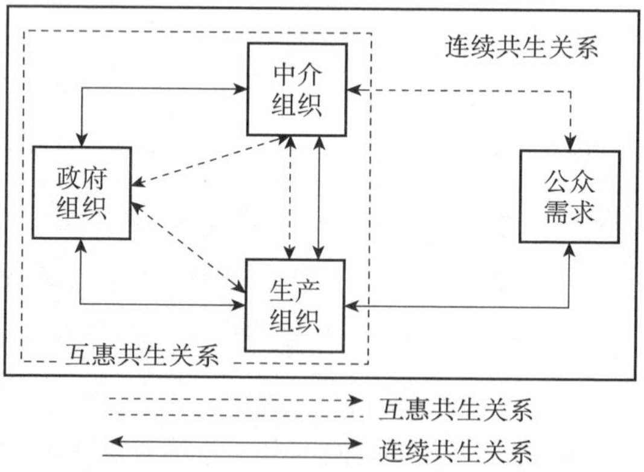

图6-1 多共生单元行为方与作用关系

（1）多元供给组织模式判定。公共服务供给是一个长期的过程，政府和社会组织为了供给资源配给获得更大的自由度，更愿意采用阶段Ⅱ的结构作为组织方式。在公众需求的挖掘和公共服务产品的生产、组

织、筹资、分配等环节中，各共生单元均处于长期合作的状态，这是公共服务产品特性所决定的。而在这个过程中，政府作为公共服务产品供给的最终责任人，将会与其他参与者达成长期的合作契约。在这种长期的合作契约下，既体现了供给端的稳定性又体现了竞争性，而且这种合作是包括社会全方位需求的。对于社会组织参与公共服务供给的过程中存在着同质化组织的强大竞争。因此，对于供给端实际产品的生产方来说，进入和退出就变为了一种常态。由此可见，多共生单元很难形成一种逐渐固化的一体化共生关系，而是一种具有变化且内部竞争的长期的共生关系，而这种关系随着公众需求的不断变化，同质但更优的共生单元会不断替换原共生单元。因此，在不同阶段，公共服务协同供给的各共生单元的关系也在不断变化。

（2）多元供给行为方式判定。从公共服务供给的行为方式判断，由于政府在公共服务产品的供给端处于发包者的身份，位于共生环境中的主导地位，而其他社会组织属于参与方，双方均处于互惠互利和相互依赖的状态。它们相互之间并不存在依附或寄生关系，而是在主体引导下的协同合作关系，所以并不属于寄生关系；而在共生环境中，多共生单元之间均存在利益，单共生单元的长期利益与多共生单元长期利益相一致，则共生关系将会维持均衡并持续发展。所以并不属于偏利共生关系，而是相互依赖与获利的关系。因此，在阶段Ⅰ行为方式的判断条件下公共服务协同供给的各共生单元属于互惠共生关系。

从共生关系逐步演变的角度来看，其产生及成长是一个有序推进的过程。共生理论阐明了共生关系呈现出由低级阶段向高级阶段逐步提升的发展趋势，而对称性互惠共生正是这一共生系统进化所追求的目标方向。因此，在共生生态环境中各共生单元会系统性地形成协同效应，即在外界因素的诱发下自发地形成一定的组织次序，为应对外界环境变化而产生关系结构的变化，具备高度的自治能力。而这种自适应的改变并不是通过自上而下的行政命令，而是依据供需平衡的市场规律自下而上形成。

综上所述，从多元主体间的共生关系判断总结得到在公共服务协同供给端多共生单元在行为方式上属于互惠共生关系，而在组织程度上属于连续共生关系。

三、公共服务协同供给的共生模式及案例分析

（一）共生组织模式及案例

1. 点共生模式

根据共生模式定义，点共生模式一般都是一次性的随机合作，多发生在主体之间的初次合作阶段，具有不稳定性、不连续性及随机性，供给主体间合作往往是短暂的，缺乏深入的交流和合作机制，且共生关系的发生具有不再重复性。这种形式在公共服务供给中经常出现。在具体某项公共服务的提供中，供给主体之间的合作可能是不同类型主体的不同部门或者不同组织和个体之间的合作，鉴于政府部门、市场主体、各种团体组织的数量众多，公共服务的种类和具体项目数量大且变化快。因此，每次的服务供给可能都是不同主体中不同个体的合作，合作通常呈现碎片化、零散性及局部性。

由于公共服务的多样性，点共生模式在地方政府公共服务的协同供给中还是比较常见的。为了提高公共服务质量和效率，同时节约政府的资源和成本。政府将原本由政府机构提供的公共服务，通过招标等方式，委托给社会力量或企业机构来提供。例如，案例 6 – 1 中的合作就呈现点共生模式。

▶ **案例 6 – 1**

公共服务外包的点共生模式

夏季，某县城持续高温干旱，在该县城连接高速入口的道路旁，一些行道树发生枯败。当地城管局以每年 300 余万元的价格，将较偏远处 7 万平方米的苗木养护工作，承包给了一家公司。

2. 间歇共生模式

公共服务协同供给体系中的间歇共生模式，描述的是政府部门、市场力量以及社会组织等共生单元，在固定时间段内反复进行互动的一种

情形。但这种互动往往局限于特定的一个或几个领域，并且，这种共生关系带有一定的波动性和非确定性特点。根据上述定义，这种合作模式依然具有随机性和不稳定性的特点，和点共生相区别的是在一定的时间间隔内，不同组织之间的合作次数是多次的，但合作仍是局限于某个局部或者具体某个项目，而不是全方位的系统性持续性合作。这种公共服务的合作模式也较为多见（见案例6－2）。

▶ 案例6－2

宁波社区垃圾分类服务

垃圾分类关系国家“双碳”目标的实现，是社区公共服务的重要组成部分，是社区环境管理的重要内容。政府制定垃圾分类相关政策和法规，明确分类标准、投放方式、收运和处理等要求，为社区公共服务提供政策保障。然而，由于社区工作人员有限，无法提供有效治理，导致社区垃圾分类进展缓慢。为此，宁波市积极推动垃圾分类服务改革试点，2016年底，宁波市各区垃圾分类办积极推进生活垃圾分类的政府购买服务，旨在引进相对专业的团队参与生活垃圾源头分类，下发了《关于推进宁波市生活垃圾分类政府购买社会服务试点工作的指导意见》，积极创新参与载体和方式，引导市场主体参与垃圾分类服务。宁波自2013年启动生活垃圾分类工作以来，目前中心城区生活垃圾分类已基本实现全覆盖，基本形成分类投放、分类收集、分类运输、分类处置与循环利用的设施体系以及政府主导、企业运作、全民参与的“宁波模式”。企业参与垃圾分类主要包括分类宣传、入户指导以及教育培训等方面，通过提供这些服务提高了居民垃圾分类的知晓率、参与率及准确投放率。如垃圾分类社会服务组织锐东咨询专业服务公司于2017年8月进入安居幸福苑小区。项目经理沈英介绍，为了拉近和居民的距离，服务公司发动社区党员和楼道长一一走访居民家庭。首先对党员和楼道长进行培训，再由他们定期分批培训小区居民，上门宣传和指导垃圾分类。同时组织社区活动提升居民的分类意识和参与热情。在充分宣传的基础上，10月8日起，安居社区开始实行“定时定点”投放模式，即每天早上8时半到10时，在主要垃圾投放点由志愿者现场开袋检查居民垃圾分类质量，并在积分卡上打分。在政府主导、企业积极运作下，社区垃圾分类取得了较好的成效，切实破解了居民参与积极性不高、源头分类质量低等一系列老大难问题。在这一案例中，政府与垃圾分类企业的合作就属于间歇式合作，每年都进行合作，合作仅针对垃圾分类这一项服务，未拓展到其他服务。

在间歇共生模式中，政府、企业虽然有了多次合作，但合作方式与点共生模式类似，都相对比较单一、合作范围较为狭窄。单元间没有负责合作的常设组织机构，并且由于相互之间公共服务合作目标理解不一致，在合作过程中对资源要素的投入重视不够，导致人力、财力、物力等资源投入不足，造成公共服务共生单元合作关系不连续。这种间歇共生关系虽不稳定，但公共服务共生单元间往往追求多次合作（见案例6－3）。

▶ 案例6－3

宁波市政养护服务

近年来，随着城市化进程的加快，市政设施养护工作面临着日益严峻的挑战。为了充分调动社会力量进入公共服务领域，发挥市场经济强有力的迸发力，减轻政府养护单位的工作负担，宁波市政府决定在市政养护项目中引入专业养护单位，逐步推进市政设施养护工作的市场化进程，实现“公开、公平、公正”的市场化运作，提高养护效率和质量。宁波市以宁波市北外环高架桥（洪塘中路以西段）的养护项目为试点，通过公开招投标，吸引多家具有专业资质的养护单位参与竞标，最终确定中标单位，签订代管合同。在代管模式下，中标单位负责宁波市北外环高架桥（洪塘中路以西段）和地面道路的日常养护、小修、中修保养工作。其职责主要包括保持高架桥结构物和附属设施以及地面道路设施的完整性，进行预防性保养和轻微损坏部分的修补。同时，还包括保证高架桥结构物和附属设施以及地面道路正常使用功能的预防性保养和事后紧急处理工作。同时建立完善的监督与评估机制，定期对养护工作进行检查和评估，对发现问题进行整改，此项试点使得养护工作的质量和效率得到了大幅提升，市民的出行安全得到了有效保障。

3. 连续共生

连续共生是指公共服务供给共生单元间在连续时间段内从多方面发生的连续多次的共生。在这种共生模式下，共生单元在多方面发生作用，互补性、融合性更强，政府、企业、社会组织相互间的合作形式更为多样化，彼此之间的共生关系具有较强的稳定性和高效性，为战略合作奠定了基础。与点共生和间歇共生的临时合作不同，这种连续共生的合作模式目的性及对应性更强，是共生单元在有了一定合作基础上的理性的合作行为，但这种合作方式也存在不足，由于没有双方高度一致的目标及硬性的法律约束，仅通过签订协议的方式无法对共生单元的行为产生有效的约束，所以必须有效发挥政府的作用推动公共服务供给提升（见案例6－4）。

▶ 案例6－4

海曙81890案例

海曙81890是宁波海曙区党委政府设立的公共服务平台，其名称取自宁波话“拨一拨就灵”的谐音，寓意着平台的便捷性和高效性。自成立以来，81890始终践行“有求必应、有诺必践”的服务承诺，致力于为广大市民提供全方位的公共服务。平台涵盖了家政服务、养老服务、维修服务、法律咨询等多个领域，通过整合各类资源，实现了公共服务的集约化、标准化和专业化。81890构建了政府主导、企业、社会组织参与的公共服务平台。81890平台将原本由政府直接提供的服务，交由市场化运作的服务主体承担。这些服务主体包括各类企业和社会组织，它们通过竞争机制参与平台的运营。81890 建立了严格的“加盟企业准入办法”和“加盟企业考核管理办法”，确保参与平台服务的企业具备一定的专业性和可靠性。平台通过对加盟企业的考核检查，对不达标的企业进行劝退，以确保服务质量和安全。同时，平台建立了完善的服务评价和反馈机制，对服务质量进行定期评估和反馈，及时发现问题并进行改进。从单一的电话热线拓展为集电话、网站、APP、微信、支付宝、百度及浙里办等多渠道于一体的服务体系，确保服务暖心、高效闭环。同时，81890 内政府、企业、社会组织的合作还体现在 81890 免费为企业提供各类媒介推荐，如热线电话、短信、网站及微信、APP 等，帮助企业扩大服务范围，提高服务质量。在这种模式中，政府通过财政预算、政府采购等方式提供公共物品和服务，保障了基本公共需求的满足；社会组织通过自愿参与、自主管理的方式提供公共物品和服务，满足了居民的个性化需求；市场则通过竞争机制提供高质量的物品和服务，满足了居民多样化选择的需求。

4. 一体化共生

一体化共生标志着公共服务领域的各个共生单元已紧密融合，构成一个兼具独特性质与功能的综合共生系统。在这一共生形态中，各共生单元间展现出全面且深刻的交互作用，并伴随着多元化的利益关联。它们之间的共生关系不仅稳固牢靠，而且遵循着一种内在的、不可避免的联系。公共服务供给的理想状态就是一体化共生模式。在这种共生模式中，社会组织根据地区社会发展需要，积极调整公共服务供给范围、内容及环节，提升服务地区社会发展的能力；企业积极参与公共服务供给，提升供给质量，提升企业竞争力；政府围绕区域公共服务能力实施，统筹资源，搭建政府主导，社会参与的公共服务平台，推动区域社会发展。地方政府、企业、社会组织三个共生单元充分利用各自的比较优势，在公共服务供给过程中更为注重长期合作，推动人才、知识、技术、信息等资源要素的自由流动与共通共享，有效减少信息不对称，避免了短视和机会主义行为，最终形成基于共同利益契合点的长效形态（见案例6－5）。

▶ 案例6－5

宁波市北仑区红领之家

浙江省宁波市北仑区红领之家（以下简称“红领之家”）成立于2012年5月，这是一个以党建为核心动力、以志愿服务为实践平台、致力于社会治理目标实现的社会组织。围绕党建引领、精神文明、社区治理、乡村振兴、民生改善、环保生态等，红领之家志愿组织开展多样化、丰富性的服务。自成立至今，已累计组织开展了超过4300次的志愿服务活动，惠及群众人数超过65万人次。

红领之家主要有五个品牌项目：一是“红领航向”志愿服务。红领之家最突出的特色就是“党建引领志愿服务”“党员示范志愿服务”，十年来先后协助所属党委发展党员978名，培养党务工作者（社会组织带头人）153名。二是“红领惠民”志愿服务，即开展敬老、护绿、导医、邻里协调等志愿服务。三是“红领新生”志愿服务，红领之家所联系的656名社区矫正人员脱管率、再犯罪率为零。四是“红领茬话”志愿服务，在党员志愿者、专业志愿者的引导下，群众可随时随地提供线索，为基层治理探索一种新的志愿服务模式，使群众成为普法宣传者、线索供给者、民意收集者、整改监督者。五是“红领铁军”志愿服务。新冠疫情发生后，随着防疫工作的推进，红领之家开展管卡防守、物资运送等志愿服务。

红领之家注重：一是党政统筹、系统推进；二是社团管理、规范发展；三是公众自主、灵活创新；四是社会支持、资源保障。在筹资模式上，红领之家成立的10年中，获得政府资源支持与社会资源支持较多，能更好地因地制宜开展项目和进行长期规划，有利于项目的运行、服务的持续。

资料来源：红领之家党建品牌打造引领志愿服务与社区治理探究，《精神文明报》。

公共服务共生组织模式并不是一成不变的，而是动态演进的（见图6－2）。随着共生因素和共生环境及共生界面的发展变化，公共服务供给共生单元组织模式也处于动态的演进过程中。公共服务共生系统的进化轨迹展现出从点共生向一体化共生发展的特点，其具体的进化路径可以表述为：起始于点共生，随后过渡到间歇共生，再进一步发展为连续共生，最终达到一体化共生。这一进化过程的主要特征是组织化程度的逐步提升，在同一时期，不同单元中，公共服务供给中点共生、间歇共生、连续共生与一体化共生可能同时存在。

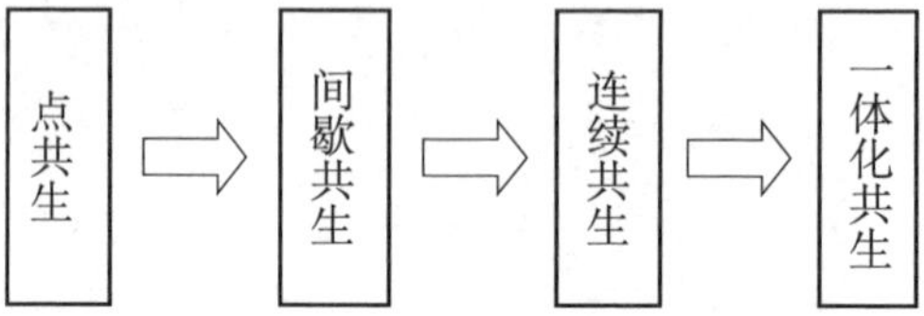

图6－2　公共服务共生演化路径

（二）共生行为模式及案例

根据能量产生效果和进化特征等的不同，共生行为模式可以划分为四种类型：寄生共生、偏利共生、非对称性的互惠共生以及对称性的互惠共生。共生行为模式主要反映共生单元的共生关系及其相互作用，根据不同的相互作用分为不同的类型。所以，与共生组织模式类似，共生行为模型也是在不断发展变化的。不过，与共生组织模式主要聚焦于共生单元之间以及共生单元与共生界面之间的共生关系与共生环境不同，共生行为模型则更侧重于深入剖析共生的内部运作机制。

1. 寄生共生模式

寄生模式在公共服务中主要表现为一种特殊的依赖关系，其中一方（寄生者）依赖另一方（寄主）的能量和资源得以生存或发展。公共服务的提供者（即“寄生者”）依赖于特定的组织或机构（即“寄主”）来获取资源、资金、技术或其他必要的支持，以维持或提升公共服务的供给水平。这种关系具有两个基本特点：一是寄生关系主要改变的是寄主的能量分配，但通常情况下不会产生新的能量。这意味着寄生者依赖于寄主现有的资源和能量，而非共同创造新的价值。二是寄生关系的能量流动是单向的，具体表现形式是从寄主向寄生者流动。这意味着在这种关系中，资源的流向是单向的，寄主为寄生者提供必要的支持和资源。三是共生性，尽管寄生模式存在依赖性和单向性，但寄生者和寄主之间往往也形成了一种共生关系。寄主通过提供资源和支持，获得了公共服务提升带来的社会效益和公众满意度；而寄生者则通过依赖寄主，实现了公共服务的有效供给和自身的发展。

在计划经济时代，我国政府既是公共服务的“生产者”，也是“提供者”。这种集“生产者”和“提供者”身份于一体的公共服务提供方式，就是典型的寄生模式。当时，政府充当了全部公共服务的安排者，同时也成为实际的生产者。这种以全能主义为显著标志的公共服务供给机制，在一定程度上发挥了积极的作用，特别是在农业基础设施方面，如水利、道路等基础设施的改善。

然而，这种以全能主义为显著标志的公共服务供给机制也存在一些问题。一方面，政府作为唯一的提供者，面临着巨大的财政压力；另一方面，由于缺乏有效的竞争和监督机制，公共服务的质量和效率难以得到保障。

2. 偏利共生模式

公共服务的偏利共生模式，是指在公共服务供给过程中，一方（通常是服务提供者）通过提供服务而获得利益，而另一方（服务受益者）在享受服务的同时，并未对服务提供者产生直接的负面影响或成本。偏利共生关系可以产生新的能量，但能量通常只能转移到共生关系中的某一单元，或者新能量只能由某一共生单元全部获得。这一模式的特点主要体现在以下几个方面：一是在偏利共生关系中，服务提供者和受益者之间的利益分配是非对称的。服务提供者通过提供服务获得利益，而受益者则无须为此支付直接成本或承担额外负担。二是服务提供者与需求者之间存在双边交流机制，这种模式有利于受益者进化创新，而对提供者无影响。

在公共服务供给中，表现为供给主体的一方完全依存于另一方生存，早期一些企业事业单位依附于政府生存的状态，这种情况下政府既是公共服务“供给者”，也是“购买者”。如中央政府和地方政府之间会存在偏利共生，中央政府为扶持地方政府，利益总是向地方政府倾斜，这种倾斜对中央政府无害而对地方政府有利。再如，政府和事业单位之间也存在偏利共生。在中国，很多公共服务是由隶属于各级政府的事业单位提供的，这些单位和政府、国企之间的边界模糊，成为共生关系中的获利方。政府偏利共生作用的核心体现在利他性，在短期内，共生关系对非获利方的发展演进既无害也无益，而对获利方的进化则有积极的促进作用，但由于偏利共生是寄生和互惠共生间的一种过渡形式，其存在状态会随着共生关系的发展产生变化，届时这种纯粹的利他性也将被打破。

3. 非对称互惠共生模式

随着社会经济的不断发展和公共需求的日益增长，单一的政府供给模式已经难以满足日益复杂的公共服务需求。因此，政府开始尝试引入市场机制和社会力量参与公共服务的供给，形成了多元化的供给格局。在这一过程中，非对称互惠共生模式出现，成为公共服务供给的重要模式之一。非对称互惠共生模式作为一种特殊且重要的供给方式，在现代社会公共服务体系中占据了一席之地。非对称互惠共生模式是指在公共服务供给过程中，不同主体之间基于资源、技术、资金等方面的非对称性投入，通过合作与协作实现互惠互利的共生关系。该模式的特点主要体现在以下几个方面：一是非对称性投入，在非对称互惠共生模式中，不同主体在资源、技术、资金等方面的投入存在明显的差异。这种差异可能源于主体的性质、规模、能力等因素。例如，政府可能在资金和政策方面投入较多，而社会组织或企业在技术和服务方面更具优势。二是互惠性利益分配，尽管投入存在非对称性，但非对称互惠共生模式强调利益分配的互惠性。即各方在合作过程中都能获得相应的利益，实现共赢。这种利益分配方式有助于激励各方持续投入和参与公共服务供给。三是合作与协作机制，非对称互惠共生模式依赖于不同主体之间的合作与协作机制。这种机制包括信息共享、资源整合、协同行动等方面，旨在实现资源的优化配置和高效利用。

当前，非对称互惠共生模式在全球范围内得到了广泛的应用和推广。许多国家和地区都通过政府购买服务、公私合作（PPP）等方式引入社会力量参与公共服务的供给。非对称互惠共生模式在促进公共服务供给的多元化、提高服务质量和效率方面具有积极作用，是公共服务供给最广泛的模式。如政府与社会组织的合作，政府采取购买服务、实施委托管理等措施，将一些公共服务职能转移给社会组织来承担。社会组织在提供服务的过程中获得政府的经费支持和政策优惠，而政府则通过引入竞争机制、提高服务质量等方式实现公共利益的最大化。这种合作模式体现了偏利共生关系的非对称性和互利性。如企业参与公共服务，一些企业出于社会责任或商业利益的考虑，积极参与公共服务的提供。例如，一些企业会投资建设公共设施、提供公共交通服务等。企业在提供服务的过程中获得了良好的社会声誉和品牌形象，而公众则享受到了更加便捷、高效的公共服务。如居民自助互助，在一些社区或农村地区，居民之间通过自助互助的方式提供公共服务。例如，社区自治与服务，在社区层面，居民通过自助互助的方式提供公共服务，形成了一种基于非对称互惠共生模式的社区服务模式。这种模式有助于增强社区凝聚力和居民之间的互助精神，同时也为政府减轻了服务压力。

4. 对称性互惠共生

对称性互惠共生模式是公共服务供给主体间理想的共生状态，其在公共服务领域的应用，不仅能够提高服务效率，还能促进各参与方之间的公平发展。对称性互惠共生模式意味着，在新产生的利益分配方面，各共生单元之间保持平衡，即不同的共生单元均能从这种共生关系中平等地获得收益积累与进化机会。这种模式的特点主要体现在以下几个方面：一是资源共享与互利共赢：对称性互惠共生模式强调各共生单元之间的资源共享，通过互利共赢的方式实现共同发展。在公共服务领域，这意味着政府、企业、社会组织等各方应共同参与服务提供，共享资源，实现服务效益的最大化。二是平等独立与相互依存：对称性互惠共生模式中，各共生单元处于平等独立的地位，没有严格的资源流约束。同时，各共生单元之间又相互依存，通过密切的合作实现共同发展。在公共服务领域，这要求政府、企业、社会组织等各方应平等参与，相互依存，共同承担责任和义务。三是高效沟通与信息共享：对称性互惠共生模式强调在共生过程中存在频繁的双边和多边交流机制，畅通的信息渠道可以降低交易成本并保障共生体的效率。在公共服务领域，这要求各参与方应建立高效的沟通机制，实现信息共享，确保服务提供的及时性和有效性。对称性互惠共生是公共服务供给主体的理想状态，但由于现实条件限制，一般情况下很难达到这种理想状态。在公共服务供给中，也存在比较接近的例子。如宁波镇海区招宝山街道在养老服务模式上进行了前沿探索，实践了“众筹互助”这一新型模式，并选定新三宝服务社这一区域性居家养老服务中心作为先行试点，创造性地实施了“爱心车轮食堂”“老年学堂”及“时间银行”等一系列创新运作机制，从“精准度”“活跃度”“平衡度”三个维度解决养老服务关键小事，着力构建居家养老生态圈。为满足老年人日益增长的养老需求，某社区建设了养老服务综合体。参与主体包括了政府、社会组织、企业、志愿者、老年人。政府提供政策支持和资金补贴，社会组织和企业提供专业服务、管理经验、资金支持，志愿者和老年人则参与服务提供和自我管理。各方在养老服务社中相互依存、共同发展。政府通过项目提升了社区养老服务水平；社会组织和企业通过项目获得了发展机会；老年人则享受到了更加优质、便捷的养老服务。养老务服务社为老年人提供了全方位的养老服务，包括膳食、康复、娱乐、文化等。同时，通过引入市场机制和社会力量参与，提高了服务质量和效率。

四、公共服务协同筹资共生模式及案例

（一）公共服务协同筹资的共生组织模式及案例

1. 点共生模式

筹资是公共服务供给的关键环节，由于公共服务的构成非常复杂、项目繁多，不同公共服务的归口管理部门也是复杂繁多，且能够进行合作的具体企业和社会组织也数量较大。因此，每一项公共服务项目的协同筹资可能发生在不同的政府部门、企业和社会组织的大量不同个体之间，合作呈现零散化、碎片化、局部化和不可重复的点共生模式，这种模式更多出现于一些公益项目中。

2. 间歇共生模式

公共服务协同筹资的间歇共生模式是指在公共服务供给中，政府部

门、市场、社会组织等共生单元之间就资金筹集问题发生的多次交互作用。在有些项目中公共服务供给筹资不是一次性，而有可能是多次分阶段的筹资。虽然共生单元发生了多次交互作用，但共生关系仍然具有不稳定性和随机性的特点，与筹资的点共生模式的区别在于，这种合作模式是在一定间隔内不同组织之间的多次合作，但合作仍局限于某个具体项目或是项目的某个部分，不是全方位的系统持续性合作（见案例6－6）。

▶ 案例6－6

北仑海天文体中心

宁波市北仑海天文体中心是由海天集团与北仑区政府共同出资3.6亿元建设的公共文化体育设施，总用地面积约4.6公顷，其中北仑区财政承担地下建筑投资及建设用地费，其余资金由海天集团资助建设。项目建成后将拥有足球场、网球场、篮球场等体育健身设施，以及景观步行道、休闲活动广场、小型演出厅、电影院等配套设施。在本项目前期建设及后期运营中都有海天集团的投资。

3. 连续共生模式

公共服务协同筹资的连续性共生是指在某个封闭时间区间内政府部门、市场、社会组织等共生单元具有连续的相互作用；共生单元在多方面发生相互作用；共生关系比较稳定且具有必然性。与点共生和间歇共生模式相比，连续共生模式具有持续性和稳定性的特征。当公共服务筹资的多元主体之间在某一段时间实行战略合作为某个项目筹资一般就具有连续共生的模式，这也是一种较为常见的合作模式。例如类似BOT融资项目等，不同的组织之间为了某项目开展长期的多次合作（见案例6－7）。

▶ 案例6－7

嘉兴市秀洲区农村生活污水处理BOT项目

嘉兴市秀洲区农村居民生活污水已经是水污染的重要问题，尤其是农村地区，由于经济滞后、基础设施欠缺完善以及村民环保观念相对薄弱，生活污水问题一直未能得到有效管控。整体上仍限于化粪池处理等初级处理方式，出水水质无法达标，持续污染周边的水环境。根据《秀洲区城乡生活污水治理三年行动计划（2015—2017)》，该区在2017年底，基本完成城市区块雨污管网改造工作，建成城乡一体的污水处理系统。

中标公司为浙江爱迪曼环保科技股份有限公司。秀洲区政府实施了接入城镇及工业污水管网处理的关键项目，政府将按项目投资额的65%提供财政补助；对于集中式治理模式，补助比例为60%；联户式及单户式治理模式则享受50%的政府补助。中标单位需承担管网与终端的全面维护工作，维护期限长达10年。此外，政府部门对分散处理设施实施5年回购计划，资金回报率设定为五年期贷款基准利率的30%以下浮动，此举有效减轻了区级与镇级财政的短期偿付负担。

资料来源："BOT 融资模式案例分析"，参考网，https：//www.fx361.com/page/2021/0910/9699417.shtml。

4. 一体化共生模式

公共服务协同筹资的一体化共生模式是指政府部门、市场、社会组织等在某个特定的时间段内，共生单元融合成了一个具备独特性质与功能的共生体；这些共生单元之间存在着全面且深入的相互作用；同时，它们之间的共生关系既稳定又具备内在的必然联系。根据这个概念可知，公共服务多元主体筹资的一体化共生模式要求较高，在为公共服务筹资和供给过程中形成了长期持续的紧密关系，共生单元之间的物质信息交流体现了整体利益的一致性和不可分割性。这种共生模式在公共服务协同筹资实践中并不多见。

（二）公共服务协同筹资的共生行为模式及案例

共生行为模式分析主要关注点在于共生单元在共生体系内互相作用和促进演化的能量和方式。基于共生理论的应用，公共服务协同筹资中的共生行为模式主要包括以下四种：寄生共生、偏利共生、非对称互惠共生以及对称互惠共生。

1. 寄生共生模式

在公共服务筹资领域，寄生共生的行为模式当前并不多见，其主要存在于改革开放前的计划经济时期。当时，政府部门既是公共服务的生产者和供给者，又是公共服务的购买者和分配者处于寄主的位置，政府部门以外的所有单位、组织、个人都处于类似一种寄生的状态，等待物质和能量的分配。随着改革开放走向深入和经济社会的发展，公共服务筹资和供给模式与计划经济时期相比发生了翻天覆地的变化，寄生共生模式也早已退出了历史舞台，这里不做过多讨论。

2. 偏利共生模式

在公共服务的协同筹资领域，偏利共生行为模式一般多见于中央和地方政府部门之间，或者政府部门和隶属的社会组织之间。偏利共生行为模式可以认为是寄生共生行为模式和互惠共生模式的过渡类型，这种共生模式也是我国由计划经济向市场经济改革和政府职能转变的过渡性产物。

在为公共服务筹资过程中，以政府为主导的共生模式往往呈现出偏利共生的特点。在这种共生行为模式下，共生单元之间存在双向的物质、能量和信息交流并且通过共生能够增加社会福利、产生新的共生能量，但这种社会效益往往由某一个共生单元享有。第一种情况是中央和地方政府部门之间就存在这种偏利共生的行为模式。在公共服务的筹资领域，由于分税制改革地方政府税收收入占比下降，中央政府为了支持地方政府进行转移支付，这种情况下，共生利益一般是由中央政府流向地方政府，这种方式对中央政府并不造成伤害但对地方政府有利。如图6－3通过一组转移支付数据能够对这种偏利共生有一定的了解，中央对地方的转移支付逐年上升，近五年来中央对地方的转移支付决算数由2018年的6.97万亿元上升到2022年的9.71万亿元。

第二类由政府主导的公共服务偏利共生行为模式发生在政府部门和事业单位之间以及政府部门和非营利的社会组织之间。由于历史沿革，我国的公共服务提供很多是由政府部门下属的事业单位完成的，这些事业单位一方面能够和政府部门发生物质、能量和信息交流并产生新的社

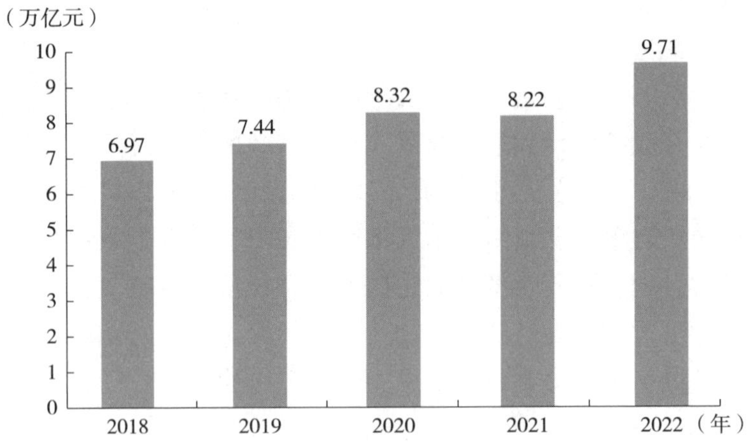

图6－3　中央对地方转移支付决算数

数据来源：财政部网站，http：//www. mof. gov. cn。

会效益，另一方面和政府部门以及国有企业之间的界限比较模糊，享受政府部门的拨款并通过公共服务的筹资和供给过程成为共生体系中获益的一方。

社会组织的情况与此类似，受我国计划经济体制的影响，很多社会组织仍然沿袭以往计划经济体制下的行为模式，呈现出“政府化”的特点，其作为政府的下辖部门，人员编制由上级政府部门核定，具体工作人员由上级政府部门委派，资金由政府财政部门拨付。这种共生模式使得在公共服务的筹资和供给过程中，一方面社会组织能够和政府部门发生物质、能量和信息交流并产生新的社会效益；另一方面在和政府部门合作中享受政府部门的拨款并通过公共服务的筹资和供给过程成为共生体系中获益的一方，因此具有明显的偏利共生行为模式。

短期来看，以上两种偏利共生的行为模式对非获利的政府部门无害，但也不利于其演化和发展，无法起到推进公共服务筹资共生系统向更高层次演化；但长期来看，由于偏利共生模式是由寄生共生行为模式向互惠共生模式的过渡类型。因此，这一行为模式并不稳定，随着共生单元力量的对比变化，这一共生行为模式可能被打破，政府部门处于偏利共生纯粹的非获利方的角色并不可持续。

3. 非对称互惠共生模式

在非对称互惠共生模式下，公共服务多元筹资主体通过各自的比较优势以分工为基础开展合作，提高公共服务的筹资和供给效率进而提升社会福利，产生共生能量；共生体系产生的收益通过公共生界面（相关的体制和政策等）发生作用并在各个共生单元之间非对称地进行分配。可以说，非对称互惠共生模式是当前公共服务协同筹资的最主要的共生模式，政府部门、市场、社会组织之间通过共生界面进行多边交流，这有助于公共服务筹资共生范围的扩大、共生效率的提高和居民社会福利水平的提升。但与此同时，由于各个共生单元之间在收益的分配上力量是不平衡的、非对称的，会导致公共服务多元主体协同的结果是不同的共生单元发展不同步，因此共生关系也缺乏稳定性，难以生成长期性、系统性、稳定性的合作关系。不利于共生行为模式向更高层级演化。

不同于寄生性共生行为模式和偏利共生行为模式更多地存在于强势政府单一主导的公共服务筹资过程中，非对称互惠共生是目前最常见的公共服务协同筹资供给模式。随着我国经济社会的发展和政府治理方式改革的深入推进，公共服务筹资过程中市场化筹资、社会组织筹资等多元主体协同筹资模式成为公共服务未来发展变革的主要趋势，更多的政府部门以外的主体参与到公共服务的筹资和供给过程中并扮演着越来越重要的角色，提升了公共服务供给效率。但是在这个过程中，非对称互惠的共生模式特征表现明显，由共生产生的各种资源和利益分配过程中，政府主导的色彩依然较为明显，各个主体之间分配不够均衡无法达成对称互惠导致共生体系难以长久持续发挥最大的功能。

案例 6 – 8 以杭州湾大桥 BOT 项目融资为例，讨论了非对称互惠共生的不足。杭州湾大桥项目开创先河，作为国内首个由地方民营企业领航、投资规模逾百亿元的国家级特大型交通基础设施建设项目，它在吸引民间资本方面取得了显著成效。在项目吸引民间投资的高峰时期，总共有 17 家民营企业积极参与入股，使得民间资本的投入占比一度高达整个项目总额的 55% 。曾是公共服务通过 BOT 方式协同筹资的典范，但后来却以民营资本大量撤出收场，究其主要原因乃是未达到政府和企业互惠，地方民营企业无法获取相应收益。根据李成祥等（2019）的研究，从大桥1993—2008年的建设来看，五次提高投资额、不断遭遇技术难题以及萧山与绍兴的通道建设带来的利益下滑等问题使得该项目盈利较少甚至难以收回投资金额，这让民间投资商在该项目投资中甚至难以收回成本，因此民营企业就选择撤股。截至2012年上半年，杭州湾大桥项目的股权分配情况显示，三大国有股东共同持有的股份比例已高达总股本的85%。至于其余由民营企业持有的股份，其中最高比例未超过2.6%，而最低比例则仅为0.13%。非对称互惠的协同筹资并未长久持续地发挥作用。

▶ 案例6-8

杭州湾大桥BOT项目

杭州湾大桥项目是国内首个以地方民营企业为投资主体、总投资额超过百亿元的国家特大型交通基础设施建设项目，曾是公共服务通过BOT方式协同筹资的典范，但后来却以民营资本大量撤出收场，究其主要原因乃是未达到政府和企业互惠，地方民营企业无法获取相应收益。

2003年5月，国务院讨论通过了杭州湾大桥项目的工程可行性研究报告。根据《杭州湾跨海大桥工程可行性研究报告》，杭州湾大桥采用双向六车道高速公路标准，设计时速100公里，使用寿命100年以上，总投资约107亿元。宁波市和嘉兴市专门成立了一家杭州湾大桥发展有限公司作为投资平台，分别承担90%和10%的出资额度。也正是在2003年可行性报告获批当年，环驰集团与海通食品、卓力电器、金帆集团和华美投资等慈溪本地企业一起，成立了慈溪建桥投资有限公司。五家共同出资3.46亿资本金，分四期投入到杭州湾大桥公司中。此后方太、宋城、海通等一批浙江知名的民营企业在可行性报告获批后，也先后加入到杭州湾大桥的股东名单中。在民资入股大桥高峰期，共有17家民营企业参股，民间资本一度占到了整个项目的55%。

然而，同样是在可行性报告获批的2003年，雅戈尔便将杭州湾大桥公司40.5%的股份转让给了地方国企宁波交通投资有限公司和其他民营企业，拉开了资本撤退的序幕。而此前，雅戈尔入局很早，在大桥2000年立项之初便以45%的股份成为杭州湾大桥的第二大股东。从雅戈尔手中接过17.3%股份的宋城集团，两年后也宣告退出，央企中钢接手股权，到2012年又转让给了上海实业。在2008年大桥建成前后，德邦大桥投资、和森钢管等一批规模较小的民企也将股份转让给了宁波交投。与环驰类似，以合资企业间接入股的慈溪合盛集团也向本报记者证实已经退出大桥项目。截至2012年上半年，杭州湾大桥项目的三大国有股东所占股份已经占到了总股本的85%，剩余民营企业所占股份中，最高的也不过2.6%，最低甚至只有0.13%。

在宁波市政府看来，浙江并不缺少民间资本，投资杭州湾大桥建设，可以获得稳定的现金流和较高的回报率，这也是当初民营企业争先恐后入股大桥的原因。根据地方政府所做的计算，大桥建成后的投资收益率应该在12%—15%。但运营后的实际收益却与预测相差甚大。杭州湾大桥公司去年一季度的短期融资券募集说明书称，公司争取到2015年达到投资收益率8%的目标。而根据这一说明书的数据，2011年大桥的投资收益率还不到4%。大桥成立至今最高的一次分红就是去年的200多万元，几年来拿到的分红还不及最初投资的零头。另一家民企股东华联电子有限公司的总经理冯炜炜也对本报记者表示，通车以来每年的利润分红基本只有80万—100万元。“我们当初签的BOT协议，收费期限是30年，”冯炜炜说，“要是按照这个收入下去，可能很难回本。”

资料来源：“杭州湾跨海大桥通车5年入不敷出，民企纷纷退出”新浪财经网络，http：//finance.sina.com.cn/china/dfjj/20130923/021916817910.sht。

4. 对称互惠共生模式

在所有的共生行为模式中，对称性互惠共生模式可以说是最具有建设性，也是最稳定、持续和有效率的，同时也是最为理想化的共生行为模式。在这种共生行为模式下，首先，公共服务多元筹资的主体之间无论在法律层面还是在实际合作的操作层面都具有完全平等的关系，平等通过协商享有共生合作产生的收益；其次，共生主体之间的合作完全基于各自的比较优势通过在共生体系中的分工合作为基础提供筹资和供给效率，创造和产生积极的社会效益；再次，在公共服务协同筹资的共生过程中，不同的共生单元之间无论是双边的物质信息交流还是多边的物质信息交流都具有畅通的渠道，使得物质和信息能够高效率地传递降低共生成本；最后，在所有的共生行为模式中，对称性互惠共生效率最高，最能够提升公共服务协同筹资的效率和效果，通过共生能创造出最多的社会效益。除此之外，对称性互惠共生所创造的社会效益在分配时取决于不同筹资主体之间平等协商，而不是仅仅取决于政府这样的强势主体的单独作用。因此，这种共生的行为模式构建的共生关系使得各个共生主体都能够同步获得发展和成长，共生关系更加长久持续稳定。这种对称性互惠共生是共生行为模式中最为理想的一种形式，但现实中由于政府强势主导的历史沿革和种种外部因素影响，导致很难实现，但对称性互惠共生仍然是公共服务多元主体协同筹资的未来努力的发展方向和目标。

分析公共服务多元主体在协同筹资过程中的共生行为模式，我们可以观察到其经历了一个由寄生共生向偏利共生、非对称互惠共生，最终向对称互惠共生逐步发展和演变的过程。在这个过程中，对称互惠共生被视为公共服务多元主体协同筹资最为理想化的共生模式，也是未来努力的发展方向和目标。

五、共生视角下公共服务协同供给模式存在的问题

（一）稳定的共生组织模式还有待形成

在公共服务供给的共生组织模式中，点共生、间歇共生、连续共生、一体化共生四种模式并存，不同类型及不同地区的公共服务适合的模式也不同。通过共生的组织模式视角进行分析，政府部门、企业和社会组织在公共服务的协同筹资和供给过程中仍存在很多的不完善之处，这种不完善首先表现为合作的分散化，即政府部门和不同组织之间的合

作往往基于某个具体任务导向的一次性或有限次合作，缺乏长期的、连贯的、系统化的协同；其次表现为合作的碎片化，在为公共服务筹资和供给的过程中多个主体的参与往往缺乏良好的协调机制，容易导致任务、利益的割裂和碎片化，不同的组织之间、组织和政府之间的责权利边界不清晰，部门之间互相推诿等情况时有发生，政府部门和各类组织之间为确保各自的利益形成掣肘，反导致了资源利用效率的低下，造成浪费。最后，两两合作或者三方共同合作的深度和广度也有所不足，即以点共生（一次性合作）或者间歇化共生（在一定时期内发生多次合作）的模式为主。同时，由于公共服务的多元主体间常常存在权责边界不明晰的问题，各类主体之间往往会互相推卸责任，产生大量额外的协调成本，降低了共生的能量，难以形成系统化、规范化、长期化的连续共生或一体化共生模式。当前公共服务供给组织模式中点共生和间歇共生相对更多，主要是因为我国公共服务供给的主体仍以政府为主，市场和社会组织的参与程度相对较低。这不仅限制了公共服务的供给效率和质量，也制约了市场和社会组织在公共服务供给中的积极作用。此外，由于政府在公共服务供给中占据主导地位，容易导致权力寻租、腐败等问题的出现，进一步加剧了公共服务供给的不公平性和低效率。

（二）良好的互惠共生模式还有待拓展

由于历史形成等原因，我国公共服务长期处于政府单一主体的供给模式下。近年来，政府与企业和社会组织协同供给公共服务不断增加，但由于政府职能转变滞后和政府权力极大化动机等现实条件，企业和社会组织依然缺少自主权和话语权，导致共生单元之间力量失衡，这种非对称的协同供给的共生系统难以发挥作用。以协同筹资为例，首先，以财政税收作为单一渠道对公共服务进行筹资常常会遇到缺乏资金导致的供给不足和财政拨付失序等问题。欧纯智等（2017）通过一个理论模型证明政府传统方式为公共服务筹资支付会导致供给的低效率。斯蒂格利茨（2012）的研究也表明扭曲性征税会导致公共服务供给的低效率。其次，以税收和财政拨付为公共服务筹资的另一个问题是在公共服务的需求上地方和上级政府之间存在严重信息不对称，这会直接导致财政拨款效率降低；同时由于各级政府以及政府的各个部门之间权限划分不清晰，容易发生政府缺位、越位或者公共资源浪费等问题，加之我国经济社会发展的区域差异较大，这将进一步加剧公共服务的不均等问题。最后，政府作为最强势的筹资主体会压缩企业和社会组织的成长空间。基于强政府的公共服务筹资模式整体效率不高，难以满足居民对公共服务日益增长的需要。尽管公共服务多元主体协同筹资是发展的必然趋势，但由于长期以来政府都处于强势地位，在职能转化方面存在不足，政府部门、企业和社会组织之间尚未形成对称性互惠合作的利益共同体，在共生的行为模式上更多表现为偏利共生或者非对称互惠共生的共生行为模式。追求利润指标的企业一方面很可能通过投资公共服务无法获取应得的收益；另一方面则可能依附于政府，产生寄生性的或偏利共生的行为模式，有些发达地区试点通过市场化模式购买公共服务，但结果却可能导致政企合谋滋生腐败，影响供给效率。而社会组织力量薄弱，缺乏为公共服务进行大规模筹资和与政府合作的能力，一些社会组织受自身利益驱动，也可能打着政府的幌子垄断公共服务市场，降低筹资和供给效率。

对称性互惠共生是公共服务共生行为模式发展的目标，在这种模式下，公共服务供给主体间都能获得新的能量，公共服务协同供给的效率、收益也是最高的。但是，在实际情况中，由于共生资源、共生环境等因素的影响，很难达到真正的对称性共生。所以目前相对比较理想的状态是非对称性互惠共生。但是当前供给服务供给中存在较多的还是偏利共生。虽然政府已经开始尝试引入市场竞争机制和社会参与机制，但在实际操作中，这些机制并没有得到充分的发挥和运用。一方面，政府在公共服务供给中仍然存在着过多的干预和限制，导致市场和社会组织的活力和创新力受到抑制；另一方面，市场和社会组织在公共服务供给中缺乏足够的自主权和决策权，难以充分发挥其专业优势和创新精神。

（三）顺畅供给机制还有待建立

公共服务供给的共生模式中，供给机制的不顺畅也是其面临的重要问题之一。目前，我国公共服务供给的选择机制仍然存在着政府干预过多、决策机制不透明等问题，而且政府在公共服务供给中往往根据自身的利益和需求进行决策和选择，而忽略了公众的需求和意愿，与市场、社会组织间缺乏有效的沟通协调，导致资源浪费，效率低下，陷入表面化、短期化、空心化的怪圈，导致公共服务供给质量和效率低下，也不能给予动态调整。同时，由于缺乏有效的监管和评估机制，公共服务供给过程中容易出现权力寻租、腐败等问题，公共服务的供给效果和质量难以得到保障和提升。这种不顺畅的供给机制不仅导致了公共服务供给的失衡和浪费，也加剧了社会的不公平性和矛盾。

六、小结

本章从共生模式的两代视角共生组织模式与共生行为模式出发，深入剖析公共服务领域内多元主体的协同供给与筹资问题。共生模式包括两种类型，组织模式和行为模式。共生组织模式反映共生系统中的共生组织程度，包括点共生模式、间歇共生模式、连续共生模式、一体化共生模式，四种共生行为模式在共生界面特性、开放程度、阻尼效应以及共进化特征等多个维度上均展现出差异性，其组织结构的复杂性和紧密度沿着点共生、间歇共生、连续共生直至一体化共生的路径逐步演进。其中，一体化共生代表了共生组织模式的最高境界，体现为共生单元间达到了高度的融合与协同。而共生行为模式则揭示了共生系统内各单元间的互动方式，具体涵盖寄生、偏利共生、非对称互惠共生和对称互惠共生四种类型。这四种行为模式在共生单元的性质、共生能量的流动以及共生作用的机制上均有所不同，且它们自身也遵循着从寄生到偏利共生，再到非对称互惠共生，最终向对称互惠共生进化的规律。对称互惠共生模式是最理想的共生行为模式，表现为双方均获益且获益对称的共生关系。本章详细阐释了公共服务协同供给与筹资的共生组织模式及共生行为模式，列举了相关的案例，指出了当前公共服务协同供给模式存在的问题，稳定的共生组织模式还有待形成；良好的互惠共生模式还有待拓展，顺畅的供给机制还有待建立。

第七章

公共服务协同供给的共生环境及动态匹配的影响因素分析

一、共生环境

共生环境是能够对公共服务供给产生影响的所有各类因素和条件，因为公共服务供给主体之间的共生关系不是在真空中运作的，必然会受到相关政治法律、经济、文化习俗等外部因素的影响。共生关系的本质不是一个静态的系统，而是在共生环境的影响下，共生单元之间的共生模式会不断演化发展，其演化方向是利益趋于对称的互利互惠关系。借助战略管理中 PEST 工具可以用来分析公共服务协同供给的共生环境。PEST 分析是一种专门用于分析企业所处环境的工具，其最初的概念是由英国学者 Francis J. Aguilar 所提出的。他在 1967 年的著作 *Scanning the Business Environment* 中首次提出了 PEST 分析的概念，将企业环境分为政治、经济、社会和技术四个方面，分析这些因素对企业的影响和潜在机会和威胁。具体应用到公共服务领域，PEST 方法详细包括如下一些内容：

一是政治和法律制度因素（Political and Legal Factors），包括：①政局稳定状况，分析企业所在国家和地区的政治稳定性。②政府行为，政府对企业经营活动的影响，如政府补贴、税收政策、进出口政策等。③政府政策，政府对于企业发展的立场及其执行的核心政策，涵盖了诸如产业规划、税收制度、进出口管理规定、价格监管以及外汇管理等关键领域，并且这些政策的持续性和稳定性也是重要的考量因素。④法律和制度环境，包括国家制定的法律、法规和制度等，以及法律环境的变化如何影响企业的运营。

二是经济因素（Economic Factors），包括：①经济结构，分析产业结构、分配结构、交换结构、消费结构和技术结构等。②经济发展水平，国家经济发展的规模、速度和所达到的水平，以及税收水平、通货膨胀率、贸易差额和汇率、失业率、利率、信贷投放和政府补助等经济指标。③经济体制，分析市场经济体制、计划经济体制或混合经济体制对企业的影响。④宏观经济政策，包括财政政策、货币政策、收入分配政策和对外经济政策等。

三是社会和文化因素（Social and Cultural Factors），包括：①人口统计，包括人口数量、年龄结构、性别比例、教育水平等。②生活方式，人们的消费习惯、价值观、信仰和审美观点等。③社会价值观，如环保意识、社会责任感、道德观念等，这些都会影响企业的市场定位和营销策略。④文化和习俗，不同国家和地区的文化习俗和节日庆典等，也会影响企业的市场活动。

四是技术因素（Technological Factors），包括：①技术变革，分析新技术的出现和旧技术的淘汰如何影响企业的生产方式和产品性能。②创新速度，技术创新的速度和趋势，以及这些创新如何影响企业的竞争力。③研发投入，企业在技术研发上的投入和成果，以及这些成果如何转化为市场优势。④技术法规，与技术相关的法律法规和标准，如专利法、环保法规等。

（一）政治和法律制度环境

公共服务是保障和改善民生的重要内容。进入21世纪，随着我国经济社会的快速发展，公共服务建设被摆在了更加重要的位置。2006年的《中华人民共和国国民经济和社会发展第十一个五年规划纲要》主要目标之一就是“基本公共服务明显加强”。2011年的“十二五”

规划纲要提出“坚持民生优先，完善就业、收入分配、社会保障、医疗卫生、住房等保障和改善民生的制度安排，推进基本公共服务均等化，努力使发展成果惠及全体人民。”2012年出台的《国家基本公共服务体系“十二五”规划》强调“建立健全基本公共服务体系，促进基本公共服务均等化”，标志着公共服务实现了由部门理念到国家实践的转变（李实等，2022）。党的十八大以来，中国特色社会主义进入新时代，我国的公共服务体系和相关的政策制度建设进一步完善。“十三五”时期的《“十三五”推进基本公共服务均等化规划》将公共服务发展的重点进一步聚焦于均等化，即“全体公民都能公平可及地获得大致均等的基本公共服务，其核心是促进机会均等，重点是保障人民群众得到基本公共服务的机会，而不是简单的平均化”。2017年，党的十九大报告明确提出到2035年基本实现基本公共服务的均等化。2020年，党的十九届五中全会将“共同富裕”确立为阶段性发展目标，其后在2022年党的二十大报告指出：“……健全基本公共服务体系，提高公共服务水平，增强均衡性和可及性，扎实推进共同富裕。”

我国《“十四五”公共服务规划》对公共服务的分类和供给主体进行了权责划分：“……从服务供给的权责分类来看，公共服务包括基本公共服务、普惠性非基本公共服务两大类。其中，基本公共服务是保障全体人民生存和发展基本需要、与经济社会发展水平相适应的公共服务，由政府承担保障供给数量和质量的主要责任，引导市场主体和公益性社会机构补充供给。非基本公共服务是为满足公民更高层次需求、保障社会整体福利水平所必需但市场自发供给不足的公共服务，政府通过支持公益性社会机构或市场主体，增加服务供给、提升服务质量，推动重点领域非基本公共服务普惠化发展，实现大多数公民以可承受价格付费享有。此外，为满足公民多样化、个性化、高品质服务需求，一些完全由市场供给、居民付费享有的生活服务，可以作为公共服务体系的有益补充，政府主要负责营造公平竞争的市场环境，引导相关行业规范可持续发展，做好生活服务与公共服务衔接配合。随着我国经济社会发展水平的不断提升，基本公共服务、非基本公共服务与生活服务之间的边界也将随之发生变化，公共服务体系的范围、水平和质量都将稳步有序提升，不断满足人民群众日益增长的美好生活需要。”

未来我国公共服务下一步的发展重点一方面在于不断增加和改善公共服务供给、提高居民生活水平推动高质量发展，另一方面在于推进基本公共服务均等化，实现共同富裕。这些任务的完成都离不开政府部门、企业和社会组织的广泛参与和大量的支持，公共服务多元主体协同供给的重要性不言而喻。越来越多元化的、高质量的公共服务需求就需要有更加精细化的供给体系作为支撑，无论是教育、医疗、交通、水利还是消防等任何一个公共服务领域都需要大量供给主体参与，多元主体的协同供给成为改进公共服务供给的一种基本共识。通过跨部门跨领域的协同，能够为公共服务更广泛地筹集资金，有效利用各方资源和优势，增加和改善公共服务供给，进而推进公共服务的高质量发展和均等化实现，进而推进共同富裕。

（二）社会文化因素

公共服务作为现代政府的主要职责之一，涵盖了教育、医疗、社保、环保、交通、文化、体育等多个领域，对于满足人民群众的基本生活需求、提升生活质量、促进社会和谐与可持续发展具有重要意义。随着社会经济的快速发展、人口结构的变化以及科技的不断进步，社会对公共服务的需求也呈现出多元化的变化趋势。本书将从以下几个方面详细探讨社会对公共服务需求的变化。

1. 人口结构变化引发的需求变化

（1）出生人口减少（见图 7－1、图 7－2、专栏 7－1）。当前出生人口减少对公共服务带来一系列挑战，首先是教育资源分配的挑战。学校生源将减少，随着出生人口的减少，学龄儿童数量也将相应下降，这将导致学校生源不足。长期来看，可能会出现小学、中学乃至高校招生困难的情况，甚至部分学校可能因无生可招而倒闭。这将对教育资源的分配和利用提出新的挑战。面对生源减少的现实，教育资源的配置需要更加合理和高效。政府和教育部门需要优化学校布局，调整教育结构，提高教育资源的利用效率。同时，也需要关注教育质量的提升，确保每个孩子都能享受到优质的教育资源。其次是对公共服务设施的影响，基础设施利用率将出现下降。出生人口的减少可能导致一些公共服务设施

（如学校、医院、公共交通等）的利用率下降。这将对公共服务的运营效率和成本产生影响，需要政府和社会共同寻找解决方案。面对人口结构的变化，政府需要调整公共服务设施的布局以满足新的需求。例如，在老年人口密集的地区增加养老服务设施；在学龄儿童减少的地区优化学校布局等。

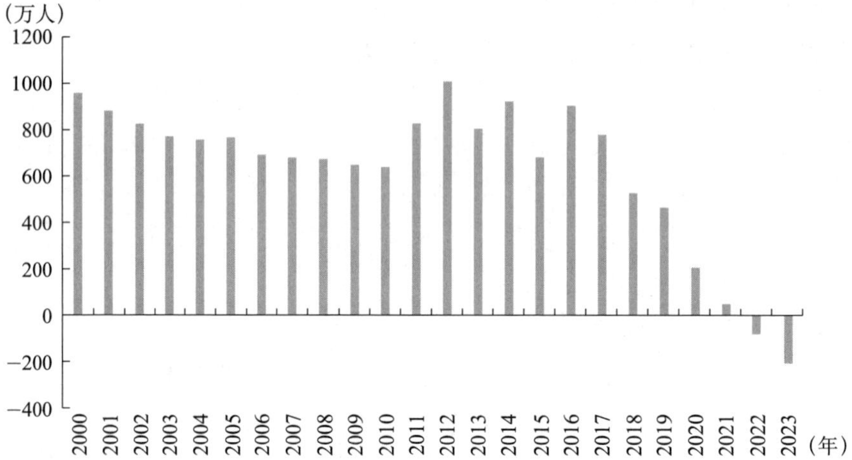

图7－1　我国总人口数量年度变化

资料来源：国家统计局。

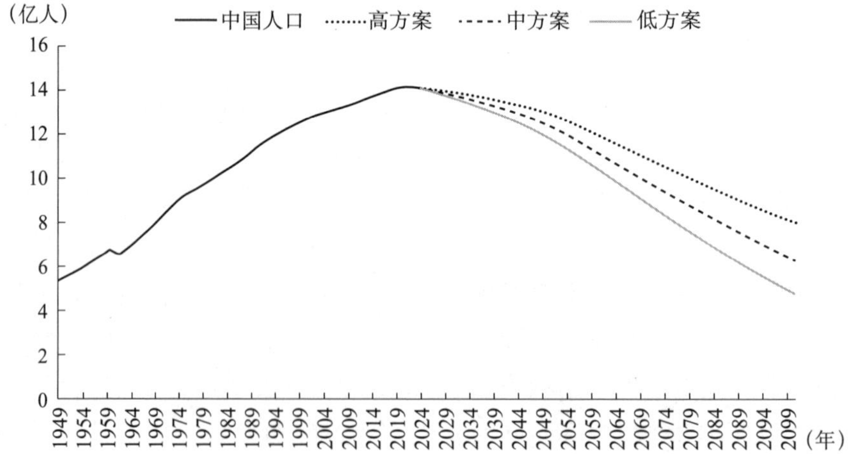

图7－2　我国未来人口数量预测

资料来源：国家统计局，育娲人口。

▶ 专栏7-1

2023年，我国总人口14.1亿，连续两年负增长，
老龄化、少子化、不婚化加速到来

2023年中国总人口14.1亿，已经连续两年负增长。2020年中国总人口为141178万人、净增204万人，2021年总人口141260万人、净增48万人，2022年总人口141175万人、同比减少85万人，人口总量开始见顶回落，2023年总人口140967万人，同比减少208万人，减量扩大。中国人口从8亿到10亿，花了12年；从10亿到12亿，花了14年；从12亿到14亿，花了24年。

由于生育成本过高、人平均生育意愿较低，如果不加大鼓励生育力度，未来生育率可能难以回升。育娲人口的《中国人口预测报告2023》对人口预测的“中方案”参数为：从2023年起生育率逐渐递增，2028年回升到1.1，从2028年起固定为1.1。

根据育娲人口《中国人口预测报告2023》，如果没有实质有效的鼓励生育政策出台，生育率下降趋势难以扭转，2050年中国总人口将下降至11.72亿，2100年中国人口将降到4.79亿，占世界人口比例将从现在的17%降至4.8%。如果总和生育率一直较低，那么总人口将陷入持续负增长。人口见顶之后前25—30年内萎缩速度较慢，但随着1962—1975年高生育率时期出生人口进入生命终点，2050年左右开始，萎缩速度将明显变快。

人口数量和质量共同影响国力，随着人口总量萎缩，将影响大市场优势，也将影响经济增长和经济规模。好在全社会已经开始高度关注中国的人口问题，政策也逐渐向鼓励生育转变。从“放开三孩”到“完善生育支持政策体系、减轻家庭负担”。

资料来源：中国人口形势报告：连续两年负增长，老龄化、少子化、不婚化加速到来，https：//weibo.com/ttarticle/p/show？id=2309405049153297187220。

（2）老龄化社会的需求增加。随着人口老龄化的加速（见图7-3、图7-4、专栏7-2），老年人对公共服务的需求显著增加。在医疗方面，老年人对慢性病管理、康复护理、家庭医生签约等服务的需求增加；在养老方面，老年人对居家养老、社区养老、机构养老等多元化养老服务的需求日益增长；同时，老年人在精神文化、体育健身等方面的需求也不容忽视。

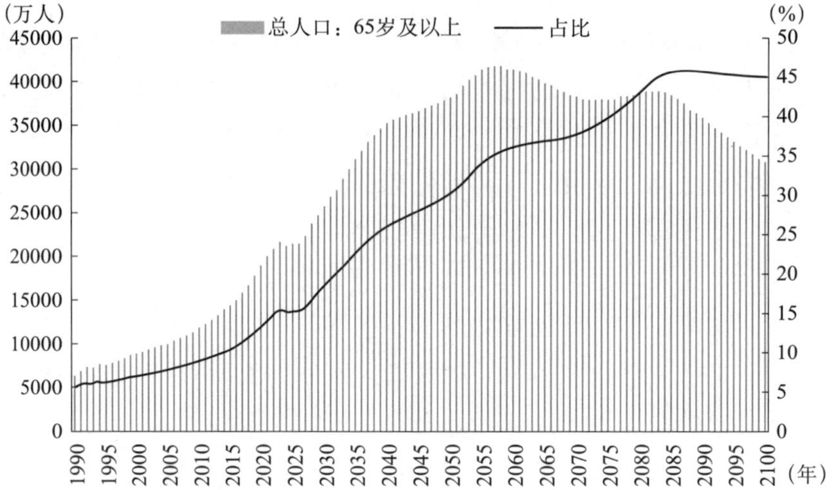

图7-3　我国65岁及以上人口占比变化

资料来源：国家统计局，育娲人口。

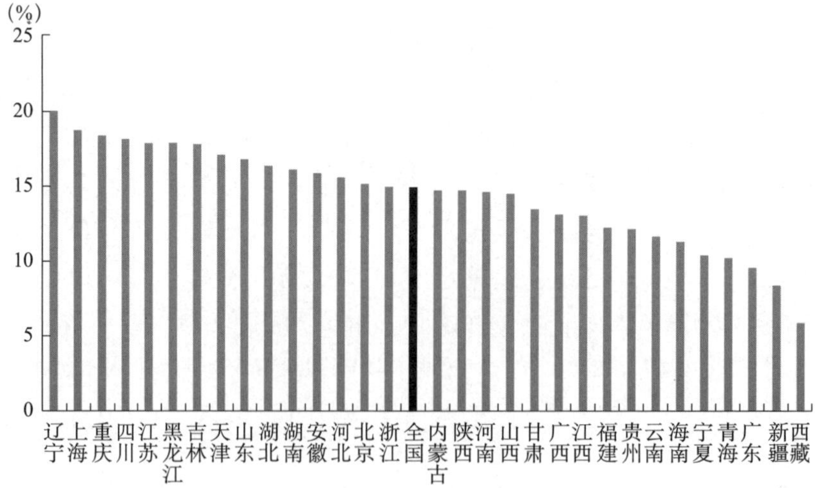

图7-4　2022年我国不同省份65岁及以上人口占比变化

资料来源：国家统计局，育娲人口。

▶ 专栏 7－2

中国老龄化加剧，正从人口红利期转入人口负担期

中国的老龄化速度和规模前所未有，2021 年中国开始进入深度老龄化，2023 年 65 岁及以上老年人口占比升至 15.4%，预计在 2030 年左右进入占比超 20% 的超级老龄化社会，2084 年之后中国老年人口约占总人口的一半。2021 年中国 65 岁及以上人口占比达 14.2%，进入深度老龄化社会，2022 年上升至 14.9%，2023 年为 15.4%。根据育娲人口《中国人口预测报告 2023》“中方案”，预计中国在 2030 年左右进入占比超 20% 的超级老龄化社会，之后持续快速上升至 2060 年的约 36.2%，企稳一段后将再度上升至 2084 年及之后的约 46%。

从老龄化速度看，日本从老龄化到深度老龄化用了 24 年、德国用了 40 年、法国用了 126 年，中国只用了 21 年；从深度老龄化到超级老龄化日本用了约 13 年、德国用了 36 年、法国用了 28 年，预计中国用 20 年左右。

由于人口基数大，中国老年人口规模也是前所未有。2023 年中国 65 岁及以上人口规模达 2.2 亿，约占全球老年人口的 26.8%，大致每 4 个老年人口中就有 1 个是中国人。中国高龄化问题也将日益突出。2022 年中国 80 岁及以上高龄老人近 4000 万人，约占人口的约 2.7%。根据育娲人口《中国人口预测报告 2023》“中方案”，预计 2030 年、2050 年、2070 年、2100 年 80 岁及以上人口占比将分别为 3.7%、11.0%、18.6%、30.4%。

老龄化地域差异大，东北、川渝地区老龄化明显。分省看，2022 年仅西藏 65 岁及以上人口占比低于 7%，人口年龄结构较为年轻；新疆、广东、青海等 11 个省级以上地区 65 岁及以上人口占比介于 7%—14%，初步进入老龄化；山西、河南、陕西、内蒙古 4 个省级以上地区 65 岁及以上人口占比大于 14%，但低于全国平均水平；浙江、北京、河北等 15 个省级以上地区 65 岁及以上人口占比大于14%、进入深度老龄化阶段，其中，辽宁、上海、重庆、四川、江苏、黑龙江、吉林分别高达20.0%、18.7%、18.3%、18.1%、17.9%、17.8%、17.8%。

1962—1976年的婴儿潮人口加速步入老龄化，退出劳动力市场。我们前面享受了多大的人口红利，后面就要背负多大的老龄化负担，我们正从过去几十年的人口红利期转入人口负担期。未来养老负担、社保支出和政府债务压力增大。

资料来源：中国人口形势报告：连续两年负增长，老龄化、少子化、不婚化加速到来，https：//weibo. com/ttarticle/p/show？id = 2309405049153297187220。

2. 城市化进程中的服务需求升级

（1）城市基础设施建设的完善。随着城市化进程的加快，城市基础设施建设不断完善，居民对公共服务的需求也相应升级。在交通方面，居民对公共交通的便捷性、安全性、舒适性提出了更高的要求；在住房方面，居民对住房的居住条件、配套设施、社区环境等方面的需求也在不断提高（见专栏7 – 3）。

▶ 专栏7 – 3

我国常住人口城镇化率2023年达到66.16%

2024年8月2日，国务院新闻办公室举行国务院政策例行吹风会，介绍了《深入实施以人为本的新型城镇化战略五年行动计划》（以下简称《行动计划》）有关情况。

国家发展改革委副主任郑备介绍，我国新型城镇化建设取得重大进展。常住人口城镇化率从2012年的53.10%提高至2023年的66.16%，近十年累计1.65亿农业转移人口在城镇落户，城镇基本公共服务覆盖范围显著扩大；“两横三纵”城镇化战略格局基本形成，城市群一体化发展明显加快，一批现代化都市圈逐步培育；城市建设发展成效显著，人民生活品质不断提升。新型城镇化的深入推进，为推动经济高质量发展、满足人民日益增长的美好生活需要提供了有力支撑。

但城镇化发展中还存在一些问题，比如农业转移人口市民化质量仍待提高，一些中小城市和县城对产业和人口的承载能力不足，超大特大城市对周边的辐射带动作用发挥不够，部分城市安全韧性存在短板弱项。

郑备介绍，《行动计划》突出以人为本，把农业转移人口市民化作为新型城镇化首要任务，实施新一轮农业转移人口市民化行动，以进城农民工及其随迁家属为重点、兼顾城市间流动人口，统筹推进深化户籍制度改革和健全常住地提供基本公共服务制度，着力解决好农业转移人口最关心的稳定就业、子女教育、住房保障、社会保险等问题，完善农业转移人口市民化激励政策，健全进城落户农民农村权益维护政策。

聚焦两类重点地区分类施策。一类是对城镇化率低且人口规模大的地区，实施潜力地区城镇化水平提升行动，协调推进新型工业化城镇化，构建产业梯度布局、人口就近就业、大中小城市协调发展的良性互动格局。另一类是对城镇化率较高且人口持续集聚的地区，实施现代化都市圈培育行动，加快转变超大特大城市发展方式，依托中心城市辐射带动周边市县共同发展，推动通勤便捷高效、产业梯次配套、生活便利共享。

从消费看，农业转移人口在城市实现稳定就业居住后，工资水平和收入增长预期将会提高，同时将能享受更好的公共服务，消费意愿和消费能力将会提升，消费结构和生活品质也将升级。据测算，我国城镇化率提高1个百分点，每年可以新增2000多亿的消费需求。

着力补齐城市短板，主要针对城市发展中最迫切最突出的安全韧性问题，实施城市更新和安全韧性提升行动，推进城镇老旧小区改造，加快保障性住房建设、“平急两用”公共基础设施建设、城中村改造，加强城市洪涝治理，抓好城市地下管网等“里子”工程建设，打造宜居、韧性、智慧城市。

资料来源：中国日报网：我国常住人口城镇化率达66.16%，https://baijiahao.baidu.com/s?id=1806322081610274224&wfr=spider&for=pc。

（2）公共服务均等化的需求。城市化进程中，城乡差距、区域差距依然存在，居民对公共服务均等化的需求日益迫切。政府需要加大财政投入，优化资源配置，推动城乡基本公共服务均等化，确保城乡居民都能享受到高质量、均等化的公共服务。

3. 经济社会发展带来的服务需求多样化

当前，我国社会主要矛盾已经转化为人民日益增长的美好生活需要和不平衡不充分的发展之间的矛盾，人民群众对美好生活更加向往，教育、医疗、养老、托育等公共服务保障水平成为影响人民群众获得感、幸福感、安全感的重要因素。以教育和医疗为例：在教育方面，随着经济社会的发展，居民对教育质量的要求不断提高。从基础教育到高等教育，从职业教育到终身教育，居民对优质教育资源的需求日益多样化。政府需要加大教育投入，优化教育资源配置，促进教育公平和优质均衡发展；在健康医疗服务方面，随着居民健康意识的增强和医疗技术的进步，居民对健康医疗服务的需求也在升级，从基本的医疗救治到预防保健、康复护理、心理健康等全方位的健康服务需求日益增长，政府需要完善医疗卫生服务体系，提高医疗服务水平和质量，满足居民多样化的健康需求。

4. 社会价值观念变化对服务需求的影响

（1）注重个人发展的需求。随着社会价值观念的转变，居民越来越注重个人发展和自我实现。在公共服务领域，这表现为对职业培训、创业支持、文化体育等促进个人发展的服务需求增加。政府需要提供更多元化、个性化的服务，支持居民实现个人价值和发展目标。

（2）绿色生态环保的需求。随着环保意识的增强，居民对绿色生态环保的需求也在增加。在公共服务领域，这表现为对绿色出行、垃圾分类、环境保护等服务的需求增加。政府需要加大环保投入，推广绿色生活方式和生产方式，满足居民对美好生态环境的需求。

综上所述，社会对公共服务的需求呈现出多元化、个性化、便捷化、高质量化等趋势。未来，政府需要继续加大投入力度，优化资源配置方式，推动公共服务领域的改革和创新；同时，还需要加强与社会各界的合作与沟通，形成共建共治共享的公共服务格局。此外，随着技术的进步和社会的发展变化，公共服务领域还将不断涌现出新的需求和挑战，需要政府和社会各界保持敏锐的洞察力和创新精神，不断适应和满足人民群众日益增长的美好生活需要。

（三）经济环境

当前，我国经济已步入高质量发展阶段，长期保持向好的发展态势，展现出强大的发展韧性。在转型升级方面，潜力十分巨大，且内需市场十分广阔。这些有利条件共同促进了公共服务体系的快速发展，同时也为人民群众生活水平的持续提高，构建了更为坚实的物质支撑。但也要看到，现阶段人民群众日益增长的美好生活的需要对公共服务数量供给和质量提升提出了更高的要求，同时也为公共服务的资金和筹资体制建设提出了更高的要求。

长期以来，我国的公共服务都主要依靠政府作为单一主体的筹资模式。自1994年分税制改革以后，政府部门的筹资模式呈现出动态调整的特征（毛捷等，2021）。目前我国政府部门的筹资主要有以下三个渠道：一是依靠传统的财政税收手段，二是依靠政府债务等金融手段，三是地方政府把土地财政作为重要的筹资方式（郑思齐等，2014），以及上述三种手段的融合使用，即地方政府通过土地作为抵押进行债务融资，撬动经济杠杆为经济社会的建设和发展筹集资金。

随着我国经济与社会的迅猛进步以及人民生活质量的持续提升，政府所提供的公共服务供给和服务职能也不断扩张，随之带来更大的资金需求。当前，随着我国整体经济增长速度的放缓和减税降费政策的深入推进，税收收入增长呈现放缓的总体趋势，如图7－5所示，政府部门进一步加税的空间已经基本不存在。三年的新冠疫情发生了大量的财政资金支出，财政处于相对“紧平衡”状态，这也为后续的公共服务筹资带来压力。截至2022年底，中央财政国债余额258692亿元，地方政府债务余额350618亿元，且近年来地方债务增长呈明显的扩大趋势，如图7－6所示。过去15年以来，地方政府的债务余额以年均超过16%的增速保持高增长，增速远远高于同期的名义GDP增速，反映出债务风险不断累积，地方政府通过债务融资的能力已经接近极限。另外如果继续扩大政府债务融资也会进一步增加代际支付的不均衡（欧纯智等，

2017）。同时，随着当前房地产市场进入下行周期，地方政府通过土地财政筹集资金的能力也大幅下降，据中指院数据，2023 年 1—9 月，全国 300 个城市住宅用地成交规模和土地出让金，累计同比分别下降 33.4% 和 26.4%，依靠土地财政融资也难以为继。

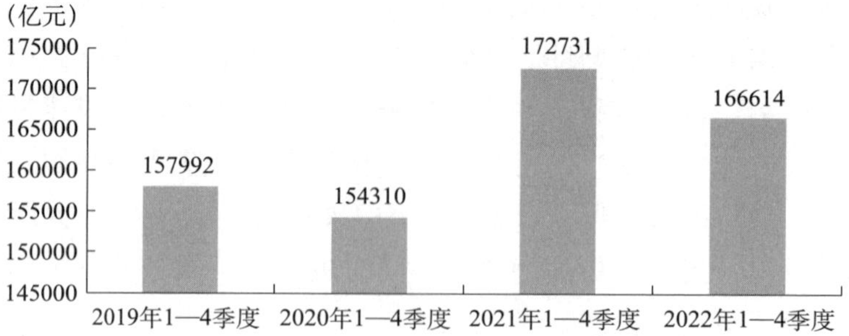

图 7－5　2019—2022 年全国税收收入

数据来源：东方财富网数据中心，https：//data. eastmoney. com/cjsj/qgsssr. html。

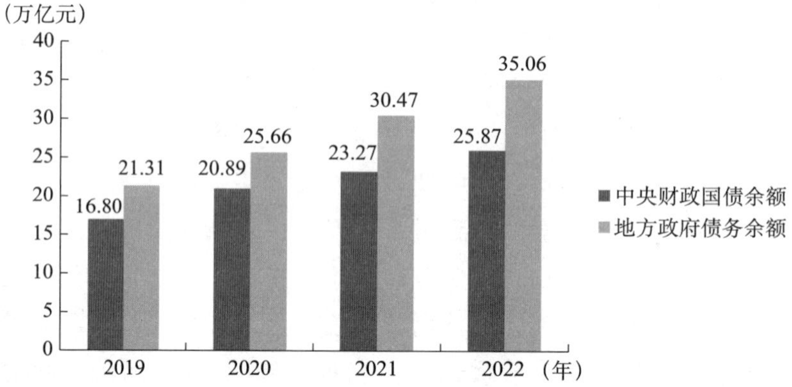

图 7－6　2019—2022 年中央和地方政府债务余额

数据来源：国家统计局网站，http：//www. stats. gov. cn/。

因此，从总体上看，未来如果仅仅依靠政府部门提供资金为公共服务筹资，那么其筹资能力和公共服务的供给能力显然无法满足高质量发展的需求和推进公共服务均等化实现共同富裕的需求。外部环境的变化和冲击以及经济社会发展催生的公共服务高质量多元化需求等现实因素要求亟待改变公共服务的筹资模式，完善筹资机制建设。公共服务多元主体协同筹资旨在引进企业和社会组织等机构，吸收更多的力量进入公共服务领域为公共服务筹资和供给，并对协同的机理和筹资机制建设进行研究，将有助于更好地应对内外部环境的冲击，改善供给，为实现高质量和均等化的目标提供支持和助力。

（四）技术环境

技术进步对公共服务的影响是深远且多方面的，它不仅提升了公共服务的效率和质量，还推动了服务模式的创新和变革。以下将从服务模式变革、提高生产效率和生活质量、优化服务流程、促进资源共享与均衡配置、增强个性化服务能力、推动社会治理现代化等方面详细阐述技术进步对公共服务的影响。

1. 技术进步推动的服务模式变革

数字化、智能化服务的普及。随着大数据、云计算、人工智能等技术的快速发展，公共服务领域正经历着深刻的数字化转型。数字化服务平台的建立，使得居民可以更加便捷地获取公共服务，如在线办理社保、医保、税务等业务，预约挂号、远程医疗等医疗服务，以及数字化教育资源的共享等。智能化技术的应用，如智能安防、智慧交通、智能养老等，进一步提升了公共服务的效率和质量。

线上线下融合的服务模式。传统公共服务模式往往以线下服务为主，但随着技术的进步和消费者需求的多样化，线上线下融合的服务模式逐渐成为趋势。例如，在线教育、远程办公、智慧医疗等新型服务模式，不仅打破了时间和空间的限制，还提供了更加个性化和便捷的服务体验。

2. 提高生产效率和生活质量

技术进步显著提高了公共服务的生产效率，使得更多的人群能够享受到更高质量的服务。例如，人工智能、大数据等技术的应用，使得政府部门能够更快速、更准确地处理大量信息，提高决策效率和政策执行效果。在医疗领域，智能化医疗设备和远程医疗技术的应用，使得患者能够享受到更加便捷、高效的医疗服务，提高了医疗服务的覆盖率和质量。在教育领域，在线教育平台的崛起突破了时间和地域的局限，使得更多人能够获取到高质量的教育资源，进而推动了教育的公平化与普及化。

3. 优化服务流程

技术进步简化了公共服务流程，使得服务过程更加便捷、高效。传统的公共服务流程往往强制要求居民必须亲自前往政府部门，以完成各类手续的办理，这一过程通常会消耗居民大量的时间和精力。而数字化技术的应用，使得居民可以通过网络平台、移动应用等渠道进行业务办理和咨询，实现了“一网通办”“最多跑一次”等目标。这不仅节省了居民的时间和成本，还提高了政府部门的工作效率和服务水平。例如，在社保领域，居民可以通过手机 APP 查询个人社保信息、办理社保业务等；在税务领域，企业可以通过电子税务局进行税务申报、发票管理等操作。

4. 促进资源共享与均衡配置

技术进步促进了公共资源的共享与均衡配置。在传统的公共服务模式下，资源往往集中在少数地区或机构手中，导致资源分配不均、利用效率低下等问题。而数字化技术的应用，使得公共资源可以在更大范围内进行共享和流动。例如，在医疗领域，通过建设医疗信息平台，医院之间可以共享病历、检查结果等医疗数据，实现远程会诊和转诊服务；在教育领域，通过建设在线教育平台，优质教育资源可以跨越地域限制进行传播和共享。这些举措不仅提高了资源利用效率，还促进了公共服务的均衡发展。

5. 增强个性化服务能力

技术进步使得公共服务机构能够更好地了解居民的需求和偏好，从而提供更加个性化的服务。大数据技术的应用使得政府部门可以收集和分析大量的居民行为数据，挖掘出居民潜在的服务需求和服务偏好。基于这些数据，政府部门可以定制出更加符合居民需求的服务方案和政策措施。例如，在旅游领域，通过收集游客的游览记录、消费习惯等数据，旅游部门可以推出更加个性化的旅游产品和服务；在养老领域，通过收集老年人的健康数据、生活习惯等数据，养老机构可以提供更加精准的养老服务方案。

6. 推动社会治理现代化

技术进步还推动了社会治理的现代化。在传统的社会治理模式下，政府部门往往依靠人工手段进行信息采集、处理和决策，效率低下且容易出错。而数字化技术的应用使得政府部门能够实现信息的快速采集、处理和传输，提高了社会治理的智能化水平。例如，在城市管理领域，通过建设智慧城市平台，政府部门可以实现对城市基础设施、公共安全、环境保护等方面的实时监控和智能管理；在公共安全领域，通过建设智能安防系统，政府部门可以实现对公共场所、重点区域的实时监控和预警。这些举措不仅提高了社会治理的效率和质量，还增强了政府部门的应急响应能力和社会服务能力（见案例7－1、案例7－2、案例7－3）。

▶ 案例7－1

科技进步与智慧城市建设

以杭州市为例，该市通过建设智慧城市平台，实现了城市基础设施的智能化管理和服务。据统计，杭州市智慧停车系统已接入超过100万个停车位信息，日均服务车辆超过百万次；智慧安防系统已覆盖全市主要公共场所和重点区域，实现了对违法犯罪行为的实时监控和预警。这些举措大大提高了城市管理的效率和质量，提升了居民的生活品质。

▶ 案例7－2

人工智能在医疗领域的应用

人工智能在医疗领域的应用案例包括远程手术、智能诊疗系统、AI大模型应用、个性化治疗、药物研发、医学影像分析等。

远程手术：甘肃省人民医院成功利用5G远程机器人手术技术，实施了高难度复杂泌尿外科手术，标志着5G远程人体临床手术探索达到100例，且成功率100%，这一成就具有里程碑意义。

智能诊疗系统：首都医科大学附属北京世纪坛医院与相关团队共同研发的淋巴水肿智能诊疗系统，利用人工智能和大数据技术，提高了诊断准确性，优化了治疗方案，为患者提供更为精准、高效的医疗服务。

AI 大模型应用：百度灵医大模型和 MedGPT 大模型在医疗机构中的应用，通过分析海量医疗数据，辅助医生进行更准确的诊断，显著提升了诊断的准确性和效率。

个性化治疗：AI 大模型可以对患者进行精准画像，制定个性化治疗方案，帮助实现千人千面的患者管理策略，如圆心科技的源泉大模型，通过大模型数字化应用为患者生成定制化疾病科普和药品服务。

药物研发：AI 技术在药物研发领域也发挥着重要作用，如晶泰科技的 XpeedPlay 平台利用大模型技术加速了药物的研发流程，提升了药物研发的效率。

医学影像分析：AI 大模型通过深度学习技术，自动识别医学影像中的病变区域，赋能放射科，提升医疗服务效率和水平。

这些案例展示了人工智能在医疗领域的广泛应用，从提高诊断准确性到优化治疗方案，再到加速药物研发流程，都极大地推动了医疗行业的发展和进步。

▶ 案例 7－3

科技驱动的教育变革：影响与前景，科技如何驱动着教育的变革？

当我回顾自己的学生时代，教育似乎还停留在传统的教室和纸本教材中。然而，如今科技已经全面渗透到我们的教育系统，彻底改变了学习方式。在这个信息时代，科技不仅仅是一个工具，它正在成为一种教育变革的动力。我们将说说科技如何驱动着教育的变革，以及它所带来的影响与前景。

1　数字化教育的崭露头角

数字化教育已经成为 21 世纪教育领域的一大亮点。随着互联网的迅速发展，教育正在发生着深刻的变革。数字化教育不再仅仅是传统教育的一个补充，它已经成为一种全新的学习方式。

在这个数字时代，学生们不再局限于教室和教科书，他们可以通过在线课程、数字化教材和各种教育应用获得教育资源。这使得教育更加包容，不论是那些无法前往传统学校的学生，还是成年人追求终身学习的机会，都能受益。

数字化教育还为学生提供了更多的资源选择，他们可以从全球各地的课程中挑选最适合自己的内容。数字化教育也为教育工作者提供了更多的工具和资源。教育技术的发展让教育变得更具创新性，老师们可以借助各种应用和在线平台更好地与学生互动，提供更具吸引力的教学内容。数字化教育也面临着一些挑战。数字鸿沟仍然存在，一些地区的学生仍无法获得必要的科技设备和网络连接，这加大了不平等。

教育领域需要更多的数据隐私和安全保护措施，以确保学生的个人信息不被滥用。最后，教育工作者需要不断更新自己的技能，以适应科技发展的速度。数字化教育是未来教育的趋势，但也需要我们解决这些挑战，确保每个学生都能从中受益。

2 虚拟现实和增强现实的教学应用

虚拟现实（VR）和增强现实（AR）技术已经开始在教育中崭露头角，为学生提供前所未有的沉浸式学习体验。VR 技术可以将学生带入虚拟世界，让他们亲身体验历史事件、科学现象和文化遗产。

例如，学生可以在虚拟实验室中进行科学实验，或者漫游古罗马帝国的废墟。这种亲身体验让学习更加生动有趣，激发了学生的好奇心和兴趣。与此同时，AR 技术则将数字信息叠加在现实世界中。

通过 AR 应用，学生可以扫描二维码或使用 AR 眼镜，将数字内容融入到他们的周围环境中。这为学生提供了更多的互动性，他们可以在现实世界中解决问题、学习新知识，而不仅仅是 passively 接受信息。

例如，学生可以通过 AR 应用在博物馆中获得有关艺术品的详细信息，或者在化学课上通过 AR 眼镜看到分子结构的立体模型。这些沉浸式技术不仅激发了学生的兴趣，还有助于更深层次的学习。

学生通过实际体验和互动更容易理解和掌握知识。虚拟现实和增强现实还提供了更多个性化学习的机会，教育工作者可以根据学生的需求和兴趣设计定制的虚拟体验。这些技术正在逐渐融入教育体系，为学生带来更富有创意和乐趣的学习体验。

3　人工智能与个性化学习

人工智能（AI）是教育领域的一项重要技术。AI 可以分析学生的学习数据，了解他们的学习风格、弱点和潜在需求，然后为每个学生提供个性化的学习路径和建议。这意味着，不同学生可以根据自己的需求和学习节奏进行学习，不再受到“一刀切”的教育模式的束缚。个性化学习是一种重要的教育趋势，它有助于提高学生的学习效率。通过 AI，学生可以获得适合他们的学习资源和内容，而不是被迫学习一切。

AI 还可以用于自动化评估和反馈，减轻了教育工作者的负担，使他们能够更多地关注学生的个体发展。AI 还可以在教育领域开拓新的可能性。例如，AI 可以用于语音识别，帮助学生提高语言技能。

它还可以在教育游戏中扮演虚拟教师的角色，与学生互动，解答问题，激发兴趣。AI 在教育中的应用将不断扩展，为学生和教育工作者提供更多创新和个性化的教育体验。

4　在线学习社区的崛起

科技驱动的教育变革还推动了在线学习社区的崛起。学生们不再只局限于与本地同龄人互动，他们可以通过在线论坛、社交媒体和合作工具与来自世界各地的同龄人互动。这种跨文化的交流为学生提供了一个广泛的学习环境，让他们能够接触到不同文化、观点和知识。在线学习社区不仅提供了学科知识的分享，还培养了学生的跨文化交流和团队合作的能力。学生可以通过协作项目、远程团队合作和在线辩论锻炼自己的技能。

这种互动还有助于建立全球意识，使学生更加开放、包容和具备国际竞争力。

在线学习社区也为学生提供了更多自主学习的机会。他们可以根据自己的兴趣加入不同的社区，参与讨论、分享资源和解决问题。这种自主学习培养了学生的独立思考和问题解决能力，这些技能在未来的职业生涯中非常重要。

5 挑战与前景

尽管科技驱动的教育变革带来了许多好处，但也伴随着一些挑战。数字鸿沟仍然存在，许多地区的学生仍无法获得必要的科技设备和网络连接。这加大了不平等，阻碍了一些学生的教育机会。

解决数字鸿沟是一个紧迫的任务，需要政府、学校和科技公司的共同努力。教育领域需要更多的数据隐私和安全保护措施，以确保学生的个人信息不被滥用。随着学生的学习数据不断积累，保护这些数据变得尤为重要。

学校和教育机构需要建立严格的数据隐私政策，并确保合规性。教育工作者需要不断更新自己的技能，以适应科技发展的速度。教育技术的迅猛发展意味着老师们需要不断学习和适应新的工具和方法。

提供相关的专业发展机会和培训是非常重要的，以确保教育工作者能够充分发挥科技在教育中的潜力。科技驱动的教育变革已经改变了我们的教育系统，为学生提供了更多的学习机会和资源。

虽然面临一些挑战，但我们不可否认其带来的积极影响。未来，随着科技的不断进步，教育将继续演变，为学生提供更丰富的学习体验。科技已经改变了我们的教育，未来将继续塑造它，确保每个学生都能获得高质量的教育。

6 总结

科技驱动的教育变革已经改变了我们的教育系统，为学生提供了更多的学习机会和资源。虽然面临一些挑战，但我们不可否认其带来的积极影响。未来，随着科技的不断进步，教育将继续演变，为学生提供更丰富的学习体验。

资料来源：科技驱动的教育变革：影响与前景，科技如何驱动着教育的变革？https：//baijiahao. baidu. com/s？ id = 1780525725007955600&wfr = spider&for = pc。

二、公共服务协同供给动态匹配的影响因素分析

（一）公共服务协同供给动态匹配影响因素的扎根分析

在确定影响政府公共服务协同的关键要素时，本研究通过对公共服务协同供给的内涵、特征和内容的研究，对相关前期研究进行梳理，结合共生度、共生模式分析和国内外相关国家和地区的经验借鉴，在评价公共服务供需均衡及确定影响协同的要素时，需要构建合理、科学、准确和全面的影响因素群，但现在已有研究缺乏对影响因素进行全面系统的梳理，无法客观准确地了解公共服务供给的关联特征。所以，综合考虑对公共服务协同供给动态匹配的内涵和特征和共生环境的 PEST 分析，并结合上下文国内外经验，共生度分析及理论基础、文献综述，考虑到实际适用性，选用专家法和问卷法收集相关关键因素，并通过扎根分析综合确定影响因素。

本研究确定影响公共服务协同动态匹配的关键因素时主要通过专家访谈和问卷调查法。

一是专家访谈法。根据对国内外现有成果和相关理论的综述，通过对公共服务协同供给动态匹配有深刻理解和独到见解的政府职能部门的相关人员和具有丰富经验的专家进行半结构化访谈，深入了解影响该地协同供给的因素，这些因素如何供给服务质量以及这些影响因素之间是否存在相互作用关系等；通过这些直接影响效应和间接影响效应的分析，为后续构建运行机制提供参考，探讨各影响因素之间的相互作用关系，这将为实证研究提供理论前提和依据。

本研究所选择的被访谈者主要来源于：一是政府职能部门的相关人员且对公共服务供给理解具有丰富经验的专家，二是对优化公共服务协同供给有独到见解和深刻理解且至少有 3 年公共服务供给工作经验的职

能部门员工。其中包含杭州市、宁波市、余姚市、宁海县、舟山市、温州市、丽水市、福州市 8 个城市，一共 40 名（工作单位分布在发改委、市城建局、市民政局、市妇联、市商务局、市财政局等），每次访谈的持续时间均要求在 60 分钟以上，以达到深度访谈的标准要求。通过以上的被访谈者的选择，可以认为被访者来源广泛并具有一定代表性。此访谈调查结果的描述性统计如表 7－1 所示。

表 7－1　　访谈样本统计结果

项目	类别	样本数	百分比
样本容量	有效	40	100%
	无效	0	0
不同城市政府职能部门工作人员	杭州市	5	50%
	宁波市	5	12.5%
	余姚市	5	12.5%
	宁海县	5	12.5%
	舟山市	5	12.5%
	温州市	5	12.5%
	丽水市	5	12.5%
	福州市	5	12.5%
工作单位	发改委	5	12.5%
	市城建局	5	12.5%
	市民政局	5	12.5%
	市妇联	5	12.5%
	市商务局	5	12.5%
	市财政局	5	12.5%
	市环保局	5	12.5%
	市教育局	5	12.5%
教育背景	博士	8	20%
	硕士	16	40%
	本科	12	30%
	其他	4	10%

研究主要从四个层面展开：

其一是访谈提纲设计。我们对杭州市、宁波市、余姚市、宁海县等8个城市的政府职能部门的相关人员且对公共服务供给理解具有丰富经验的40位专家深入访谈。采用半结构化的访谈形式，与城市发展专家进行交流与探讨，加之对相关文献进行了比较研究，对本次研究的访谈提纲进行了规划设计，形成了访谈前的提纲。在实际访谈中，通过与访谈对象的交流，对访谈前的提纲进行了细致的梳理，最后形成了“公共服务协同供给影响因素访谈提纲”，具体见表7－2。

表7－2　访谈提纲的设计逻辑

主题	目的
背景介绍	了解被访者的工作经历等基本情况及被访者的公共服务协同意识，以及他对这一问题的认识
影响因素	了解被访谈者对公共服务协同供给动态匹配影响因素的看法：通过关键事件法探索对公共服务协同供给影响因素
深层讨论	深入了解公共服务协同供给的重要性、作用、其他影响因素及这些因素之间的内在联系
开放式问题	补充、完善被访谈者对公共服务协同供给方面的见解

其二是访谈过程的控制。访谈主要围绕公共服务协同供给动态匹配影响因素的研究，因此，本次访谈主要内容集中在以下方面：

（1）我国公共服务供给的历史与现状分析。

（2）公共服务协同供给动态匹配受到哪些因素的影响？

（3）这些动态匹配影响因素之间的相互关系是怎样的？

被访谈对象通过随机抽样的方法，从杭州市、宁波市、余姚市、宁海县等8个城市的政府管理职能部门中抽取样本，每个城市为一个样本。本研究所选取的被访谈者在所在城市的政府部门管理决策层，对公共服务协同供给影响因素具有较为全面且深刻的见解，能够满足本研究的基本访谈要求，能够为本研究提供有价值的信息。

本研究所采用的访谈方法为半结构化和半开放式的访谈方法。在每次访谈之前，访谈者需提前与被访谈者进行交流沟通，以保证被访谈者明确访谈与研究的目的、主题、意义与现实价值，并使用语言等访谈技巧营造出良好的访谈氛围，与被访谈者建立初步互动关系，以促进访谈过程的顺利开展。在访谈过程中，研究者依据访谈提纲，运用谈话技巧，对研究的关键问题和核心话题进行把握，并把握控制好访谈时的节奏和总体访谈时间。在进行访谈的同时，访谈记录员应密切关注被访谈者面部表情和肢体动作并加以记录，记录这些信息对研究人员在事后解释采访数据、进行正确的概念划分和分类具有重要的研究意义。访谈后研究者需要重新思考每个面试过程，确定下一个面试者的面试想法，并写一份备忘录。为获得对研究更有意义和价值的一手数据，每次访谈的持续时间均要求在 60 分钟以上。因此，在征求被访谈者同意后应进行访谈全过程的录音和访谈内容的记录，以保证资料搜集的完整性。

其三，访谈阶段划分。访谈资料的搜集分为三个阶段：

第一阶段，2020 年 8 月 25 日至 30 日，象山县、宁波市、余姚市。作者走访了象山县、宁波市、余姚市 3 个城市的相关城市职能部门，共采访 15 位相关部门的领导或城市发展的专家，着重了解受访者对影响城市发展质量的因素的看法。与此同时，研究者也辅助以关键事件法对公共服务协同供给的影响因素进行了探索。在实地访谈过程中，访谈对象针对自身在工作过程中的认知实践，论述了公共服务协同供给动态匹配提升过程中存在的难题和遇到的障碍。在使用非指导性访谈问题时，本研究强调准确性和合理性，通过“关于这个问题您还有更多的见解吗?”“公共服务协同供给动态匹配提升您还有什么样的看法?”或者“我对这个问题的细节很感兴趣，您可以详细讲述一下您的看法吗?”等启发式问题，来探查与研究内容有关的相关事项。

第二阶段，2020 年 9 月 25 日至 9 月 30 日，杭州市、丽水市、舟山市。在第二次实地调研之前，本研究通过译码摘记已经形成了一个对数据有框架的理解。首先，在现有的理论讨论和访谈数据的基础上，建立了第二轮访谈的工作框架。然后，通过在现场采访的数据和工作框架之间的前后，不断地积累和增加数据。因此，第二次实地考察对研究框架中不甚完善的数据进行了补充调查，进一步丰富了已有的数据。第二次资料搜集包括对公共服务协同供给现状的实际资料和政府相关政策等资料的搜集。

第三阶段，2020 年 10 月 20 日至 10 月 25 日，温州市、福州市。此轮调研主要根据前两次调研中形成的研究思路和框架进行进一步的验证和佐证，通过与温州市和福州市相关城市职能部门中的 10 位领导和专家进行访谈，以搜集多重数据来源的方式验证前两轮调研中获得的信息和资料。此阶段主要基于格拉斯和斯特劳斯提出的扎根理论而进行的定性研究，在此理论基础上访谈或调查数据的收集并非是一次性的，而是在分析数据的同时进行收集和解码。因此，在这个阶段，研究还将向专家提供概念性和分类性的信息，以进行协商，从而提高获得调查数据的有效性。

其四，访谈资料整理。访谈数据的整理主要是指在访谈结束后，将每个访谈记录转换成书面文本的需要，并以时间顺序标记访谈对象的表达、语气和动作。每次的访谈时间均在 60 分以上，并将近 40 小时的采访录音转换成约 42 万字的书面文档。在对访谈资料进行整理的过程中，本研究采用 ATLAS. ti6. 0 定性分析软件，将搜集的访谈资料以文本形式导入 ATLAS. ti. 6. 0 软件中进行访谈资料的深层分析。

访谈结果分析：将 ATLAS. ti. 6. 0 软件处理后的访谈资料进行汇总会得到一段拟合后的资料，借助译码翻译手段，将该段资料所能提供的信息按照概念化—规范化—范畴化的步骤进行处理，最后进行影响因素的扎根分析。具体的访谈结果分析如表 7 – 3 所示。

表 7 – 3　　访谈结果分析

<table>
<tr><th rowspan="2">访谈资料汇总</th><th colspan="4">译码翻译</th></tr>
<tr><th>现象摘要</th><th>概念化</th><th>规范化</th><th>范畴化</th></tr>
<tr><td rowspan="2">a1：公共服务协同供给建立在经济高质量发展的前提下
a2：公共财政的多少是影响公共服务协同供给的直接经济基础</td><td>a1：经济高质量发展是公共服务协同供给的基础</td><td rowspan="2">aa1：多经济投入是公共服务协同供给的经济基础</td><td rowspan="2">A1：经济发展</td><td rowspan="2">AA1：经济因素</td></tr>
<tr><td>a2：公共财政的多少是影响公共服务协同供给的直接经济基础</td></tr>
</table>

续表

<table>
<tr><th rowspan="2">访谈资料汇总</th><th colspan="4">译码翻译</th></tr>
<tr><th>现象摘要</th><th>概念化</th><th>规范化</th><th>范畴化</th></tr>
<tr><td rowspan="12">a3：和经济发展相关的人口因素是服务对象的来源，同样是人力资本的来源
a4：社会制度影响着公共服务协同供给
a5：市场发育在很大程度上是公共服务协同供给的重要推力
a6：在一定程度上，投入和产出的适度平衡是各要素利用效果的体现，而技术的进步是一切效率和质量提升的原动力
a7：在很多情况下，与公共基础设施的完备会增加公共服务协同的频率和促进潜力的激发，从而进一步帮助公共服务供给协同的优化
a8：经济增长是公共服务协同供给的基础，但是具体到微观运行层面，我们必须认识到利益因素是公共服务多方合作必须考量的重要因素，甚至是关键因素，利益博弈是合作方交互的一部分
a9：利益评价影响着多元主体是否迈出关键一步，一定程度上决定了公共服务协同供给的前景
a10：公共财政资金调配的微观因素，影响着合作的进行
a11：利益交换一定程度上可以看成是利益环节实现的关键环节
a12：服务协同认知是开启合作供给的动力来源
a13：公众公共服务的认知对公共服务协同有内容和形式上的推动
a14：参与者的受教育程度是文化因素中的基础，影响了观念、方式等</td><td>a3：人口多少是公共服务协同供给的服务对象前提</td><td rowspan="2">aa2：社会基础对公共服务学供给协同影响显著</td><td rowspan="2">A2：社会基础</td><td rowspan="5">AA1：经济因素</td></tr>
<tr><td>a4：社会制度影响着公共服务协同供给</td></tr>
<tr><td>a5：市场发育程度很大程度上决定了多主体协同</td><td rowspan="3">aa3：经济基础设施对公共服务供给有显著影响</td><td rowspan="3">A3：经济基础设施</td></tr>
<tr><td>a6：技术进步促进合作效率提升</td></tr>
<tr><td>a7：公共基础设施一定程度上决定了公共服务协同的频率</td></tr>
<tr><td>a8：利益博弈一定程度上影响着主体间的合作</td><td rowspan="2">aa4：利益关注度的事实状况影响了公共服务协同</td><td rowspan="3">A4：利益关注度</td><td rowspan="4">AA2：利益因素</td></tr>
<tr><td>a9：利益评价影响着多元主体是否迈出关键一步</td></tr>
<tr><td>a10：供给资金调配是影响利益交换的基础</td><td rowspan="2">aa5：利益流动是公共服务协同的实际运行有效机制</td></tr>
<tr><td>a11：利益交换是利益关注度的实现因素</td><td>A5：利益流动</td></tr>
<tr><td>a12：服务协同认知是主体间合作的精神动力来源</td><td rowspan="3">aa6：参与主体的文化水平、认知是公共服务协同供给成功的精神因素</td><td rowspan="3">A6：参与文化</td><td rowspan="3">AA3：文化因素</td></tr>
<tr><td>a13：民众公共服务意识具有一定的内容、形式延展性</td></tr>
<tr><td>a14：参与者的受教育程度是公共服务合作中的智力和主体因素</td></tr>
</table>

续表

<table>
<tr><th rowspan="2">访谈资料汇总</th><th colspan="4">译码翻译</th></tr>
<tr><th>现象摘要</th><th>概念化</th><th>规范化</th><th>范畴化</th></tr>
<tr><td rowspan="10">a15：合作文化是公共服务协同供给的前导因素
a16：对外来文化的学习，增强了文化对实际合作的动力和精神因素
a17：组织资源的多少一定程度上影响了合作意愿
a18：组织能力是组织的核心资源因素
a19：组织的发育状况关系到整个社会的公共服务协同供给
a20：社会资本是组织资源的一部分，决定合作网络
a21：法律制度是最为稳定的制度因素，保证合作的持续性和稳定性
a22：政策体系是最为前沿和决定协同供给是否运行的关键因素
a23：合作机制设计是公共服务协同供给长久有效需要考虑的前提因素
a24：流程优化有助于提升整体合作绩效
a25：新信息化水平影响深远</td><td>a15：合作文化是否浓郁是公共服务协同供给的基础文化环境</td><td rowspan="2">aa7：原有的合作文化及借鉴是公共服务协同的宏观文化背景</td><td rowspan="2">A7：文化环境</td><td rowspan="2">AA3：文化因素</td></tr>
<tr><td>a16：对其他外来地区公共服务模式、文化等的学习增强了协作供给的精神动力</td></tr>
<tr><td>a17：组织资源多少决定了他的内在动力</td><td rowspan="2">aa8：合作组织的资源和能力是合作开展的组织前提</td><td rowspan="2">A8：内部资源</td><td rowspan="4">AA4：资源因素</td></tr>
<tr><td>a18：组织能力决定了是否能够真正合作及长久性</td></tr>
<tr><td>a19：企业、社会组织的数量和质量关系到主体能力</td><td rowspan="2">aa9：组织的社会构成是社会范围的公共服务协同的组织环境</td><td rowspan="2">A9：社会资源</td></tr>
<tr><td>a20：社会资本是组织资源的一部分，决定合作网络</td></tr>
<tr><td>a21：法律制度是公共服务协同供给制度化的稳定保证</td><td rowspan="2">aa10：宏观制度因素包括法律、政策等因素，是公共服务协同供给的制度环境</td><td rowspan="2">A10：宏观制度</td><td rowspan="4">AA5：制度因素</td></tr>
<tr><td>a22：政策体系决定了公共服务协同供给的广度和深度</td></tr>
<tr><td>a23：合作机制设计决定了合作的微观成效</td><td rowspan="2">aa11：微观机制是公共服务协同供给的软环境</td><td rowspan="2">A11：微观机制</td></tr>
<tr><td>a24：流程化的协同供给有助于提升整体绩效</td></tr>
</table>

续表

<table>
<tr><th rowspan="2">访谈资料汇总</th><th colspan="4">译码翻译</th></tr>
<tr><th>现象摘要</th><th>概念化</th><th>规范化</th><th>范畴化</th></tr>
<tr><td rowspan="4">a26：信息化伦理决定了信息化发展的模式，也影响了公共服务协同的技术发展程度
a27：信息的对称性影响了公共服务需求信息等的可得性
a28：合作经验是公共服务协同供给的重要考量</td><td>a25：信息化水平是当前公共服务协同影响最为深远的技术手段</td><td rowspan="2">aa12：信息技术水平是非常重要的基础设施</td><td rowspan="2">A12：信息技术</td><td rowspan="4">AA6：信息因素</td></tr>
<tr><td>a26：信息化伦理是信息技术合作的软性因素</td></tr>
<tr><td>a27：信息的对称性一定程度上影响了可得性</td><td rowspan="2">aa13：信息对称性影响了合作的可得性</td><td rowspan="2">A13：信息对称性</td></tr>
<tr><td>a28：合作经验也是非常重要的信息因素</td></tr>
</table>

我们采用扎根分析方法，首先通过专家法确定观念影响因素，根据表 7 – 3 可以看出，综合确定影响因素通过规范化整理后，专家层面认同的影响城市发展质量的因素包括 A1 经济投入、A2 社会基础、A3 经济基础设施、A4 利益关注度、A5 利益流动、A6 参与文化、A7 文化环境、A8 内部资源、A9 社会资源、A10 宏观制度、A11 微观机制、A12 信息技术、A13 信息对称性等规范化要素。需要说明的是，A2 的社会基础指的是经济的社会组织和资本因素，仍然归于经济因素，以此将这些规范化要素整合分类后，可得到更为核心和具有代表性的范畴体系结构要素，即经济、利益、资源、文化、制度和信息 6 个要素。

二是问卷调查法。根据研究的需要，本研究在确定了公共服务协同供给特征和内涵的基础上，为了了解政府供给因素以外的其他多主体及公众的具体情况，设置了文件调查，为尽可能使问卷调查对象更为全面科学，在问卷发放时，综合考虑了年龄和社会角色。因此，本研究以专家访谈的 8 个城市为主，共计发放问卷 560 份，去除未填写完整和未收回的问卷 80 份，最后得到有效问卷 480 份。在分析问卷调查的统计结果时，为简化计算，所确定的重要性标准线为每个指标的理论平均次数（计算公式为：指标理论平均次数 = 480 × 5/指标数），超过该理论平均值的为相对重要，低于该理论平均值的为相对不重要。

（二）公共服务协同供给动态匹配的影响因素

基于专家访谈所得出的六项关键主体要素，研究又通过问卷调查法进一步探讨了各关键主体要素下具体要素的评价指标，从而完善地方政府公共服务协同供给的关键要素，具体情况如下：

1. *经济要素*

根据对专家访谈结果的分析，可进一步明确地方政府公共服务协同供给的质量和效益。发现：经济高质量发展是公共服务协同供给的基础；公共财政的多少是影响公共服务协同供给的直接经济基础；人口多少是公共服务协同供给的服务对象前提；社会制度影响着公共服务协同供给；市场发育程度很大程度上决定了多主体协同；技术进步促进合作效率提升；公共基础设施一定程度上决定了公共服务协同的频率。

明确了经济发展要素的具体内涵之后，研究又通过问卷调查的方式从经济因素出发，综合考虑了现有研究中对经济因素的指标要素、国家公布的有关经济发展的相关标准、统计年鉴中与经济因素相关的指标，最后确定了 15 个经济发展要素下的重要性指标。在问卷调查过程中，需要调查对象从这 15 个要素中选择其认为相对重要的 5 个要素。所以，经济发展维度下重要性标准线确定为 160 次（$480\times5/15=160$）。具体的调查统计情况如表 7-4 所示。

表 7-4　经济因素维度问卷调查统计情况

关键维度要素	相关指标要素	选择人次
经济因素	国内生产总值	306
	人均地区生产总值	135
	公共财政支出比率	220
	地区生产总值增长率	101
	固定资产投资额	194
	人口的自然增长率	183
	高等教育大众化水平	75
	市场经济外部认可度	70
	公共资源交易数	80

续表

关键维度要素	相关指标要素	选择人次
经济因素	发明专利授权数	88
	研发经费投入数	195
	社会资产总额	56
	技术市场交易总额	172
	生产要素市场规模	199
	城镇居民人均可支配收入	140

根据表7－4经济发展维度问卷调查统计情况可以看出，通过统计480份有效问卷中15个相关指标要素的选择人次，我们发现“国内生产总值”“固定资产投资额”“人口自然增长率”“公共财政支出比例”“研发经费投入数”“生产要素市场规模”“技术市场交易总额”7个高相关要素。通过进一步整合在平均数160次及以上的7个要素，我们发现这些指标大多反映经济因素维度的三大层面，即经济发展层面（国内生产总值、公共财政支出比例）、社会因素层面（人口自然增长率）以及经济基础设施层面（固定资产投资额、研发经费投入数、技术市场交易总额等），进一步验证了专家所提出的观点并丰富了经济要素的核心内容。

2. *利益要素*

同样基于对专家访谈结果的分析，研究也进一步认识利益因素影响到地方政府公共服务协同供给的客观和关键因素，发现利益博弈一定程度上影响着主体间的合作；利益评价影响着多元主体是否迈出关键一步；供给资金调配是影响利益交换的基础；利益交换是利益关注度的实现因素，通过利益机制最终达到公共服务协同供给有序多元的目的，为社会发展进步提供良好的环境支撑。

通过问卷调查的方式从利益维度出发，综合考虑了现有研究中对利益衡量的指标要素、国家公布的有关标准、统计年鉴中与利益相关的指标，最后确定了13个利益要素下的重要性指标。在问卷调查过程中，需要调查对象从这13个要素中选择其认为相对重要的5个要素。所以，利益维度下重要性标准线确定为160次（480×5/15=160）。具体的调查统计情况如表7-5所示。

表7-5　　利益维度问卷调查统计情况

关键维度要素	相关指标要素	选择人次
利益维度	公共服务事件新闻点击量	291
	人均公共服务各项指标	88
	公共服务负性事件媒体曝光数	191
	公共服务协同供给的新闻数	140
	公共服务财政投入数	205
	政府工作报告公共服务描述字数	183
	政府公共服务购买发出数	65
	政府公共服务购买成交数	199
	其他公共资源招投标数额	121
	公共资源交易成交额	189
	公共服务公众满意度	132
	公共服务招投标步骤数	162
	法治政府建设满意度	196

通过统计480份有效问卷中13个相关指标要素的选择人次，我们发现选择人次在重要性标准线以上的有“公共服务事件新闻点击量”“公共服务负性事件媒体曝光数”“公共服务财政投入数”“政府工作报告公共服务描述字数”“政府公共服务购买成交数”“公共资源交易成交额”“公共服务招投标步骤数”“法治政府建设满意度”8个相关要素。通过进一步整合在重要性标准线160次及以上的8个要素，我们发现这些指标大多反映利益维度的两大层面，即利益关注度（公共服务事件新闻点击量、公共服务负性事件媒体曝光数、政府工作报告公共服务描述字数、法治政府建设满意度）以及利益流动层面（公共服务财政投入数、政府公共服务购买成交数、公共资源交易成交额、公共服务招投标步骤数），与专家观点一致。

3. *资源要素*

公共服务协同供给需要依托各自的资源禀赋和全社会的资源网络构

成，因此在探究公共服务协同供给的关键要素的时候，需要进一步把握资源要素。生态发展离不开几个关键点：组织资源多少决定了它公共服务协同的内在动力；组织能力决定了是否能够真正合作及长久性；企业、社会组织的数量和质量关系到多元协同供给主体的能力；社会资本是组织资源的一部分，决定合作网络的广泛性。

在对资源维度下相对重要性指标进行问卷调查时，综合考虑了现有研究中对资源质量衡量的指标、国家公布的有关标准、统计年鉴中与资源相关的指标，最后确定了 16 个生态发展要素内的指标。在问卷调查过程中，需要调查对象从这 16 个要素中选择其认为相对重要的 5 个要素。所以，资源维度下重要性标准线确定为 160 次（480×5/15=160）。具体的调查统计情况如表 7－6 所示。

表 7－6　　　　　　　　资源维度问卷调查统计情况

关键维度要素	相关指标要素	选择人次
资源维度	国内企业数	237
	国内社会组织数	229
	人均社会组织数	88
	10 人规模以上社会组织数	263
	中小型企业数	155
	年产值 1000 万元以上企业数	119
	年服务对象在 100 人以上社会组织数	122
	区域人均社会组织数差异	138
	长期合作伙伴数	189
	跨区域开展业务企业数	204
	跨区域开展业务社会组织数	81
	企业孵化器和园区数量	79
	枢纽型社会组织数量	191
	生产型服务业公司数量	163
	3A 以上社会组织数量	78
	高新技术企业数量	121

根据表7－6资源维度问卷调查统计情况可以看出，通过统计480份有效问卷中16个相关指标要素的选择人次，我们发现选择人次在重要性标准线以上的有“国内企业数”“国内社会组织数”“10人规模以上社会组织数”“长期合作伙伴数”“跨区域开展业务企业数”“枢纽型社会组织数量”“生产型服务业公司数量”7个相关要素。通过进一步整合在重要性标准线160次以上的7个要素，我们发现这些指标大多反映生态发展维度的两大层面，即内部资源层面（10人规模以上社会组织数、长期合作伙伴数、跨区域开展业务企业数）、社会资源层面（国内企业数、国内社会组织数、枢纽型社会组织数量、生产型服务业公司数量）。

4. 文化要素

文化是公共服务供给协同的智力支撑。因此，提升公共服务供给协同需要进一步关注文化的要素。文化发展的要素具体来看主要包含：服务协同认知是主体间合作的精神动力来源；民众公共服务意识具有一定的内容、形式延展性；参与者的受教育程度是公共服务合作中的智力和主体因素；合作文化是否浓郁是公共服务协同供给的基础文化环境；对其他外来地区公共服务模式、文化等的学习增强了协作供给的精神动力。

通过问卷调查综合考虑了现有研究中对文化要素衡量的指标要素、国家公布的有关文化发展质量的相关标准、统计年鉴中与文化发展相关的指标，最后确定了15个文化发展要素内的具体指标。在问卷调查过程中，需要调查对象从这15个要素中选择其认为相对重要的5个要素。所以，文化发展维度下重要性标准线确定为160次（480×5/15＝160）。具体的调查统计情况如表7－7所示。

表7－7　文化发展维度问卷调查统计情况

关键维度要素	相关指标要素	选择人次
文化要素	高等教育大众化水平	223
	本科以上学历人数	128
	民众公共服务参与度	195

续表

关键维度要素	相关指标要素	选择人次
文化要素	区域公共服务听证会数	188
	发表的有关外国公共服务的文献数	169
	公共文化设施面积	45
	外国公共服务专家国内访问量	76
	发表的公共服务文化文章数	301
	关于公共服务协同的新闻数	161
	城镇居民文化消费比重率	88
	民众公共服务满意度	95
	政府组织的关于公共服务的讲座数	111
	文化产业从业人数	33
	合作伙伴数	174
	公众对社会组织、企业提供服务认同度	97

通过统计480份有效问卷中15个相关指标要素的选择人次，我们发现选择人次在重要性标准线160次以上的有“高等教育大众化水平”“民众公共服务参与度”“区域公共服务听证会数”“发表的有关外国公共服务的文献数”“合作伙伴数”“发表的公共服务文化文章数”以及“关于公共服务协同的新闻数”6个相关要素。通过进一步整合在重要性标准线160次以上的7个要素，我们发现这些指标大多反映文化发展维度的两大层面，即文化环境层面（高等教育大众化水平、发表的有关外国公共服务的文献数、发表的公共服务文化文章数、关于公共服务协同的新闻数等）、参与文化层面（区域公共服务听证会数、合作伙伴数、民众公共服务参与度等）。

5. 制度要素

公共服务协同供给的常态化稳定开展，离不开制度要素的支撑。制度要素主要包含：法律制度是公共服务协同供给制度化的稳定保证；政策体系决定了公共服务协同供给的广度和深度；合作机制设计决定了合作的微观成效；流程化的协同供给有助于提升整体绩效。

同样在对制度维度下相对重要性指标进行问卷调查时，综合考虑了现有研究中对制度衡量的指标要素、国家公布的有关公共服务制度的相关标准、统计年鉴中与公共服务制度相关的指标，最后确定了10个具体指标。在问卷调查过程中，需要调查对象从这10个要素中选择其认为相对重要的5个要素。所以，公共服务维度下重要性标准线确定为160次（480×5/15=160）。具体的调查统计情况如表7-8所示。

表7-8　　制度维度问卷调查统计情况

关键维度要素	相关指标要素	选择人次
制度要素	具有立法权副省级以上城市公共服务立法数量	302
	区域公共服务出台政策数	189
	公共服务群众满意度	122
	中央和地方的税制变化数	68
	政府出台的公共服务细则数	182
	公共服务纠纷仲裁数	179
	公共服务纠纷案件审理数	198
	政府问责制度文件数	103
	区域政府跨部门发文数	229
	跨层级政府合作案例数	55

通过统计480份有效问卷中10个相关指标要素的选择人次，我们发现选择人次在重要性标准线160次以上的有“具有立法权副省级以上城市公共服务立法数量”“区域公共服务出台政策数”“政府出台的公共服务细则数”“公共服务纠纷仲裁数”“公共服务纠纷案件审理数”“区域政府跨部门发文数”6个相关要素。通过进一步整合在重要性标准线160次以上的6个要素，我们发现这些指标大多反映公共服务维度的两大层面，即宏观制度层面（具有立法权副省级以上城市公共服务立法数量、区域公共服务出台政策数等）、微观机制层面（政府出台的公共服务细则数、公共服务纠纷仲裁数、公共服务纠纷案件审理数、区域政府跨部门发文数）。

6. 信息要素

信息要素优化能够进一步推动公共服务协同供给发展，是提升协同供给质量的必然要求。信息要素具体来看主要包含：信息化水平是当前公共服务协同影响最为深远的技术手段；信息化伦理是信息技术合作的软性因素；信息的对称性一定程度上影响了可得性；合作经验也是非常重要的信息因素。

通过问卷调查综合考虑了现有研究中对信息化衡量的指标要素、国家公布的有关信息化的相关标准、统计年鉴中与信息化相关的指标，最后确定了 12 个信息要素中的具体指标。在问卷调查过程中，需要调查对象从这 12 个要素中选择其认为相对重要的 5 个要素。所以，信息维度下重要性标准线确定为 240 次（480×5/10=240）。具体的调查统计情况如表 7-9 所示。

表 7-9　信息维度问卷调查统计情况

关键维度要素	相关指标要素	选择人次
信息要素	信息类专利数	274
	网民数量	366
	信息技术产业总值	370
	信息技术伦理论文数量	163
	区域政府公共服务招标数量	188
	政府公共服务购买的成交量	153
	信息与互联网基础设施指数	203
	研发经费投入	69
	信息相关专业在校生人数	188
	交换机数量	154
	邮电、广播、电视等产业总值	97
	合作伙伴数	275

通过统计 480 份有效问卷中 10 个相关指标要素的勾选次数，我们发现勾选次数在重要性标准线 160 次以上的有“信息类专利数”“网民数量”“信息技术产业总值”“信息技术伦理论文数量”“信息与互联网基础设施指数”“区域政府公共服务招标数量”“信息相关专业在校生人数”“合作伙伴数”8 个相关要素。通过进一步整合重要性标准线

240 次以上的 8 个要素，我们发现这些指标大多反映公共服务维度的两大层面，即信息技术层面（信息类专利数、信息技术产业总值、信息技术伦理论文数量、“信息与互联网基础设施指数”、信息相关专业在校生人数），信息对称性层面（网民数量、区域政府公共服务招标数量、合作伙伴数等）。

综合以上调查结果，我们发现，市民及其他公共服务主体对于影响公共服务协同供给的指标要素有着不同的认知，通过扎根分析，我们得到如何有效影响高质量供给的影响因素。从供给侧协同的构成要素来看，不同环境对于公共服务的需求会呈现出不同的特征，包括共生因素和协同因素。公共服务的实际供给方式是这些特征共同作用下的综合呈现。

通过梳理我们发现主要有以下六大影响因素：①经济因素。公共服务供给模式的变迁，很重要的原因是随着公共品需求的激增，政府财政难以为继，才催生了市场化的模式，提升公共服务供给的效率与效益，其最直接的体现就是公共物品提供的价格不断降低。②利益因素。主要表现在两个方面，从政治行政二分的角度，科层制政府强调基本公共服务，政府利益和公众利益存在割裂，随着社会的进步，政府和公众的利益逐渐融合；此外，各个主体间能够有序合作，本身是以合同、委托经营等方式存续的利益关系。③文化因素。多主体融合每个主体都奉行不同的文化观念，由于文化的惯性，文化对于制度建设等方面的影响可能持续更久。④资源因素。传统公共服务当中，政府承担着公共服务的绝对多数，随着公共资源的减少，政府必须通过自身主导使得多元主体加入供给行列，以不断取得合法性。⑤制度因素。专家们几乎都提到制度因素，是因为制度刚性可以保证持续稳定的产出，而持续稳定关系到公共服务的质量和水平。⑥信息因素。主要表现在供给主体和公众需求的信息不对称，导致政府长期因然觉得自身是优质公共服务的提供者，加上制度化建设缓慢，导致供需双方的矛盾和脱节。

三、小结

本章对公共服务协同供给的共生环境及动态匹配的影响因素进行

分析。

在对公共服务协同供给的共生环境分析中借助战略管理中 PEST 工具进行。在政治和法律制度环境方面，我国公共服务未来的发展重点一方面在于不断增加和改善公共服务供给、提高居民生活水平推动高质量发展，另一方面在于推进基本公共服务均等化，实现共同富裕。在社会文化方面，以出生人口减少和老龄化社会到来为特征人口结构变化对公共服务供给提出了新的要求，同时随着城市化进程的加快，城市基础设施建设不断完善，居民对公共服务的需求也相应升级。在经济环境方面，随着当前房地产市场进入下行周期，地方政府通过土地财政筹集资金的能力也下降，政府财政处于相对“紧平衡”状态，这为后续的公共服务供给带来压力。在技术环境方面，当前技术的快速进步推动着服务模式变革，提高了公共服务的生产效率和居民生活质量，新的技术发展能够进一步优化公共服务服务流程，促进资源共享与均衡配置，增强个性化服务能力和推动社会治理现代化。

在分析公共服务协同供给的影响因素时，以多元主体协同供给动态匹配模型为逻辑起点，通过扎根理论的质性研究方法对公共服务协同供给动态匹配能力核心影响因素筛选，并进行扎根分析，运用共生度分析方法，对多元供给主体在经济、利益、文化、资源、制度与信息等要素环境中进行的合作、竞争与制衡关系展开分析，提炼影响公共服务多元主体协同供给能力的因素，验证得出经济投入、社会基础、经济基础设施、利益关注度、利益流动、参与文化、文化环境、内部资源、社会资源、宏观制度、微观机制、信息技术、信息对称性等具体影响因素，并对影响因素的表达形式进行规范描述和界定。

第八章

共生界面分析：公共服务协同供给动态匹配的作用机理及运行机制

机制是落实制度的一些组织设计和运行安排，以保证实现预期的结果。共生理论认为，共生界面是共生单元之间的接触方式和机制的总和，或者说是共生单元之间物质、信息和能量传导的媒介、通道和载体，推动着共生关系的形成和发展。为与共生环境区分，参照唐强荣等的做法，共生机制的总和称为共生界面。良好的共生界面会保持系统的开放性，保证公共服务系统中各种信息、物质、技术等的自由流通，促进共生组织模式的不断演进。低劣的共生界面将会影响信息、物质、技术等资源的交流，弱化共生单元之间的协同互赢，并最终导致共生系统的衰亡。公共服务动态匹配是根据公民的实际需求和变化，灵活调整和优化公共服务的供给，以确保公共服务的有效性和高效性。因此，要在掌握公共服务动态匹配的作用机理下，研究共生界面的建设与优化，分析当前共生界面存在的问题，为公共服务效能优化提供有益的借鉴。

一、共生界面下公共服务协同供给动态匹配的作用机理研究

通过扎根分析我们得出了影响公共服务协同供给的因素，通过共生分析我们进一步厘清协同的关键因素，进而通过协同的过程分析，我们

基本明晰了影响协同供给的多维度因素，那么这些因素如何影响公共服务协同供给？公共服务采用多元主体的供给方式如何能有效提升供给的效率，“在供给过程中共生模式的组织方式如何?”“公共服务协同供给过程中如何拥有动态适应性”以及“供给主体为什么会积极推动这种模式的形成?”这是公共服务协同供给模型构建所面临的首要问题。简而言之，我们需要对公共服务协同供给动态匹配的机理及动力做全面的分析。

（一）多元主体协同供给动态匹配形成的动力

协同的不稳定性原则告诉我们稳定性只是一种保守因素或趋势，而不稳定性因素是一种积极的革命性因素，是创新和重建的基础。苗东升指出当旧模式不利于系统存续和发展时，为了构建有利于系统持续发展和创新的新架构与新模式，需将系统推向失稳的边缘。这种充满变革与推动力的能量，构成了系统发展的核心动力。这一动力包括源自系统内部的演化驱动力和来自系统外部的推动力量。而外部动力则是通过激发内部动力来间接影响系统的演化进程。因此，任何系统的发展都是内部与外部动力协同作用下的产物。

基于上述协同性的观点，公共服务供给的演化发展具有同样的动力特性。公共服务供给主体系统演化的外部动力主要体现在公共服务供求的失衡，或者说在制度压力、社会资源、公众利益博弈、信息技术等多种因素的推动下的客观要求。内部动力主要在于供给主体的趋利动机，多元主体在经济利益、利益流动、内部资源等因素的作用的主观努力。正是因为单一供给主体对公众需求信息粗放的把握造成了供需的非均衡。这种非均衡在市场机制影响下，因为利益驱动促使供给主体结构发生变化，呈现出供给主体的多元化变动趋势。而这种供给主体系统性演化发展的动力也是协同供给形成的动力（见图8－1）。

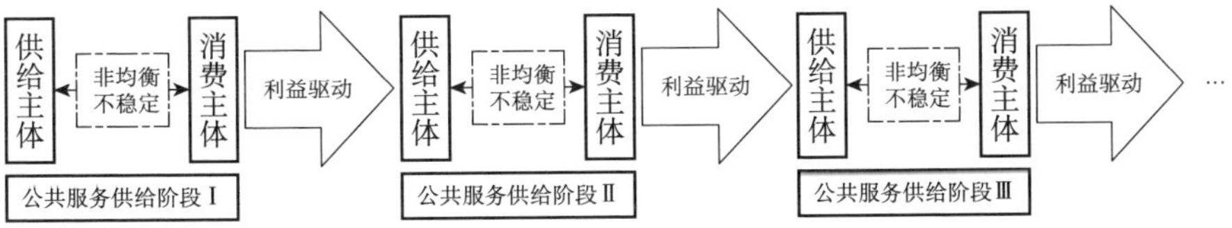

图8－1　公共服务供给主体系统演化过程模型

公共服务供给主体的系统演化过程是一个动态匹配循环提升的过程。当一个阶段供需达到非均衡时（动态不匹配），外部动力和内部动力都会促使供给结构的变化，使之向下一个阶段发展，直到供需平衡交易稳定的新阶段出现。这个螺旋上升的过程是公共服务供给体系完善的过程，是供给主体优化的过程。

从公共服务供给的现状来看，公众对公共服务的需求已是多样化的，而这个变化也符合马斯洛需求理论的心理发展特征。正如瓦格纳法则所描述的民众公共需求的增长弹性与经济发展之间存在着正向的关联性。具体而言，随着个人收入的不断提升，对于公共服务的需求增长会超越人均收入的增长速度。政府的公共财政能力也会适度增强。从我国社会变迁与公共服务供给的结构变化来看，公众需求明显具有动态性特征。从之前生产和生活类兼顾的需求越来越多地转向了关注民生的公共服务需求，并且对公共服务供给的数量和质量的要求日益提高，这又体现了公共服务供给的脆弱性。王大伟在农村公共产品协同供给机制研究中指出公共品需求存在地区差异、城乡差异、个体差异。而我国现阶段公共服务供给存在总量不足、结构失衡的现状。这对供需矛盾存在着公共服务供给体系演化发展的内外动力。而这种公共服务供给形成动力既是供给系统自适应的表现，也是协同供给形成的基础，因此，我们有必要从内外两方面对公共服务供给协同进行分析。

（二）协同供给形成动力的推动作用

依据多元主体协同供给机制的动力解析及公共服务供给主体系统的搭建演化过程模型的特征，公共服务协同供给形成动力的推动作用可以从外部动力和内部动力两方面来看。

1. 外部动力对协同供给的推动作用

首先，协同供给需适应多元化需求特征。根据马克思主义政治经济学的观点，生产是生产资料和劳动力的消费，劳动力的再生产依赖于劳动者对其所生产产品的消费。劳动者通过自己的劳动成果来满足其日常生活的各项需求，进而使劳动力获得再生产，这就是消费与生产的转化。因此，生产与消费是一体两面的。著名社会学家王雅林先生所提出的“生活与生产互动论”强调，生活与生产两者紧密交织、相互依存、相互作用，共同构成了推动人类社会发展的真正动力体系。基于生产与消费的相互决定理论，公共服务的供给与公共服务的消费同样也是相互决定的。

在相当长的时间内，公共服务的供给决定了公众的需求，政府提供什么公众就消费什么。供给所产生的选择不仅是匮乏的，也缺少弹性，前文已有分析，至今仍然在有些区域比较突出。随着社会经济的发展，尤其是全面建设小康社会目标的提出，公众对公共服务供给的要求产生了变化，这种变化有别于原先单一的需求，并朝着多样化发展。在这个变化过程中，需求端最先打破了原有的供求平衡，整个供求系统开始出现不良影响。由于需求的决定作用，因此供给最终会回归到满足需求的道路上来。那么多样化的需求也将必然造成多元化的供给结构，最终对多元供给主体的形成起到了推动作用。此外，政府作为单一供给主体去满足全社会多样性的需求是不现实的。因此，必须依靠市场机制让社会力量共同参与，以便提高资源的配置效率，促使多元主体协同供给方式的形成。

其次，供给矛盾对协同供给的促进作用。在公共服务供给过程中，始终会存在供需之间的矛盾，这种矛盾主要是供需动态匹配的不均衡性。胡洪曙在研究供给制度与改革路径时阐述了供给不足或供给过剩均会引起供给福利损失，这种损失并不是针对个人的，而是整个社会资源的浪费。地方政府作为公共服务供给的基层组织，是供给主体的生力军，也是多元协同供给关系中的监管者。但在公共服务需求的满足过程中，往往会因为政府部门财力、人力的匮乏而导致供给质量的下降，当然也会影响到供给服务的多样化需求。这就急切需要寻找社会组织的支持与帮助，共同来负担公众的需求。而这种供给结构变化也会对多主体供给产生协同优化的促进作用，鼓励合作的文化环境进一步助推了这一进程。

2. 内部动力对协同供给的推动作用

公共服务供给的有效形成，尽管如此，供需失衡作为唯一的外部驱动力并不足以全面支撑整体发展。它亟须政府主导下多元主体的积极参与和推进。而这些多元主体之所以具备强大的形成与推进力量，根源在于利益的驱动。因此，在共生的系统中，各个共生单元基于自身利益的需求，形成了推动公共服务供给产生的内在驱动力。

对于政府而言，其推动公共服务以满足公众需求的动力源自对公共利益的追求，特别是在我国当前的体制框架下，政府部门需应对来自上级对公共服务改进方面的严格要求。然而，在资金受限的条件下，政府作为唯一的供给方往往难以保证足够的供给量，且有可能形成垄断，进而减少了供给的灵活性。在这种缺乏有效竞争的环境下，政府单一供给模式常常会遇到动力不足、效率不高的问题，严重时还可能导致供给功能的失效。这些情况都清晰地表明，仅凭政府一己之力难以充分满足公众日益增多且多样化的需求。因此，在公共服务供给的过程中，政府有需要也有动力让社会组织参与进来，形成合作、竞争的多元供给环境。此外，政府对公共服务认识也在不断提高，政府的合作型文化意识在增强。

对于社会组织来说，参与公共服务供给活动都是为了追求利益的最大化，利益既包括了盈利为目的的利润也包括了以非营利为目的的社会效应。政府可以提供公共服务购买的资金以维持社会组织生存，提供公共服务业关系到社会组织的合法性问题。社会组织作为主体来承担社会服务供给的过程中，为追求利益最大化经常出现供给扎堆的现象。政府作为监管者、引领者和资助者，应该在供给端引入竞争机制，使得公共服务供给的资源分配更加均衡和持续。在整个协同供给的过程中，多主体间的竞争与合作关键在于利益分配是否均衡。在利润较为丰富的公共领域，政府应该提高供给的质量标准，采用市场的手段鼓励优质资源的进入；而在缺乏利润甚至没有利润的公共服务领域，政府应该提高供给的扶持标准，在法律、政策、资金、赋权等方面对参与者进行支持，平衡公共服务供给的质量与数量。此外，值得注意的是在供给过程中由于公共服务的特殊性，社会公众参与供给不可避免地需要获得政府的协助，尤其是在赋权和资金的支持上更是需要政府的配合。因此，公众作为服务的生产者和供给主体，其供给行为对于政府的供给意愿依赖较强。

综上所述，多元主体在提供公共服务供给的过程中，若各自为战，均难以充分保证公共服务供给的高质量与有效性。而利益驱动激发了协同效应的发挥，主要表现为：协同有助于供给体系的稳定和有序进行，使系统内部结构得到优化。而协同通俗来讲就是产生了协同的功效 E，

即协同结果 $F(X)$ 与单个供给的差值，$E = F(X) - (x_1 + x_2 + x_3 +, \cdots, + x_n)$。由于协同功效 E 的存在，在利益驱动的作用下，政府对于公共服务的提供会积极主动地选择多元主体协同供给的方式进行。

因此，在经济、利益、文化、资源、制度、信息等多要素的影响下，公共服务协同供给的动力动态匹配机制得以形成，公共服务协同供给动态性得以确立。这一机制的确立有赖于微观机制的有效运行，或者说能够通过运行，实现供给结构优化，公共物品总量扩大，供给效率的提高。形成公共服务需求的收集，通过多元主体和服务对象参与的决策过程，从而得出公共服务供给所需要的资源总量，通过分布式筹资，进而分布式生产，对过程中的各类主体进行有效激励，反馈供需双方的结构性差异，最终形成一个完整的公共服务协同供给生态链，各主体间的合作、竞争、制衡，实现协同供给机制的协同运行效应的最优化，并以此构建了公共服务多元主体供给运行机制作用机理模型，如图 8－2 所示。

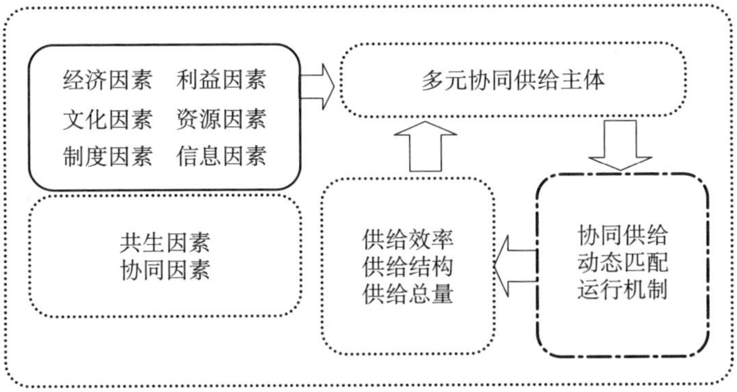

图 8－2　公共服务多元主体供给共生机制作用机理模型

二、共生界面下公共服务协同供给动态匹配的运行机制

在经济、利益、文化、资源、制度、信息等多元因素的作用下，通过共生分析和协同分析，为了达到较高供给效率、优化的供给结构、较大的供给总量，必须有一套行之有效的供给动态匹配运行机制，这一机制必须使得协同供给主体间、供需双方形成共生的协作机制。简单来说

即是能够动态有效发掘需求，并快速供给的循环往复的过程。这一过程涵盖了从供给服务需求的识别，到机会识别后的公共决策机制，达成共识后的资源筹集，以及公共物品生产，共生单元的有效激励，以及过程的评估反馈等循环过程，可以有效地实现公共服务协同供给—回应过程的动态平衡。这一过程集中在共生界面上（见图 8－3）。共生界面分析是对共生环境中共生单元之间行为关系、行为载体和影响协同因素的剖析。通过共生界面分析方法从主体、方式、渠道和程序等方面研究公共服务协同供给动态匹配的运行机制。也就是基于有效供给形成的需求表达、决策机制、筹资机制、生产机制、激励监管、评估反馈的一整套运行机制。

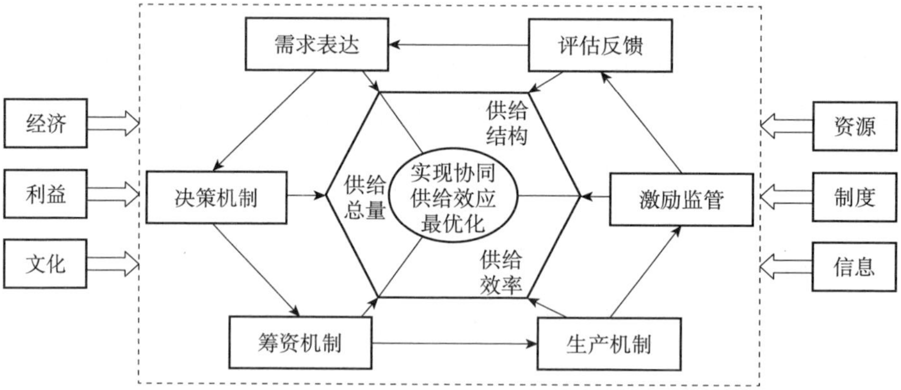

图 8－3　公共服务供给动态匹配共生机制模型

（一）需求表达机制

公共服务需求表达是多元主体协同供给的起点，动态匹配正是对公众多样化需求的回应。需求表达机制的设计也是模型运作的基础。对于需求的合理化和最优化表达可以从最优供给理论入手，当公众需求的所有边际替代率之和与公共服务供给的边际转化率相等时，即实现了公共服务供给的帕累托最优状态。曾福生等人提出的假设 X 为供给总量，$X_1+X_2+\cdots=X$ 表达了公共产品的供给时多个主体共同消费的特征。通过引入生产可能性边界的隐函数、社会福利函数、拉格朗日函数计算出公共产品与私人产品之间的边际替代率，表达式为 $MRS_{GXA}+MRS_{GXB}=MRS_{GX}$，这是实现两个主体间公共供给最优化的条件，即在供给与消费之间达到平衡。同理可以将这个结果推广到无数供需主体之间，这个结果也是符合萨缪尔森所提出的一般均衡。但是，值得我们注意的是对照一般均衡理论的假设前提，公共服务供给难以达到一般均衡理论的成立条件。这也就是说对于公共服务来说，无论什么条件下达到服务供给的帕累托最优是极其困难的。但一般均衡理论在一定程度上为公共服务供给是否达到最优的判断提供了理论的标准。此外，林达尔均衡模型的社会成员真实需求偏好的假设也为供需达到平衡提供了理论支撑。所以，依据已有的经济学供求理论，在收集公共服务供给的需求信息过程中，需要得到公众的主动配合，以确保政府与公众在需求表达上实现协同一致。

除了以上理论表述，目前需求的表达还未达到完全自由，存在着渠道单一、传导偏差、效率偏低的问题。需求表达机制主要以中间组织协同的方式来表达，即“公众需求—中间组织—政府”的路径。在现有体制下，由于政府的强势和利益的驱动，中间组织往往成为政府的派出机构或本身就是政府的派出机构（如居委会），沟通行为带有倾向性，这也造成了公众需求表达的不清晰和信息传达的不完整。这些均影响到了政府公共服务供给决策做出。另外，由于政府部门面对的公众数量是众多的，并且具有变化多样和动态流动的特点。因此，通过中间组织获取需求信息对于政府来说是最为便捷和低成本的手段。

另外，公众需求也可以通过个体精英进行传达，即“公众需求—个体精英—政府”的路径。这一类表达的形式效率较高，需求针对性较强。但是渠道的构建成本过高，还需要一定的机遇，并不具备大规模应用的可能。

（二）协同决策机制

决策是管理的核心要素，是一个被广泛应用于日常工作中的重要行为。公共服务协同供给的决策内容包括了供给的种类、数量、质量、支持与监管等事宜的过程。

从目前公共服务供给的决策主体来看，主要是以政府为第一责任人，而社会组织也会参与一部分的供给决策。但政府与非政府在对公共服务供给的决策过程中都有其自身的局限，这为多元主体协同决策提供了现实的机遇。但值得注意的是，在我国当前的公共服务供给体系中，法律责任的划分尚不明晰，因此，供给主体在决策时可能会出于对自身利益的考量而相互推脱责任。最终政府部门会成为公共服务供给的最后责任人。这也造成了政府不愿意放手让社会组织来做供给决策的原因。另外，政府部门出于考核压力和政绩需求会优先决定提供一些容易出成绩的可视化程度高的公共服务产品。这就造成了供需非均衡的局面，容易产生决策的失误，这也成为“自上而下”决策的通病。而供给的根本依据在于需求，从公众需求出发产生“自下而上”的供给也是一种重要的供给组织方式，最为典型的就是由社会组织决策和供给的公共服务产品。对于社会组织而言，其既是消费者又是生产者，而且社会组织会根据自身资源的特点和需求喜好来提供公共服务的生产，这就使得这种“自下而上”的供给决策带有供给主体的偏见。因此，建立政府部门与社会组织协同的决策机制是保证公共服务供给的前提。

在现实的供给决策中，往往因为政府是一个抽象的集体的概念而非一个真实的个人，因此会造成决策的个人利益最大化和责任承担的集体性问题。这也是公共服务供给决策不能保证需求的重要原因。治理理论认为，民众参与政府决策是一种公私之间的积极合作，而这种合作所带来的民主可以促使政府的权力向社会回归，解决政府决策体系由封闭转向开放的问题。公众参与政府决策是政府管理的一种趋势，这有利于减少政府的决策失误，降低决策成本。此外，只有让公众参与政府决策，才能真正释放公众的需求，保证供给决策的有效性和准确性，这也是动态匹配公众需求最直接有效的机制。

从公共服务协同决策的实现过程来看，应包括决策准备和决策产生。具体决策流程又有需求信息收集、公众听证、供给目标锁定、供给方案拟定、供给方案评选几个步骤。其中，需求信息收集和公众听证两个环节构成了协同供给决策的准备，而供给目标锁定、供给方案拟定和供给方案评选构成了协同供给决策产生的行动。

决策的准备意在使决策产生的供给行为能真正满足公众的需求。在这个阶段政府应该积极实行与公众的互动对接，鼓励各类社会组织加入，共同成为协同供给的主体。广泛征集需求信息和调动资源进行需求调研将会成为这一阶段政府工作的重点。在需求挖掘的过程中，政府还应成立专门的需求信息管理小组，构建自下而上的需求表达通道，并发挥社会管理者的优势，通过庞大的组织优势和媒体优势获取完整的需求信息。由于政府部门自身的局限在，往往会造成收集的需求信息的失真。因此，在决策的准备阶段还应该强化公众的听证工作。通过听证制度与需求者建立直接的沟通渠道，保证获取信息的真实性。公众听证制度的工作成效主要面临公众是否积极参与的挑战。虽然听证制度是由政府建立的，但要想发挥其功效还必须要有公众积极主动地参与。

协同供给决策产生的行动主要是政府做好供给目标锁定、供给方案拟定和供给方案评选的工作安排。决策的首要工作就是要确定行动的目标，也就是科学地确定公共服务供给的种类、数量、质量和次序等内容。决策目标的确立并不是孤立的行为，而是与决策准备阶段需求信息收集工作息息相关，并以此为基础。在决策方案拟订方面，应该尽可能地提供全方案覆盖，并积极研究各供给主体提出的决策方案。在方案的评选过程中，应充分考虑方案实施的限制条件，对比投入与产出的比例，以及可能带来的负面效应。方案的评选主要依赖于公共服务供给的经验、方案实验验证和专家评审。

公共服务协同供给的决策是政府公共管理水平的集中表现，为公共服务供给的筹资、生产、监管等后续事宜奠定了基础，是多元主体协同供给的行动指南。

（三）协同筹资机制

公共服务的协同资金筹集体系指的是，在政府的监督指导下，多个参与方通过市场途径和非市场途径，联合筹集旨在满足公共服务供给所需资金的过程。不论在何种供给方式下，可以说资金资源直接决定了公共服务供给的实施，供给质量和数量也与资金的提供直接相关。公共服务供给的协同筹资机制可以分为筹资的主体和筹资的渠道两个方面。

公共服务供给具有非竞争性和非排他性的特点，无论是计划性供给还是运用市场机制的多元供给主体共同参与，政府依然是协同筹资的主体。在我国现在的政府组织体系下，由于每一个层级政府均有其对应的职责，所以公共服务供给的资金支持也是每一级政府的重要工作。可以说，任何一级政府都有为公共服务供给筹资的义务和责任。从协同的视角可以将每级政府组织之间的资金分配视作为政府主体系统内部的工作协同，体现了政府的协同效应。现阶段我国政府体系从中央到地方可以分为五个层级，而公共服务供给的主要执行为地方基层政府。因此，作为基层的政府部门是筹资的主体，其上一级政府作为筹资的补充，而对于大规模供给出现的短期资金缺口由中央政府负责最后的兜底。

在多元协同供给体系中，除了政府，其他社会组织也具有协同筹资的义务。随着新公共管理理论的兴起，市场化供给已成为越来越多政府社会管理的手段。新公共管理理论强调了市场的作用，政府在制定完毕公共服务供给决策后就将供给的实施交由市场来执行。理论上讲公共服务供给的行为是由市场协同众多社会组织完成的，这个过程实际上就是政府与市场的协同供给。我国现阶段公共服务供给在很大程度上受制于政府财政实力，不同地区财政状况不一也造成了区域间公共服务供给水平的差异。而市场化运作的协同供给在借助了社会力量的情况下可以弥补政府资金的不足，满足公众的多样化需求，平衡地区间因为财力不同而出现的公共服务供给不均衡。因此，社会组织在公共服务供给的过程中，不仅是作为生产者的供给主体，也是筹资的辅助主体，它们和政府组织共同构成了公共服务供给的筹资主体。

根据多年社会管理经验，协同供给筹资的渠道主要有以下几种：政府财政渠道、社会组织资源渠道、市场融资渠道、非营利性组织或国际支援渠道。①政府财政（财政的获得和组成在此不再赘述）是目前公共服务供给的主要资金来源，政府财政渠道根据使用的目的和公共服务等级又可以细分为地方政府财政和中央政府财政。②社会组织资源是指提供公共服务供给的除政府以外多元主体自身具有的资源，其主要包括企业投资、实物资源、劳务资源和信息资源。社会组织资源对公共服务供给的支持可以大大减轻政府的筹资压力，也可以减少公共服务供给的整体投入水平。与政府行政性筹资不同，社会组织资源渠道是属于市场化的渠道。③市场融资渠道是指除社会组织资源渠道以外的金融市场融资渠道。在短期内大规模需要资金的情况下，政府或社会组织都会进入金融市场进行融资操作。而这种金融市场融资行为有别于中央政府的财政政策，是地方政府和社会组织运用市场进行融资的手段，具有一定的风险性。值得注意的是这里的金融市场可以是国内也可以是国际。④非营利性组织或国际支援是公共服务供给筹资的一个补充渠道。在提供特殊服务供给来满足特定地区或特定人群时，可以较多地发挥非营利性组织的力量来完成供给和筹资。而短期小规模的特定需求，也可以寻找国际援助来完成供给。

公共服务供给中，供给主体的多样性和筹资途径的广泛性为协同资金筹集工作创造了有利的条件。采用多渠道多主体组合方式进行协同筹资，能有效提升公共服务供给资金的利用效率，在短期内解决资金不足的问题，因此也更能实现动态匹配公共需求的情形。在协同筹资的过程中，应该注意到政府不仅仅是筹资的主要力量，也是资金使用的管理者。制定引导条例和资金管理政策，规范协同供给筹资的行为是协同供给筹资稳定实现的前提。

（四）协同生产机制

协同供给生产是指政府部门与社会组织通过分工协作共同完成公众需求的公共服务供给的技术过程，是公共服务供给的一个重要阶段。

经济学中的公共产品理论指出公共产品并非必须由政府直接供给，可以由多个供给主体协同完成。而公共服务供给与生产是可以分离的。在公共服务供给实践中，由政府提出供给决策并委托给企业生产的情况也较为普遍。由于利益驱动，社会组织也较为积极地参与政府委托的公共产品生产活动。又因为存在竞争，其生产效率也会更高。由此可见，在公共服务领域可以采用政府主导的存在合作与竞争关系的多主体参与的协同生产方式。

对于公共服务供给的核心主体政府来说，系统内部的协同生产组成了庞大的生产群，包括中央政府和地方政府。对于全国普遍性或跨区域或在自然垄断性较高的公共产品供给服务领域，通常由中央政府直接负责生产；而对于具有明显区域特色或区域内的民生需求通常由地方政府进行生产。从生产的规模来看，地方政府参与生产的量更庞大形式更多样。从生产的效率来看，地方政府由于更加熟悉当地公众的需求，也更加了解当地资源的情况，在投入资源满足需求的生产中会更有针对性，在引导社会组织参与生产的过程中监管成本更低。相比于中央政府，地方政府协同生产的效率更高。由此可见，对于政府体系的生产中央政府和地方政府需要分工明确，依据供给对象进行生产的协同。

对于公共服务非政府供给主体来说，趋利性生产占据了供给的主体。社会组织通过政府的赋权参与到公共服务供给的大生产中，并在合作与竞争并存的市场环境中进行生产获取利益。主要参与生产的形式有获得政府的特许经营权、受到政府委托生产、参与政府标准化采购竞标等。①特许经营是指公私部门签订合作协议，在合同框架下由社会组织对公共服务部门进行营运，并获得协议限定的利润。这种模式下，社会组织作为生产者需要承担生产过程中的风险和成本。常见的方式有TOT、BOT、BOO等。②委托生产也就是采用托管制的方式进行公共服务产品的生产。这里需要注意的是这种模式下政府只是将部分经营权分离出来进行委托，所有权并不改变，也就是政府还是服务供给的主体。③参与政府的标准化采购。这类形式政府部门操作得较多，是一种政府的服务外包行为。众多社会组织按照政府公布的合同要求和标准进行生产，政府对前来投标的产品进行评估和购买，通常采用招投标机制完成政府采购。

在公共服务协同生产中也存在着非利益驱动的社会参与者。在市场经济发达国家NGO参与较为普遍，被视为政府解决复杂社会问题的一种有效方式。典型的做法是由NGO进行社会需求的挖掘、服务供给的决策和公共产品生产的执行，由政府提供资金支持和政策支持。在这种非利益驱动的生产模式下，政府提供直接的经济补助用于抵扣生产的成本；与此同时，政府给予相应的赋权对生产者进行实质性的支持。在公共产品生产过程中，由于生产者获得政府授权和资金的直接支持，因此经常被看作政府的派出机构或代理人。这种非营利性生产虽然没有产生直接的生产利益，但对参与的生产者来说可以获得巨大的政府资源和社会效益，对政府来说可以降低不必要的支持，而对于公众来说可以获得较为廉价且高质量的公共服务。

总之，政府应该善于利用社会资源进行协同生产，坚持在政府主导下进行广泛的公私合作，建立多元化的公共产品生产机制。

（五）激励监管机制

在实现公共服务协同供给目标时，政府作为供给的监管者和责任人需要对供给的参与主体进行评选和激励。激励的作用在管理学的经典中已经得到了验证，这种激励所产生的正面效应不仅针对个人起作用，对于组织也同样有效。在公共服务供给的过程中，要保证供给质量的稳定性和供给主体的积极性，同样需要对包括政府在内的多元供给主体进行有效激励。

在传统的公共服务供给中，由于供给主体单一和供给垄断的特点，政府通常具有供给者、生产者、监督者等多重身份。因此，就没有进行激励和监管的必要。而激励与监管机制的缺失会使得公共服务供给的质量下降。主要体现在：①社会组织供给的动力缺乏。社会组织参与公共服务供给主要是追求组织的利益最大化目标。公共服务产品有别于普通商品，其利润空间的大小取决于政府监管的标准。在政府高标准的监管下，供给主体的盈利空间会被压缩到极小甚至没有利润可言。而缺乏利润的公共服务供给是无法采用市场机制进行运作的，这也就无法形成多元主体供给的局面，公共服务供给的质量和数量也将会戛然而止。②政府供给缺乏弹性。由于政府在公共服务供给中的多重身份，在没有激励的情况下供给多半呈现出较强的行政性，缺乏供给的弹性。这不仅是对社会资源的浪费，也将导致社会公众满意度的下降。因此，建立协同供给的激励管理机制是多元主体协同供给体系运行的保障。

激励的实施需要根据不同组织不同阶段的特点进行针对性的设计。对协同供给的主体进行激励主要可以采取三种方式：①权属关系。对于公共服务供给的参与者来说，首要解决的是供给主体之间的权责关系，即政府与社会组织的协作关系，以及公共产品的产权关系。因为市场机制本质是一种资源配置的有效手段，但其前提是对配置的资源有明确的权属关系界定。在公共服务供给的过程中，由于公共产品的特殊性，经常会产生供给者之间的权属关系的模糊。这对供给的效率造成了影响，也会因为权属关系的不清晰而引起供给主体的资源投入不安，严重打击供给主体的积极性。因此，清晰的权属关系是对多元主体协同供给模式的一种促进，也是对供给主体的一种激励，同时也是对供给责任的一种监管。②税收激励。对于社会参与者来说，进入公共服务领域作为供给主体的行为带有较强的功利性。众多学者已经证实税收激励的方式有利于社会组织积极参与公共服务供给。同时也是对趋利型供给主体追求利益最大化的一种回应。③财政补贴。对于特定领域特定需求的公共服务供给，政府可以采取直接的财政补贴手段。这不仅是对供给主体的损失弥补，更是一种较为直接的资金激励。这种激励在使供给主体获得利益的同时，也促进更多的社会组织进入该领域，从而形成公共服务的多元主体协同供给局面。财政补贴的激励作用被王大伟在研究我国农村公共产品协同供给机制的时候所证实。

（六）评估反馈机制

任何系统有序地运行均需要对系统状态进行不断地评估，找出运行过程中的不足，以便系统进行改进。这就是评价和反馈机制的价值所在。对于公共服务供给来说，评价反馈是促使供给主体提高供给质量的重要依据，也是政府提升整个供给系统稳定性的管理手段。

从共生界面分析来看，为实现协同供给效应的最优，评估反馈是作为稳定系统运行的改进机制而存在的。政府作为协同供给的监管者有责任和义务去优化供给结构，使得各供给主体在进行公共服务供给交易时效率更高。政府监管与评估反馈在公共服务供给的共生界面中是供给结构一体两面的存在。监管本身包含了评估反馈的工作，是监管实施的重要体现。而评估反馈对供给结构提出来改进的可能，这又是监管实施的目的与价值。此外，基于共生界面的评估反馈贯穿于公共服务供给全过程，是一种全面的质量管理机制。

在政府主导的协同供给中，为体现政府对公共服务供给的责任和监管职能，评估反馈的工作主要由政府来承担。评估反馈的实施方式包括了政府直接实施和政府间接实施两种。①政府直接实施模式。政府发挥监管职能，对公共服务供给的全过程进行评估，包括供给总量、供给效率、供给结构。在这种模式下系统运行的质量改进能得到快速的执行，政府始终能在公共服务供给中占到主体地位。但这种模式会使政府在公共服务供给上形成垄断，同时增加巨额管理成本。②政府间接实施模式，也称为社会评价或第三方评价。通常政府并不对协同供给质量进行评估和考核，而更加开放公共服务领域让专业的第三方评估机构共同参与协同供给的过程。通过对第三方机构的赋权或服务购买完成对协同供给质量的评估和反馈。社会评价模式是一个相对宽松又具有竞争性的外包服务，有利于多元主体协同供给模式的形成；有利于政府管理成本的控制；有利于发挥社会监督力量，避免垄断的形成。

三、共生界面下当前公共服务协同供给机制存在的问题

（一）公共服务需求偏好表达不足

随着我国经济社会的快速发展，公众的公共服务需求越来越多元，越来越发展，这就要求公共服务供给中建立合适的动态匹配机制。机制有效运行的前提要求必须要掌握公众需求，按照公众需求合理匹配公共服务。但当前在公共服务供给中，公众需求并没有被服务供给者完全了解，从而导致公共服务供给矛盾。一方面，公共服务供给过剩和不足并存，部分公共服务设施成本高、维护复杂，并且由于使用效率低及管理不善，导致社会资源浪费，形成供给过剩；一些地区缺乏民生保障设施，导致公共服务不足，如随着老龄化进程加快，很多地区在老年食堂建设方面滞后，无法满足老年群体的基本需求。另一方面，服务内容与服务需求不匹配，当前公共服务在供给上往往一刀切，难以兼顾所有群体的需求，导致部分群体（如老年人、残疾人等）的需求得不到满足。造成这些问题的原因主要有：一是公共需求表达不畅以及供给中的信息流通不畅。政府部门与公众在需求表达上存在不畅通的沟通问题，加之需求识别机制尚不完善，导致政府部门难以精确把握民众对公共服务的实际需求。二是公众参与意识薄弱。公众受传统观念影响，长期以来形成的“政府主导、民众服从”观念，限制了公众的主动参与意识；部分公众由于知识水平有限，对公共服务项目了解渠道有限，导致参与意愿降低。受中国传统文化影响在多元供给主体中也存在信息流通不畅问题，以上种种原因导致服务需求与供给之间难以精准对接，影响公共服务质量和效率。

（二）公共服务政府命令式的决策机制影响供给有效性

当前公共服务供给更多的是在政府指导下采取的“自上而下”的

行政命令式的机制，尤其是在协同决策中，公共服务供给更多是由政府通过绩效考核供给的，并不是从满足经济社会发展和公众需求出发的。由于计划经济时期政府主导一切的理念以及机制改革中的行政惯性原因，在现代公共服务供给中，这种决策机制仍然没有有效改变。在这种由上级指导的决策模式下，政府部门会先制定具体的政策规定，用以明确公共服务供给的总量、结构以及供给程序等详细事项，并随后向下级传达与执行，不仅具有强制命令性，还忽略了公共服务需求的差异性，影响了公共服务供给的效率。

（三）公共服务协同筹资机制不健全

当前，公共服务筹资主要依赖政府财政拨款，而社会资本、市场力量等多元化筹资渠道未能得到有效利用。这种单一的筹资模式限制了公共服务的可持续发展能力，使得公共服务在面临经济波动或财政压力时更加脆弱。公共服务涉及多个部门和领域，需要各部门之间的紧密协作。然而，目前跨部门协同机制尚不完善，导致在筹资过程中存在信息不对称、责任划分不明确等问题。这不仅降低了筹资效率，也影响了公共服务的整体供给效果。公共服务筹资需要完善的法律法规和监管体系来保障。然而，目前相关法律法规尚不完善，监管体系也存在漏洞，导致在筹资过程中容易出现违规行为和资金浪费现象。这不仅损害了公共利益，也影响了政府的公信力和形象。公共服务的有效供给需要社会各界的广泛参与和监督。然而，目前社会参与度和透明度不足，公众对公共服务筹资的了解和参与度有限，难以形成有效的监督力量，不利于提高公共服务的供给质量和效率。

（四）公共服务缺乏有效的监管和评估反馈

要保证公共服务动态匹配的有效性，必须要有完善的激励监管与评估反馈机制，但当前，公共服务供给中监管与评估反馈仍然有很多待解决的问题。在监管方面，尽管我国已建立了公共服务的基本法律法规体系，但规则体系仍缺乏统一性，不同部门间的法律法规存在冲突。此外，执行机制不健全，监管者与被监管者之间的密切关系使得规则难以有效执行，影响了监管效果，同时监管机构缺乏明确的责任机制和有效的激励机制，导致监督动力不足，影响了监督效果。在对公共服务供给效果评价中，由于公共缺乏统一、科学的评估标准，导致不同部门、不同地区的评估结果难以比较，难以形成有效的评估体系；当前对公共服务项目的评估更多侧重于定量评估，忽视了定性评估的重要性，导致评估结果不能全面反映公共服务的真实情况；此外，即使有些项目进行了评估，评估结果往往未能得到充分利用，不能及时转化为政策调整和改进服务的重要依据。此外，公共服务供给机制的顺利运行受很多因素的影响，尤其是在公共服务监管反馈方面仍然存在很多问题，导致公共服务失效。在监管方面，现有的监管机制尚不健全，存在监管空白和漏洞。一些地方政府和部门在公共服务供给中存在权力滥用、不公正等问题，严重影响了公共服务的公平性和有效性。在公共服务项目供给中缺乏有效的评估反馈，很多公共服务项目没有评估反馈这一流程，无法对服务供给质量和效果进行客观评价，难以及时发现和解决存在的问题，也难以为后续的公共服务供给提供指导。

四、小结

共生界面下公共服务协同供给动态匹配的作用机理及运行机制。基于多元主体协同供给形成动力的分析和公共服务供给主体系统演化过程模型的特征，从外部动力和内部动力两方面分析公共服务协同供给形成动力的推动作用。以公共服务多元主体协同供给动态匹配模型为逻辑基点，采用共生理论的共生界面分析手段，从主体构成、方式选择、渠道建立以及程序设定等维度，深入探究公共服务协同供给中的需求表达机制、协同决策流程、协同筹资策略、协同生产过程、激励监管措施以及评价反馈体系等运行机制的设计要点。通过公共服务协同提供的内外动力全面解析，并通过协同运行效应的最优化的条件判断，不断修正运行机制的环境条件和要素构件的组合，从而确立公共服务协同提供的需求表达体系、协同决策流程、协同资金筹集、协同生产流程、激励监管以及评价反馈等六个方面的机制，通过促进政府主导的多元主体在各个阶段、各个环节的合作、竞争、制衡，实现协同供给机制的动态匹配运行效应的最优化。

第九章

共生界面下公共服务协同供给的筹资机制研究

公共服务供给中资金筹集不仅是公共服务项目得以实施的基础，更是保障民众基本生活需求、促进社会公平正义、推动经济社会可持续发展的重要手段。资金筹集是保障公共服务项目得以启动和持续进行的先决条件。无论是基础设施建设、教育医疗资源的配置，还是社会保障体系的完善，都离不开充足的资金支持。缺乏必要的资金，公共服务项目将难以落地，更无法有效满足民众日益增长的需求。资金筹集的数量和质量直接影响到公共服务的覆盖范围和服务水平。资金充足，意味着可以投入更多资源于公共服务领域，扩大服务范围，提升服务质量，使更多民众受益。反之，资金短缺则会限制公共服务的供给能力，导致服务质量下降，甚至无法满足基本需求。资金筹集还关系到公共服务的可持续性和创新性。完善的筹资机制不仅有助于缓解政府财政压力，还能够促进公共服务领域的创新和发展，提高服务效率和效果。因此，本章将重点以筹资机制为例，利用非均衡模型，对多元主体协同筹资效率进行分析，从共生界面视角对筹资方式、筹资机制及不足等进行研究，提出协同筹资的有效提升路径。

一、基于非均衡模型的多元主体协同筹资效率分析

在此，继续应用非均衡的理论模型分析政府、企业和社会组织三个主体为公共服务协同筹资的运行机理，通过这一模型对求解公共服务多元主体协同筹资的最优方案，进而对公共服务的筹资主体间协同效率的影响因素和相关体制因素进行讨论，发现其中存在的不足，为优化路径指明方向，摆脱提升筹资能力困境，改善公共服务的供给。

（一）理论假设

（1）社会需要两种产品，分别以 x，y 表示，其中，x 代表私人物品，y 代表公共服务。

（2）存在三个具有公共服务筹资和供给能力的部门：政府、企业和社会组织。

（3）x_1，x_2 和 x_3 分别代表由政府、企业和社会组织提供的私人物品，且 $x = x_1 + x_2 + x_3$ 成立；y_1，y_2，y_3 分别代表由政府、企业和社会组织提供的公共服务物品，且 $y = y_1 + y_2 + y_3$ 成立。

（4）居民总的福利函数如下：$TU(x, y) = U + \alpha \ln x + \beta \ln y$，且 $\alpha > \beta > 0$，$\alpha + \beta = 1$，α 和 β 反映居民的偏好特征。

（5）由于政府部门存在居民公共服务偏好的信息偏差，它对居民社会福利函数的判断为 $TU_1(x, y) = U + \alpha_1 \ln x + \beta_1 \ln y$，$\alpha_1 > 0$ 且 $\alpha_1 \neq \alpha$，$\beta_1 > 0$ 且 $\beta_1 \neq \beta$，$\alpha_1 > \beta_1$，$\alpha_1 + \beta_1 = 1$；由于企业对居民社会福利函数判断不存在偏差，对居民社会福利函数的判断为 $TU_2(x, y) = U + \alpha_2 \ln x + \beta_2 \ln y$，$\alpha_2 = \alpha$，$\beta_2 = \beta$，且 $\alpha > \beta > 0$，$\alpha + \beta = 1$；社会组织和政府部门一样对居民公共服务的偏好存在信息偏差，它对居民社会福利函数的判断为，$TU_3(x, y) = U + \alpha_3 \ln x + \beta_3 \ln y$，$\alpha_3 > 0$ 且 $\alpha_3 \neq \alpha$，$\beta_3 > 0$ 且 $\beta_3 \neq \beta$，$\alpha_3 > \beta_3$，$\alpha_3 + \beta_3 = 1$。

（6）私人物品和公共服务的价格分别为 p_x 和 p_y，并且价格保持固定不变。

（7）假设 r 为所有国民收入之和也代表公共服务总的筹资能力，并且总的筹资能力 r 由政府、企业和社会组织共同产生，其中 r_1 代表政府筹资能力，r_2 代表企业筹资能力，r_3 代表社会组织筹资能力，且

$r = r_1 + r_2 + r_3$ 成立。

（二）模型求解

政府、企业和社会组织三类组织协同筹资供给公共服务，在政府、企业和社会组织的筹资能力 r_1，r_2，r_3 一定的前提下：

（1）为了实现居民社会总福利最大化，政府部门为公共服务筹资和供给需要满足下列条件：

$$\max TU = U + \alpha_1 \ln(x_1 + x_2 + x_3)x + \beta_1 \ln(y_1 + y_2 + y_3)$$
$$s.t.\ p_x x_1 + p_y y_1 \leqslant r_1 \qquad (9-1)$$

对模型（9－1）求解可得：

$$x_1(p_x, p_y, r) = \alpha_1 r/p_x - x_2 - x_3$$
$$y_1(p_x, p_y, r) = \beta_1 r/p_y - y_2 - y_3 \qquad (9-2)$$

（2）为了实现居民社会总福利最大化，企业为公共服务筹资和供给需要满足下列条件：

$$\max TU = U + \alpha \ln(x_1 + x_2 + x_3)x + \beta \ln(y_1 + y_2 + y_3)$$
$$s.t.\ p_x x_2 + p_y y_2 \leqslant r_2 \qquad (9-3)$$

对模型（9－3）求解可得：

$$x_2(p_x, p_y, r) = \alpha_2 r/p_x - x_1 - x_3$$
$$y_2(p_x, p_y, r) = \beta_2 r/p_y - y_1 - y_3 \qquad (9-4)$$

（3）为了实现居民社会总福利最大化，社会组织为公共服务筹资和供给需要满足下列条件：

$$\max TU = U + \alpha \ln(x_1 + x_2 + x_3)x + \beta \ln(y_1 + y_2 + y_3)$$
$$s.t.\ p_x x_2 + p_y y_2 \leqslant r_2 \qquad (9-5)$$

对模型（9－5）求解可得：

$$x_3(p_x, p_y, r) = \alpha_3 r/p_x - x_2 - x_1$$
$$y_3(p_x, p_y, r) = \beta_3 r/p_y - y_2 - y_1 \qquad (9-6)$$

根据公式（9－2）、公式（9－4）和公式（9－6），公共服务总供给量为：

$$y = y_1 + y_2 + y_3 = (\alpha_1 + \alpha_2 + \alpha_3)r/\ 3p_y \qquad (9-7)$$

（三）基本结论

根据上述求解过程和求解结果得出如下结论，当政府、企业和社会组织三类组织协同筹资供给公共服务时，公共服务的供给水平和居民的社会福利水平由以下因素决定：①政府、企业和社会组织的筹资能力 r；②公共服务的价格水平 p_y；③政府、企业和社会组织对居民公共服务偏好信息的理解。根据这一结论所指示的方向，可以对公共服务多元主体协同筹资的共生界面即公共服务的协同筹资机制体制等内容，包括筹资的主体、客体、筹资模式、筹资渠道、相应政策制度等进行探讨。

二、公共服务多元主体协同筹资构成分析

（一）筹资来源分析

1. 税收

传统的财政税收是一个政府部门为公共服务筹资最主要的收入形式和来源，根据“税收价格理论”，税收的本质是政府部门为满足社会公众对公共服务的需要收取的公共服务的价格，而社会公众由于缴纳了税费，有资格享受公共服务。公共服务因其公共物品的本质特征——具体表现为消费者在使用过程中所享有的非排他性和非竞争性权益而构成了其核心属性，而这一核心属性正是引发市场机制无法正常运作的根源。这一特征是政府通过财政税收方式为公共服务筹资和供给的理论基础，其核心理念就是财政税收来自于公众用于公众。政府部门依据相应的法律法规，通过税收为公共服务支出以弥补市场失灵。同时，公共服务的筹资和供给以推动均等化为目标，因此社会公众对公共服务均等的享有而不以缴纳税款的多少作为分配的基础，而是采用“免费享用，间接付费”的方式进行，即以税收方式为公共服务筹资与调节收入分配差距、追求共同富裕的内涵是一致的，通过税收为公共服务筹资能够反映追求公共服务均等化的宗旨。

《“十四五”公共服务规划》通过提出完善财力保障制度推进公共服务的均等化：“落实公共服务领域中央与地方财政事权和支出责任划分改革要求，优化财政支出结构，加大中央和省级财政对基层政府提供基本公共服务的财力支持力度。将更多公共服务项目纳入政府购买服务指导性目录，完善财政、融资和土地等配套优惠政策。规范购买流程，按照政府采购法律制度规定确定承接主体，实行竞争择优、费随事转。”同时提出了对其他渠道为公共服务筹资的支持力度：“进一步完

善政府购买公共服务的绩效管理。加大金融支持力度，综合利用债券、保险、信贷等方式，为公共服务项目融资提供支持。”

2. 债务手段

在出现财政赤字的情况下，政府部门可以通过向银行举债或者面向社会公众公开发行债券（如国债、地方债及专为公共服务设计的债券）等融资工具，被广泛应用于筹集公共服务建设所需的资金，它们以政府强大的财政税收能力作为偿还本金与利息的可靠后盾。在国际上，非营利组织等社会组织也被赋予了发行债券以筹集资金的权限，而政府则通过实施利息税免征政策，为这些组织提供有力的激励和扶持。同时，在推进公共服务建设的过程中，企业同样扮演着积极的角色，参与其中。也可以通过贷款或者发行企业债的方式进行筹资。

市场化运作的企业参与公共服务建设过程中还可以通过“资产证券化”的方式进行债务筹资，例如可以通过成立一家“特殊目的公司”，以建设公共服务项目资产作为基础，以公共服务项目的收益权作为担保，发行债券筹资。

除此之外，国外还出现了“社会影响债券”这种新型的债务筹资渠道，是由私人企业或作者非营利组织等社会组织针对某一具有明确结果和特定目标的项目进行筹集资金的债券，政府部门与这些部门提前设定相应的社会影响目标，如果项目达成，将由政府部门向债券认购者返还本金并提供奖励，如果目标未完成则不作返还。

3. 公共服务有偿使用和收费

社会公众对公共服务的使用大部分已经通过税收完成了支付，因此公共服务的很大一部分是“免费”提供给社会公众的。但是对于一些准公共服务，如果免费使用会造成拥挤效应，即一个消费者对某种公共服务的消费将会影响其他消费者对该公共服务的消费，同时也会加剧政府的财政税收负担。因此，对于此类公共服务采用有偿使用和收费是合理的。

根据收费主体的不同，公共服务的收费模式多样，包括政府收费、企业收费及社会组织收费等。政府收费具体分为两大类：第一类是政府部门在履行管理职责过程中收取的费用，如登记费、证照费和排污费等；第二类则是政府为公众提供准公共服务时所收取的使用费，如公共交通费、国有公路过路费等，这些费用的目的是补偿公共服务成本，同时缓解公共服务使用中的拥挤问题。此外，政府收费还有少量的其他收费，如罚没收入和捐赠收入等。企业收费和社会组织收费主要是指这些部门通过获得政府的特许经营权利进行收费（如 BOT 项目建成后企业通过运营后收费）或者接受政府部门的补贴和税收减免等优惠政策。

4. 转移支付

广义上的转移支付是指政府或企业无偿地支付给其他部门或者个人以增加其收入和购买力的费用。狭义的转移支付主要是政府部门之间的行为，主要包括三类：一是纵向转移即中央政府部门对地方政府，或者上下级政府之间自上而下的财政资金下拨；二是同级政府部门之间的横向转移；三是政府部门之间纵向与横向转移的混合。分税制改革之后，中央政府掌握着大部分财政收入和税收的调控权，而地方政府则更多地承担着公共服务的支出责任。这造成了地方政府面临较大的财政压力，甚至产生了显著的赤字。同时，我国幅员辽阔，不同区域之间的经济状况和财政收入差距较大，财政收入和支出不均衡，因此，需要中央政府部门对地方政府、上级政府对下级政府或者同级政府部门之间进行资金支付，为保障各地区政府严格遵循国家统一制定的标准，高效、准确地为社会提供公共服务。中央对地方的转移支付近年来逐年上升，中央对地方的转移支付决算数由 2018 年的 6.97 万亿元上升到 2022 年的 9.71 万亿元（见图 9－1）。

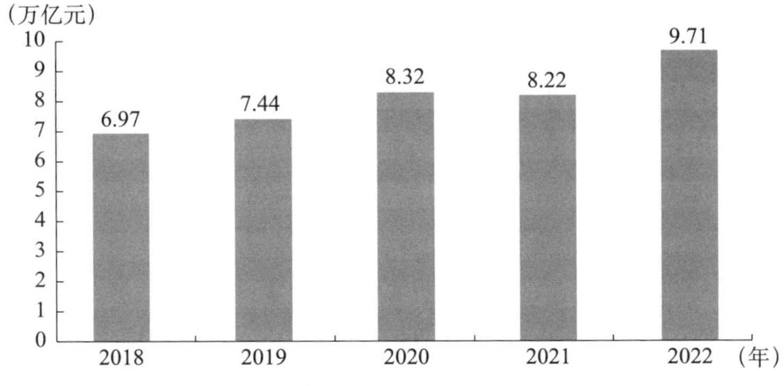

图 9－1　中央对地方转移支付决算数

数据来源：财政部，http：//www. mof. gov. cn。

5. 政府基金和彩票

政府性基金是对依照法律、行政法规的规定在一定期限内向特定对象征收、收取或者以其他方式筹集的资金，专项用于特定公共事业的发展（陈共，2017）。构成我国的政府基金的最重要组成部分是社保基金，此外还包括铁路建设基金、电力建设基金、地方教育附加、水利发展专项基金等，部分来源于政府的专项性收费，部分则属于政府的公共资源及资产所带来的收入。2018—2022 年全国政府性基金预算收入如图 9 – 2 所示。

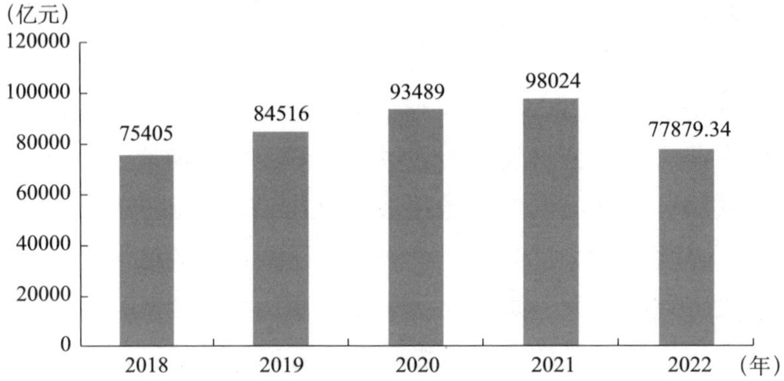

图 9 – 2　全国政府性基金预算收入

数据来源：财政部，http：//www. mof. gov. cn。

除此之外，政府部门发行福利彩票是公共服务资金筹集的一个有效方式。在剔除奖金支付及发行管理成本等必要开支后，福利彩票所剩余的净收益可用于资助各类公共服务项目。民政部发布的《2022 年民政事业发展统计公报》显示，2022 年，福利彩票销售 1481. 3 亿元，全年筹集彩票公益金 461. 0 亿元。民政系统在彩票公益金方面的支出达到了 212. 9 亿元，相比上一年度增长了 8. 2%，其中该资金被用于社会福利 158. 2 亿元，用于社会救助 4. 3 亿元。

6. 慈善捐赠

个人或者企业出于人道主义动机、为公众服务的使命、社会荣誉或者受政府政策鼓励等原因，向政府部门、承担公共服务建设的企业、社会组织等组织进行捐赠为公共服务筹资。慈善捐赠作为公共服务筹资的重要来源之一，在促进社会发展、改善民生福祉方面发挥着不可替代的作用。慈善捐赠的资金主要来源于社会各界，包括企业、个人、社会组织以及基金会等。企业是慈善捐赠的重要力量。它们通过捐赠资金或物资，支持教育、医疗、扶贫、环保等公益事业，履行社会责任，提升品牌形象。同时，企业捐赠还能享受一定的税收优惠政策，进一步激发其捐赠的积极性。个人捐赠也是慈善事业的重要组成部分。随着公众慈善意识的增强，越来越多的人开始关注并参与到慈善事业中来，通过志愿服务等方式，为需要帮助的人群提供援助。社会组织和基金会也是慈善捐赠的重要渠道。它们通过组织募捐活动、管理捐赠资金、实施公益项目等方式，将社会各界的爱心汇聚成强大的公益力量，推动社会进步和发展。

7. 政府补贴与政府购买

政府补贴是政府为了实现特定的社会、经济目标，向提供公共服务的组织或个人提供的财政支持。这种支持通常以资金补助、税收减免、贷款贴息等形式出现，旨在降低公共服务提供者的成本，增强其提供服务的意愿和能力。政府补贴的资金主要来源于公共财政，包括中央财政和地方财政。中央财政通过专项转移支付等方式，对地方开展的基本公共服务项目给予补助；地方财政则根据本地实际情况和财力状况，安排相应的配套资金。政府购买公共服务是指政府通过公开招标、定向委托、邀标等形式，将原本由自身承担的公共服务转交给社会组织、企事业单位等市场主体来提供。这种方式旨在提高公共服务供给的质量和财政资金的使用效率，满足公众的多元化、个性化需求。政府购买公共服务的资金来源同样是公共财政。政府作为购买主体，使用财政性资金向市场中的服务提供者支付费用，以换取所需的公共服务。

8. 非公共服务的经营收入

所谓的非公共服务的经营收入是指政府和社会组织等通过经营非公共服务项目获得的收入，并将这些收入投入到公共服务领域。例如，非营利组织通过义卖等活动为公共服务筹资，或者通过公益创业项目将收入投入到公共服务领域。这些费用作为经营收入，成为公共服务筹资的重要补充。非公共服务的经营收入具有以下几个特点：一是多样性，经营收入来源于多种非基本公共服务项目，如混合型公共服务和经营性社区公共服务，这些服务根据市场需求和成本效益原则进行定价；二是灵活性，与政府补贴和税收等固定资金来源相比，经营收入更具灵活性，能够根据服务项目的实际运营情况进行调整；三是补充性，经营收入作为公共服务筹资的补充来源，有助于缓解政府财政压力，同时激励公共服务机构提高服务质量和效率。

9. 保险费用

居民个人、其所在工作单位（政府部门、企事业单位等）以及提供保险补助的政府相关部门为个人享受公共服务向社会保障部门和商业保险公司缴纳保险费，以及医疗、养老服务机构在给居民保险赔付时所支付的费用也是构成公共服务筹资的重要渠道。保险费用作为公共服务筹资的重要来源之一，具有稳定可靠、规模庞大、可持续性强等特点。它不仅能够为公共服务提供稳定的资金支持，还能够通过保险机制分散风险，提高社会整体的风险抵御能力。

10. 公共财产收入

根据岳松（2008）的论述，公共财产收入，又称国有财产收入，国家通过其所拥有的财产和资源所获得的收益，这些收益包括租金、利息以及财产变卖所得的收入。这里的公有财产主要是指公共资源，由政府利用，以取得财政收入，如公有土地、森林、矿山、河流等。政府都在保护财产、坐收租息或收益的基础上积极对其加以经营或开发，牟取营业利润或投资收益。

（二）公共服务多元主体筹资机制的构成与联系

公共服务度的协同筹资机制是指多元主体在政府监管下通过上述的各种渠道共同募集的用于公共服务供给所需的资金。公共服务筹资渠道多样化为公共服务供给的协同筹资创造了有利条件。张序（2015）将公共服务的筹资机制根据筹资主体划分为政府筹资机制、市场筹资机制和社会组织筹资机制三个子机制，并总结了这三种筹资子机制与筹资渠道之间的内在联系如表9－1所示，表格中的√表示该机制可使用的筹资渠道。

公共服务多元主体协同筹资的关键在于：一是拓宽筹资渠道有效增

加公共服务的供给能力；二是提高公共服务供给的质量及与公众需求的匹配程度，满足社会公众对公共服务的多层次需求；三是进一步提升公共服务的供给效率，有效利用资金。采用多渠道多主体组合方式进行协同筹资更有利于这一目标的达成，能有效提升公共服务供给资金的利用效率，有效解决资金不足的问题，也更能实现动态匹配公共需求的情形。在协同筹资的过程中，应该注意到政府不仅是筹资的主要力量，也是资金使用的管理者。制定引导条例和资金管理政策，规范协同供给筹资的行为是协同供给筹资稳定实现的前提。

表 9-1　　公共服务筹资机制构成及其与筹资渠道联系

筹资渠道	政府筹资机制	市场筹资机制	社会组织筹资
税收	√		
转移支付	√		
有偿使用收费	√	√	√
慈善捐赠	√	√	√
债务手段	√	√	√
保险费用	√	√	√
政府基金和彩票	√		
非公共服务的经营高收入	√		√
公共财产收入	√		
政府补贴和政府购买		√	√

注：表格中的√表示该机制可使用的筹资渠道。

三、公共服务多元主体协同筹资机制不足与改进方向

（一）当前公共服务多元主体协同筹资机制的不足

公共服务多元主体协同筹资机制的缺陷与不足主要表现为我国的经济社会处于深度转型期，多主体共生的制度环境建设支撑尚有不足。公共服务的协同筹资在共生环境中完成并与环境发生相互作用。在社会环境方面，随着我国城市化进程的加深，农村人口向城镇和社区大规模转移，使得公共服务的需求和结构发生深刻的变化，原有的公共服务传统

的筹资和供给模式受到巨大的冲击。在经济环境方面，进入后疫情时代，世界经济增长乏力，我国处于建设现代化经济体系的转型期经济增速有所放缓，房地产市场下滑导致了土地财政收入显著降低，同时伴随着人口老龄化的加深以及人民生活水平提高对公共服务需求增加，使得公共服务的资金压力不断增加，原有的公共服务筹资结构难以持续。政府在经济转型中不断探索和实践公共服务多元主体的协同筹资模式，这种转型和变革对原有体系造成了巨大的冲击，同时，政府、企业和社会组织基于自身利益的博弈和演化使得公共服务筹资的体系构建更加复杂。当前，这三类组织在合作过程中仍然停留在各自的行为逻辑中，协同筹资的制度环境建设和平台建设严重不足，难以形成互惠互补、运行有效的共生关系，必然会产生公共服务的筹资能力不足、供给总量有限、结构失衡和供给效率不高等诸多问题，难以满足人民的需要。

（二）公共服务多元主体协同筹资机制的改进方向

对于政府筹资机制，一是不能仅仅依靠于传统的税收方式，一定的经济发展水平决定了税收的基本水平，如果政府以传统的税收方式为公共服务筹资出现超额税负会导致供给的低效率，斯蒂格利茨（2012）的研究也表明扭曲性征税会导致公共服务供给的低效率。二是政府通过债务筹资手段也需要考虑代际支付均衡、债务整体规模、风险可控性、财政收支平衡等问题。三是进一步拓宽公共服务的筹资渠道，由表9－1可知，政府部门筹资可以借助于几乎所有筹资渠道，因此，在提升政府筹资的有效性上可以充分运用各种渠道的筹资能力，积极利用公共资源收入、国有企业利润上缴、政府基金收入和发行彩票收入等多渠道筹资，提高公共服务多渠道筹资组成结构的合理性。四是建立公共服务型的财政，进一步降低政府公共服务的筹资成本，同时增加与企业和社会组织的协同，提升筹资能力和利用效率。

对于市场筹资机制的提升主要在于促进企业与政府部门建立良好的合作关系，选择适合的政府和社会资本合作（PPP）模式。企业在合作前需要对项目的特点、项目的投资额、项目的未来盈利前景、项目的风险程度、与政府部门合作的可行性等进行全面的综合评估，在项目建设和运营过程中应充分发挥企业在市场需求调研、成本控制、管理效率、创新能力、品牌影响、质量控制、客户关系管理等方面的优势，提升筹资和供给效率。政府和社会资本合作（PPP）模式常见类型如表 9 - 2 所示。

表 9 - 2　　PPP 模式常见类型分析

序号	名称	英文名称	投资方	产权	经营维护	合同期限
1	委托运营	O&M，Operations & Maintenance	政府	政府	政府和社会资本	一般不超过 8 年
2	管理合同	MC，Management Contract	政府	政府	社会资本	一般不超过 3 年
3	租赁—运营—移交	LOT，Lease-Operate-Transfer	政府和社会资本	政府	社会资本	20—30 年
4	建设—运营—移交	BOT，Build-Operate-Transfer	政府和社会资本	政府	社会资本	20—30 年
5	移交—运营—移交	TOT，Transfer-Operate-Transfer	社会资本	政府	社会资本	20—30 年
6	改建—运营—移交	ROT，Rehabilitate-Operate-Transfer	政府和社会资本	政府	社会资本	20—30 年
7	区域特许经营	Concession	政府和社会资本	政府	社会资本	20—30 年
8	建设—拥有—运营	BOO，Build-Own-Operate	政府和社会资本	社会资本	社会资本	永久
9	购买—建设—运营	BBO，Buy-Build-Operate	社会资本或政府和社会资本	社会资本	社会资本	永久

随着公共服务领域改革的深入，越来越多的企业和社会资本与政府开展合作，通过项目运作的模式参与到公共服务的筹资、供给和建设过程中。2013 年以来，相关政策密集出台，政府和社会资本的合作经历了“鼓励—引导—整顿—规范”的过程，合作模式和规范化程度不断提高。

2014 年，国务院发文《关于创新重点领域投融资机制鼓励社会投资的指导意见》，提出实行统一市场准入，创造平等投资机会；创新投资运营机制，扩大社会资本投资途径；优化政府投资使用方向和方式，发挥引导带动作用；创新融资方式，拓宽融资渠道；完善价格形成机制，发挥价格杠杆作用。国家发展改革委发布《关于开展政府和社会资本合作的指导意见》，鼓励和引导社会资本投资，增强公共产品供给能力，促进调结构、补短板、惠民生。2015 年，国家发展和改革委员会联合其他 5 部委发文《基础设施和公用事业特许经营管理办法》，鼓励和引导社会资本参与基础设施和公用事业建设运营，提高公共服务质量和效率，保护特许经营者合法权益，引导规范政府和社会资本合作的开展。

2016—2018 年对政府和社会资本合作项目进行叫停整顿，2016 年 9 月财务部印发了《政府和社会资本合作项目财政管理暂行办法》的通知（财金〔2016〕92 号），旨在纠正社会资本合作项目实施过程中出现的走偏、变异问题，推动其回归创新公共服务供给机制的本源。2018 年，财务部出台了一份名为《规范金融企业对地方政府和国有企业投融资行为有关问题的通知》的文件，其核心宗旨在于规范金融企业对地方政府及国有企业投融资活动的行为准则，并与地方政府债务管理等相关政策紧密配合，携手预防和解决地方政府债务风险问题。同年，财务部亦颁布了编号为财金〔2018〕54 号的正式文件，即《关于进一步加强政府和社会资本合作（PPP）示范项目规范管理的通知》，对政府和社会资本合作（PPP）示范项目进行了全面的清理与整顿。到 2019 年 3 月，财务部再次发布了《关于推进政府和社会资本合作规范发展的实施意见》，作为对财金〔2018〕54 号文件的补充，该文件特别针对政府和社会资本合作项目中存在的一些核心问题主要包括财政承受能力被超越、政府支出责任被固化，以及应用范围被过度扩大等，旨在严格管控由此产生的地方政府隐性债务风险，并进一步明确和优化政府与社会资本的合作框架。标准化政府行为和社会资本合作项目的运作，补齐基础设施短板。2020 年 3 月，财政部发布了《政府和社会资本合作（PPP）项目绩效管理操作指引》，该操作指引明确适用于政府付费、可行性缺口补助和使用者付费等所有政府和社会资本合作项目。

2022 年 11 月，随着政策环境的回暖，财政部正式对外发布了《关于进一步推动政府和社会资本合作（PPP）规范发展、阳光运行的通知》（财金〔2022〕119 号），除了重申以往政策要求，针对政府和社会资本合作领域出现的新的涉嫌违规问题，又明确了管理要求，堵上了漏洞，更有利于我国政府和社会资本合作高质量可持续发展。

对于社会组织来说，筹资机制的重点在于筹资能力的提升。由于我国社会组织的发展起步较晚，本身筹资能力不足、力量比较薄弱。当前社会组织有筹资能力的主要是非营利性质的基金会和提供具体公共服务的一些公益组织等。非营利基金会的主要资金来源于个人和企业等社会各界的捐赠收入，用以资助各类公益组织以及政府部门的公共服务供给；承担各类公共服务项目的公益组织其资金来源主要是社会捐赠、基金会的注资、政府部门的补贴收入等。除此之外，社会组织虽然不以营利为目的，但仍然具有经营和获取收入为公共服务筹资的能力，例如，它们可以通过收取费用、日常经营以及金融市场投资等方式获得资金，非营利组织或者各种类型的基金会可以将部分闲置资金投入金融市场，通过购买股票、债券、基金等方式获得收益，将获取的收益投入公共服务中。因此，提升社会组织的筹资能力一方面在于拓宽各类筹资渠道，另一方面在于进一步规范其运作和管理，保证社会组织的独立性不过于依赖政府部门资金，保证其财务的透明和财务制度的专业规范提高其信誉度，避免发生信任危机。

四、基于共生理论的公共服务多元主体协同筹资优化具体路径

多元主体协同筹资的共生系统构建为化解公共服务筹资困境提供了新的思路，共生理论着眼于构建平等的、多元主体的协同关系，目标是实现多元主体间对称性互惠共生的行为模式和连续性和一体共生的组织模式。因此，从共生理论出发，要提升公共服务多元主体协同筹资的有效性，必须通过强化政府的引导作用，发挥市场的灵活性和资源配置效率，借助社会组织的广泛参与发挥补充作用，充分满足居民对公共服务的需要。

（一）转变筹资主体间关系，从非对称性共生到对称性互惠共生

企业和社会组织对政府部门的寄生或偏利共生是非对称的共生行为模式，具有很大的局限性，无法推动共生系统的良性演化也就无法完成协同筹资的功能。从非对称性共生向对称性互惠共生转化，需要三者之

间建立一种平等的合作规则，因为没有共生单元之间的平等关系，其他组织只能是政府的附庸，多元主体的协同将失去意义。对称性互惠共生体现了对筹资主体多元化、差异化能够充分包容的开放式发展理念，反映了政府部门、企业以及社会组织之间权责关系的重组以及相互行为模式的转变。政府部门在与企业和社会组织的合作过程突破了原有的自上而下的指令性沟通模式，代之以横向的平等的交流为主，政府部门除了享有依法监管的权力外并无其他特权，也不能够将行政权力介入到企业和社会组织之中以免合谋或者腐败的发生。同时，对称性互惠共生不仅仅意味着政府和其他主体的平权，也意味着企业之间，社会组织之间以及企业和社会组织之间都是平等互惠的合作关系。参与协同筹资的所有组织之间的合作都应建立在相互沟通、协商合作的基础上进行。正如刘志辉（2015）所论述的，公共服务多元主体筹资的对称性互惠共生关系是多主体并立、多重权威、多向度权力运作的制度框架。

（二）优化共生环境，建立健全公共服务协同筹资的政策制度

政府作为公共服务协同筹资共生系统中最为特殊的部门，一方面承载着筹资和供给的责任，另一方面又是相关政策和制度的制定者，要在共生环境的建设上发挥更大的作用，不断优化共生的制度和政策环境。

首先，政府部门要秉承依法依规、公平公正的理念，建立明晰的合作和运行机制，破除影响协同筹资的制度性障碍，减少共生能量的损耗。政府部门的职责要进一步明确，必须由政府完成的工作应建立公开透明、健全有效的长效运行制度；可以由企业或非营利组织承担的工作，政府部门和各类组织之间通过协商明确合作方式，例如外包、协议、补助、特许经营等（李娅，2012）。在合作中还需要进一步厘清各方责权利的划分：哪些是政府的职能，哪些是企业或社会组织的职能？政府部门和其他组织间责权的划分目标是充分发挥政府在宏观管理和协调的功能，利用企业和社会组织在微观层面的灵活性和高效率性，产生更多的合作效益和共生能量。

其次，加快政府职能转变，解绑政府部门对公共服务的资源控制，搭建公共服务协同筹资和供给的平台，调动企业与社会组织的积极性，吸引它们更多地参与到公共服务的协同筹资和供给过程中。以政府部门为主导建立多元筹资主体平等共商的决策机制，使得企业、第三方组织能够切实参与到公共服务筹资和供给的相关决策和方案制定过程。通过与政府部门分工合作，企业和第三方组织参与到对居民的公共服务需求的调研中，以居民需求为导向共同商讨和制定公共服务的具体筹资和供给方案，切实保障公共服务的供需匹配，并兼顾多元主体的利益诉求。主旨就是通过可行的手段，充分发挥各主体之间的比较优势，使公共服务的筹资和供给更加灵活、高效。

最后，政府部门需要做好引导者的角色，充分利用先进的信息搜集和管理技术，提升自身对公共服务筹资和供给的管理和决策能力；加强与企业以及社会组织之间的协调统筹能力，深入挖掘各类主体中所具有的促进共生的能量来源，促进共生单元之间的互惠共生；针对企业和社会组织对公共服务筹资和供给，政府还有必要建立完备的准入、筛选和监管机制，制定详细、精准的准入条件和责任清单，在日常工作中及时调整和反馈，使协同工作真正落到实处。

（三）增加共生单元密度，利用金融手段释放协同筹资功能

目前，公共服务协同筹资的共生单元包括政府部门、企业和社会组织三大类组织，以共生的视角，每一类主体的内部组成部分都可以进一步扩展，并利用金融机构和金融市场功能，提升共生单元的质量和有效数量，增加共生密度，释放协同筹资能力。首先，政府部门除财政税收直接对公共服务进行筹资和支付以外，还通过保险、银行借贷、发行债券、发行福利彩票等方式进行筹资，因此，将保险公司、银行、福彩公司等作为政府共生单元的组成部分，为公共服务的筹资进行统筹规划，能够帮助政府部门筹资发挥更大的作用。其次，将更多数量和种类的企业引入公共服务筹资和供给领域，使其在政府的监管之下提供公共服务。企业作为市场化运作的主体，筹资方式将更加灵活：一是可以通过自有资金、向银行借贷等传统的方式进行筹资；二是企业用相应的资产和公共服务的预期收益作为基础来发行债券，即以资产证券化的方式进行筹资；三是通过与政府建立“公私伙伴”关系（PPP）等方式参与到公共服务的筹资过程中。此外，由公共金融组织发行，私人和企业认购的“社会效应债券”也是国外为公共服务筹资的一种新型方式，值得

我们借鉴。再次，营利组织和非政府组织等社会组织可以通过获得公益慈善捐赠、取得政府补贴、取得外包或向政府部门出售公共服务等方式进行筹资。社会组织虽然不以营利为目的，但仍然具有经营和获取收入为公共服务筹资的能力，例如，它们可以通过收取费用、日常经营以及金融市场投资等方式获得资金，非营利组织或者各种类型的基金会可以将部分闲置资金投入金融市场，通过购买股票、债券、基金等方式获得收益，将获取的收益投入公共服务中。总之，通过引进金融机构增加共生单元的构成数量和共生密度，充分利用金融手段拓宽筹资渠道释放筹资功能，能够更加有效地解决公共服务资金问题。

（四）发展公私伙伴（PPP）关系，向一体化的共生组织模式转变

促进公共服务多元主体协同筹资的共生与深化，需要创新协同筹资的共生组织模式。政府作为筹资主体，其“显性”筹资功能的实现可以通过财政税收方式完成，也可以通过给予企业和社会组织补贴、资金援助、购买公共服务或者划拨款项等方式完成协同筹资，降低居民使用公共服务的费用，这些合作更多表现为点共生或者间歇式共生的组织模式。为了促进多元筹资主体向连续一体化的共生组织模式转变，政府与企业和社会组织的合作可以通过相对“隐性”的方式来实现，即通过政策倾斜、政策扶持、设计一些长期的筹资机制或者筹资的制度等方式来实现（林闽钢、梁誉，2016）。

欧纯智等（2017）提出通过以公私伙伴创新（Public-Private Partnerships，PPP）来破解公共服务筹资的掣肘。PPP 这种筹资方式的主要思路是利用企业的自有资金或者社会组织的资金完成公共服务从设计、建设到经营、维护的全过程，之后政府部门通过租赁、购买、补贴等方式弥补企业或者社会组织的成本和正常利润，并完成对公共资产和公共服务相应权力的回收。PPP 是多种筹资方式的统称，比较常见的如 PFI（私人主动融资）、BOT（建设—经营—转让）、TOT（转让—经营—转让）、BOO（建设—拥有—经营）、BLT（建设—租赁—移交）、ROT（改建—经营—移交）等（张序，2015），通过 PPP 这种筹资方式，企业和社会组织能够在项目伊始就参与进来，政府部门以土地使用权、经营权、收费权等作为筹资保证，有效降低了企业和社会组织的经营风险，在项目结束之后企业或社会组织可以有偿或者无偿退出，通过这样一个过程实现为公共服务筹资的目的。

PPP 这种模式将企业、社会组织等更多的主体引入到为公共服务过程中来，充分利用政府公共资源、企业资金、社会组织资金、银行信贷、居民缴费等多渠道的协同筹资，将政府各类政策的效能充分发挥，有效缓解政府部门的资金压力。同时，PPP 具有丰富多样的筹资方式，能够有效调动政府官员、企业经营者和社会组织管理者的积极性，充分参与创新筹资模式，更为重要的是，通过建立在政府部门与企业和社会组织之间长期互惠的合作和联动关系之上，即将各主体间的共生组织模式向更为高级的连续共生乃至一体化共生关系转变。

运用 PPP 方式对公共服务协同筹资有助于多元主体之间建立理想的共生模式，也有助于政府部门现代化公共服务治理体系的实现，但由于多元主体之间的博弈与利益分配问题更加复杂，也容易对连续或一体化的互惠共生模式产生挑战。维护这一模式持续有效运行的重点之一在于加强建立各共生单元的“命运共同体”，在此基础上制定有利于各主体实现共赢的融合发展目标，利益共享、风险共担，在满足公共利益的前提下，兼顾其他企业和组织获得不低于其最低的可接受利润水平，为运行良好有效并可持续的多元主体协同筹资机制生成持续的共生能量，破解公共服务筹资困境。

五、小结

共生界面下公共服务供给的筹资机制分析。以筹资机制为例，利用非均衡模型，对多元主体协同筹资效率进行分析。在理论模型分析基础上，对筹资的主体、客体、筹资模式、筹资渠道及相应政策制度等进行研究，详细分析了公共服务多元主体协同筹资机制构成、存在的不足及改进的方向，基于共生理论，从筹资主体共生行为关系、筹资共生环境、筹资共生单元密度、筹资组织模式等方面提出优化的对策建议。

第十章

地方政府公共服务协同供给动态匹配理论模型及实证研究

一、地方政府公共服务协同供给动态匹配理论模型

公共服务协同供给旨在满足加强供给侧结构性改革、提升供给体系质量与效率的实际需求。我国现阶段公共服务面临着三大挑战，即“以户籍为中心”向“以人为中心”转变；“以供给为中心”向“以需求为中心”转变；“从单一行政责任制约”向“行政制约与多主体协同相结合”转变。以多元主体协同而开展的公共服务供给对解决现阶段公共服务供给总量不足、结构不合理、动态匹配机制不完善等问题有着重要的意义。由形成机制、运行机制、保障机制融合形成的地方政府公共服务协同供给动态匹配机制不仅是一个提供公共服务的完整体系，也是政府对社会资源的管理协同过程。

（一）基础模型构建

由于目前我国社会经济均处于转型期，公共服务的供给由于不同区域的经济社会发展阶段不同和政策开放程度不同而呈现了混乱。依据社会特征、供需交易结构和供给活动行为特征对公共服务的影响，本研究将构建一个以公众需求为导向、运作高效具有普遍意义的公共服务多元

主体协同动态匹配供给模型。

供给动态匹配模型中的形成机制特征。公共服务的功能性价值、实际作用及其深远影响，不仅局限于个人范畴，更广泛地涉及他人生活以及整个社会的各个层面，是体现政府对于社会的管理、控制及其合法性。在共生三要素中，共生单元作为共生网络发生的前提，也将成为共生框架下协同供给的基石。另外，公共服务所具有的社会属性，明确了政府在提供公共服务过程中应承担的义务以及首要的责任，所以政府将作为主体共生单元而存在。在社会生活中，由于人的有限理性和对事物理解的差异均会造成社会事务参与者不同的行为特征。而信息的不对称以及机会主义的存在，又会导致不同行为特征对公共服务需求的差别，从而促使公共服务供给协调性下降。在经济、利益、文化、资源、制度、信息等条件的综合推动下，政府有公共服务外生内动的动力，社会组织和企业有经济和合法性利益驱动，能够基于公众需求形成稳定的联合体，基于共生原理生成的协同供给共同体具有稳定的三角结构，能够确保协同供给各方关系的稳定性，为公共服务有效保障提供有效载体。

供给动态匹配模型中的运行机制特征。以政府为主导，市场为基础，社会组织有效参与的稳定机制，能够有效回应公共服务需求。公共服务供需双方均受到消费特征的影响，即需求端的支付意愿和供给端的生产意愿的结构因素。依据谢来位等学者对各类公共服务的排他性和共用性特征的研究结果不难发现，公共安全及某些公共卫生防疫项目是典型的集体共享资源。同时，大多数公共服务项目则具有个人使用或可按使用收费的特性。可采用有约束的市场机制来刺激需求和供给。通常来说，在市场框架下公共服务的供给模式可以采用政府采购、PPP的方式来满足公众需求。公共服务排他性和共用性特征如表10-1所示。公共服务协同供给方经由需求表达流程、决策体系、资金筹措机制、服务生产机制、激励监管、评估反馈有效机制，能够快速识别公众的多元化需求，通过一揽子激励评价机制，确保公共服务产品协同供给的高效。

表 10－1　　　　主要类别公共服务的消费特性

<table>
<tr><th>公共服务种类</th><th>排他性/使用者付费</th><th>功用性/成本收益约束</th><th>物品类型</th></tr>
<tr><td>基础教育</td><td>强/适宜</td><td>较弱/较强</td><td>个人物品</td></tr>
<tr><td>公共卫生</td><td>较弱/不确定</td><td>较强/不确定</td><td>准集体物品</td></tr>
<tr><td>医疗服务</td><td>强/适宜</td><td>弱/强</td><td>个人物品</td></tr>
<tr><td>住房保障</td><td>强/适宜</td><td>弱/强</td><td>个人物品</td></tr>
<tr><td>养老服务</td><td>强/适宜</td><td>弱/强</td><td>个人物品</td></tr>
<tr><td>社会保险</td><td>强/适宜</td><td>弱/强</td><td>个人物品</td></tr>
<tr><td>公共安全</td><td>弱/不适宜</td><td>强/弱</td><td>集体物品</td></tr>
<tr><td>公共设施</td><td>较强/不确定</td><td>较强/弱</td><td rowspan="3">可收费物品、集体物品</td></tr>
<tr><td>公共交通</td><td>强/适宜</td><td>较弱/较强</td></tr>
<tr><td>公共文化</td><td>较强/不适宜</td><td>较强/弱</td></tr>
<tr><td>劳动就业</td><td>强/适宜</td><td>弱/强</td><td>个人物品</td></tr>
<tr><td>最低生活保障</td><td>强/适宜</td><td>较弱/较强</td><td>个人物品</td></tr>
</table>

注：本研究的公共设施包含公共交通基础设施、市政基础设施、公共文化基础设施、公共生活基础设施等；公共交通主要是指公共客货运输服务活动，不含基础设施；公共文化是指广播、电视、电影、文娱、报刊、图书等文化服务活动，不含基础设施；劳动就业只包含职业信息、职业介绍、职业培训等。

供给动态匹配模型中的保障机制特征。在公共服务消费圈层中，由于城乡差距的存在导致了公众需求的不一致，必然会产生公共供给的交易结构上的复杂性，单一的政府供给很难全面覆盖公众需求。只有通过市场机制将需求的配给匹配给多层次多地域的多元主体来实现高效率的公共服务产品投放，满足城乡不同的公共服务产品需求。在整个公共服务的需求市场中，消费习惯的变迁会导致供给的成本增加，多元化的供给主体可以有效降低需求变化的风险。因此，多元化主体的协同供给模式是公共服务的消费与交易特性所决定的。通过多方参与可以为多样化的需求提供有效的保障，也通过多方协同，为各主体形成有效作用机制，提供稳定的组织保障。

因此，基于共生理论的原理和方法，有效回应公众多样化的公共服务需求，形成内生动力的协同供给机制，从而构建“政府主导、市场运作、社会组织参与”的地方政府公共服务由多元主体协同提供的高效模型，如图 10 -1 所示。

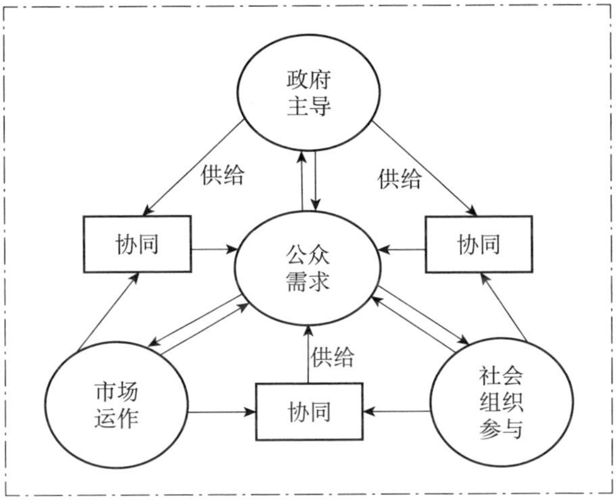

图 10 -1　地方政府公共服务多元主体协同供给动态匹配模型

（二）动态匹配模型适应性限制条件判断

任何系统的正常运行均离不开各要素之间的相互配合。对于公共服务多元主体协同供给动态匹配模型来说，模型各部分之间的相互支持同样是整个供给系统良好运行的保证。但是任何供给模型均有短板，而依据木桶原理，模型运行的适应性取决于模型中各部分的最薄弱部分。因此，需要通过协同运行效应最优化的条件判断，来找出模型运行的限制界限，实现协同供给模型运行效应的最优化。

公共服务供给与需求是一个动态匹配过程，判断公共服务协同供给效应是否达到最优需分析供给总量 Y、结构 u 和效率 Φ 是否得到改善，如果没有改善则再重复进入运行环境，一直达到最优供给总量 Y^*、最优供给结构 u^* 以及最优供给效率 ϕ^*，其中，$u^* = \sum_{i=1}^{n} U_i^*(Y^*)$，$\phi^* = \sum_{i=1}^{n} U_i^*(Y^*) \Big/ \sum_{i=1}^{n} tY^*$，则最优供给方案为 $A^* = \max\{(Y_1^*,\ u_1^*,\ \phi_1^*),\ (Y_2^*,\ u_2^*,\ \phi_2^*),\ \cdots,\ (Y_n^*,\ u_n^*,\ \phi_n^*)\}$。在此基础上，本研究对最优判断条件做出改进，给公共服务的最优供给总量 Y^*、公共服务的最优供给结构 u^* 以及公共服务的最优供给效率 ϕ^* 赋上相应的权重，分别为

λ_Y，λ_u 和 λ_ϕ，且 $\lambda_Y + \lambda_u + \lambda_\phi = 1$，则最优协同供给方案为 $A^* = (Y_i^*,\ u_i^*,\ \phi_i^*)$，且 $(\lambda_Y Y_i^* + \lambda_u u_i^* + \lambda_\phi \phi_i^*) = \max\{(\lambda_Y Y_1^* + \lambda_u u_1^* + \lambda_\phi \phi_1^*),\ (\lambda_Y Y_2^* + \lambda_u u_2^* + \lambda_\phi \phi_2^*),\ \cdots,\ (\lambda_Y Y_n^* + \lambda_u u_n^* + \lambda_\phi \phi_n^*)\}$。

模型的适应性是指适应范围和适用程度，适用性的好坏与模型运行质量直接相关。从模型运行判断条件 A^* 看，模型运行的质量是由政府和社会组织的给力、各供给主体的效率、供给过程的协同性所共同决定。它们中的短板即模型运行的最佳效果在提升短板项后模型运行的适应性也将随即提升。因此，地方政府在对该模型应用时应该注意区域内资源的特征，根据判定条件进行定向改进以提高模型应用的适应性。

二、地方政府公共服务协同供给动态匹配模式应用——以宁波养老为例

（一）公共服务供给动态匹配耦合协同度模型

依据前文的理论模型，公共服务协同供给最优化需要各主体的协同配合，各主体的耦合协同度越高，公共服务供给质量越高。依据协同理论，协同描述的是不同系统及其内部要素间的相互依存、相互协作与共同驱动的关系，这种关系推动它们朝向更高水平的发展阶段不断前进，展现出一种动态的、相互关联的特性。耦合度是一个具体的量化指标，旨在衡量这些要素之间相互作用的程度，并详细评估在协同理论背景下所产生的协同效应。由于系统或要素本身具备的动态性和不平衡性等固有特性，耦合度在某些具体场景下可能难以全面揭示系统整体“效能”的高低以及“协同”作用的全貌。然而，协同度为解决这一问题提供了更为有效的手段，它专门用于衡量系统之间或系统内部各要素间积极的相互作用，同时清晰地展示出系统或要素整体协同发展的程度及其所处的层次。因此，我们可以借助耦合协同度这一综合指标来评估公共服务的耦合协同状态。养老服务是公共服务的一个重要内容，本章将以宁波养老服务为例，利用协同耦合度测评方法来验证公共服务多元主体协同供给的有效性。

养老服务供给的耦合协同度 D 是一个综合性的评价指标，它整合

了耦合度 C 的量化分析、协同度的考量以及发展层次状况的综合评估。该指标不仅包含了各个子系统间的耦合程度 C，还全面反映了各子系统的整体发展水平 T，其详细的计算方法通过以下公式得出：

$$D = \sqrt{C \times T}$$

其中，D 代表耦合协同度，C 代表耦合度。此指标能够全面揭示系统的整体发展态势，因为它不仅纳入了子系统间的耦合程度 C，还考虑到了系统整体的协同进步水平。利用耦合协同度 D，我们可以对系统的发展状况展开更为细致且全面的评估。

（二）宁波养老服务多元主体协同供给动态匹配检验

目前，宁波市已进入中度老龄化社会，对于养老供给的需求非常大。宁波市政府提出多元养老模式鼓励更多的社会资源进入养老市场，进一步提升宁波养老服务供给的水平。根据第七次宁波人口普查数据，2020 年，宁波市老年人口突破 170 万，老年人口系数超过 18.1%（迁移人口导致比例下降，但绝对老龄人口增长迅速），到 2025 年，老年人口将占人口的近三分之一。在老年人群医疗卫生服务和生活照料需求不断叠加的背景下，加快发展多元养老模式。宁波市老龄化的发展趋势主要有以下几个特点：①老龄人口增加速度较快。“十一五”期间老年人口增速加快，近几年年均增幅达 5% 以上。②高龄老人迅速增加。80 岁以上的高龄老人占老年人口 15% 左右。③空巢化日趋严重。宁波社会已经进入中度老龄化社会，传统家庭养老模式已经失灵，再加上少子化带来的家庭养老负担，社会养老需求逐年增加。④出现“未富先老”的现状。发达国家进入老龄化社会时人均 GDP 基本超过 2 万美元。2018 年，宁波市人均 GDP 刚到 2 万美元，距离经济发达体还是有不少的差距。老龄化、高龄化、空巢化等现实，政府公共财政面临挑战，造成了政府养老供给的压力。“未富先老”的现实又限制了政府对于养老的财政支持限制，而巨大的供需差必定会产生巨大的市场利益。因此，对于养老采用多元主体协同供给的模式不仅仅是政府所希望的，而且企业、社会组织也有强大的参与动力。

对于养老服务的供给首要解决的就是养老设施问题。因为研究条件限制和调研的便利性，本研究将以机构养老为主要研究对象。目前，宁波市的机构养老约266家，民营机构约占一半，市场主体基础良好。养老服务机构床位数变化如表10－2所示。

表10－2　养老服务机构床位数　单位：张

指标	2012年	2013年	2014年	2015年	2016年	2017年	2018年
床位数	34737	37934	41996	46439	53049	63756	70387

资料来源：2018年度宁波市民政事业统计公报。

从目前已有研究成果来看，宁波市养老需求较大，养老设施及养老服务明显供不应求。公共养老服务供给主要由政府投资建设，而受到财政资金投入的限制，公共养老机构的发展较慢。社会组织作为主体运营的PPP模式在宁波尚处于起步阶段，对比逐年扩大养老产业规模，市场化运作的空间巨大，但是养老社会问题的现实迫切性也为社会组织合理参与提供了空间。

为验证模型适用的有效性，考虑公共服务供给各要素的集中表现，本研究剔除了由地方财政完全支出的直属事业单位养老机构，以公私合作投入资本的养老机构作为案例对象，考察案例中政府主导、市场运作、社会组织参与的有效运行，从需求表达、决策机制、筹资机制、生产机制、激励监管、评估反馈等运行机制方面进行验证性案例研究。PPP模式常见类型分析如表10－3所示。

表10－3　PPP模式常见类型分析

名称	英文名称	投资方	产权	经营维护	合同期限
委托运营	O&M，Operations &Maintenance	政府	政府	政府和社会资本	一般不超过8年
管理合同	MC，Management Contract	政府	政府	社会资本	一般不超过3年
租赁—运营—移交	LOT，Lease-Operate-Transfer	政府和社会资本	政府	社会资本	20—30年
建设—运营—移交	BOT，Build-Operate-Transfer	政府和社会资本	政府	社会资本	20—30年
移交—运营—移交	TOT，Transfer-Operate-Transfer	社会资本	政府	社会资本	20—30年

续表

名称	英文名称	投资方	产权	经营维护	合同期限
改建—运营—移交	ROT，Rehabilitate-Operate-Transfer	政府和社会资本	政府	社会资本	20—30 年
区域特许经营	Concession	政府和社会资本	政府	社会资本	20—30 年
建设—拥有—运营	BOO，Build-Own-Operate	政府和社会资本	社会资本	社会资本	永久
购买—建设—运营	BBO，Buy-Build-Operate	社会资本或政府和社会资本	社会资本	社会资本	永久

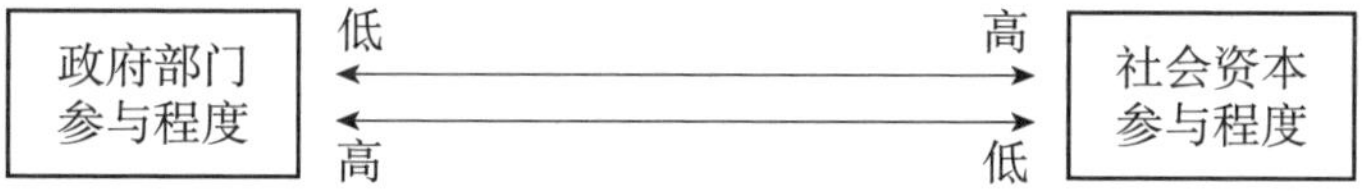

图 10－2

资料来源：钱雯蕾对宁波养老服务产业的研究。

在 PPP 合作模式下，政府和社会组织协同发掘养老服务需求，对养老服务的精准识别是合作的前提，根据《宁波市“十三五”养老服务业发展规划》《宁波市老龄事业发展“十三五”规划》《关于进一步鼓励民间资本投资养老服务业的实施意见》落实各类主体和服务对象有效参与决策，通过社会资本引入，进行综合养老服务供给，引入第三方等机构进行评估反馈，形成一整套完善的流程。

具体而言，公私合作模式所建立的公共养老服务供给主要在政府主导的前提下由地方政府发起，通过 PPP 模式企业多形式参与，社会组织共同参与运营，从“投入—受益”思路出发，其主要涉及从业人员、资源投入、综合收益三个方面。从业人员主要是指养老产业的专业运营队伍和专业服务队伍，包括了养老机构经营管理人员、老年看护人员、专门医护人员等，企业雇佣型和社会组织运行型并重。资源投入是指在养老机构建设与经营过程中所需要的资金，即政府资本与社会资本投入的资金数量。综合收益是指公共养老机构运营所产生的收益，这里的收益是指满足公共养老需求的能力，是一种共公共服务供给的成效，可以用床位数和入住老人数来计算。根据耦合协调机理，构建耦合协同指标体系，如表 10-4 所示。将各个子系统设置为耦合协调指标的变量。

表 10-4　　　　耦合协同指标变量

变量	测量指标	指标编码	观测值			
			2015 年	2016 年	2017 年	2018 年
养老机构从业人员 u_a	服务与管理人员	A1	2345	2962	3560	3930
	保健与护理专业人才	A2	315	315	203	264
综合投入（千万元）u_b	财政支出	B1	0.82	0.82	0.53	0.69
	福利彩票公益金	B2	8.34	7.68	7.08	10.73
综合收益 u_c	养老机构入住人数	C1	28137	35543	42717	47159
	床位（张）	C2	41996	53049	63756	70387

注：观测指标数据来源于宁波市统计局、宁波市民政局、宁波卫生职业技术学院，并部分借鉴了黄涛对宁波养老机构运用效率的研究数据。

根据相关研究，结合宁波市民政局公布数据，宁波市养老机构的平均入住率约为 67%，机构养老从业人员与看护老人比例为 1∶12。上述指标在一定程度上反映了宁波市机构养老现阶段投入资源情况和满足公众需求的能力。养老机构的主要人力资源分为管理服务和专业人才两大类。服务与管理人员是指养老机构内全职的工作人员，主要职责为养老机构的运营管理和日常看护服务。保健与护理专业人才是指大专以上并具备老年看护和老年健康管理等专业知识的持有相关上岗执照的专业人士。财政支出指标主要反映了地方政府为支持养老机构建设和发展而投入的直接资金，主要用于专业人才的培养和就业补助。宁波市对养老机构就业的专业人士财政支持的标准为一次性支付每人 26 000 元人民币。福利彩票公益金是一项用于社会福利的专项资金，是由福利彩票根据管理条例专门划拨的一部分资金。该资金的发行管理虽然由政府主导，但其本质是利用社会资源来筹资，即资金来源于社会个体，体现了社会资源对于公益的投入。因此，本研究将福彩公益金列入社会资本投入项。对于养老机构而言，其生产能力就是满足公共养老需求的能力。这种能力主要由养老机构的接待能力来体现，也就是床位数和接纳的养老人数。

为了便于不同量纲的数据计算和分析，先对数据进行标准化处理，转化后如表 10－5 所示。

表 10－5　　数据无量纲处理结果

变量＼年份	2015	2016	2017	2018	子系统
X_1A1	0	0.39	0.77	1	u_a
X_2A2	1	1	0	0.54	
X_3B1	1	1	0	0.55	u_b
X_4B2	0.35	0.16	0	1	
X_5C1	0	0.39	0.77	1	u_c
X_6C2	0	0.39	0.77	1	

对从业人员 u_a、综合投入 u_b、综合收益 u_c 三个方面的发展水平进行评价，即三个方面所有要素的综合发展指数公式如下：

$$Z = \alpha x_1 + \beta x_2 + \gamma x_3 + \delta x_4 + \varepsilon x_5 + \epsilon x_6$$

通过 SPSSAU 对标准化后的指标进行权重计算，各指标权重如表 10－6 所示。

表 10－6　　各要素权重

	X_1FWGL	X_2BJHL	X_3CZ	X_4FC	X_5RS	X_6CW
隶属度	0.162	0.208	0.208	0.098	0.162	0.162
隶属度归一化［权重］	0.162	0.208	0.208	0.098	0.162	0.162

耦合协同是系统要素健康运行的保证，我们用来确定系统内各要素之间的相互协同，其中系统之间相互作用的力度则用耦合度来表示。案例收集了 2015—2018 年的数据，每个年度都设为一个计算单位，令 $u_a=2015$，$u_b=2016$，$u_c=2017$，$u_d=2018$，耦合度标准公式如下：

$$C_n = \left[\frac{(u_a, u_b, LLx_n)}{[\prod (x_i + x_j)/n]}\right]^{\frac{1}{n}}$$

因此，推导可得宁波机构养老耦合度模型：

$$C = \left[\frac{u_a \times u_b \times u_c \times u_d}{[(u_a + u_b + u_c + u_d)/4]^4}\right]^{\frac{1}{4}}$$

引入耦合协同模型：$D=\sqrt{C \times T}$，D 为耦合协同度，C 为耦合度，

T 为 u_a、u_b、u_c、u_d 的综合发展指数，且权重相同。宁波养老机构的综合评价指数、耦合度 C、耦合协同 D 如表 10－7 所示。

表 10－7　　宁波机构养老耦合度与耦合协同表

<table>
<tr><td colspan="4">综合系数</td></tr>
<tr><td>f (x) =2015</td><td>g (y) =2016</td><td>h (z) =2017</td><td>i (w) =2018</td></tr>
<tr><td>0. 45</td><td>0. 57</td><td>0. 32</td><td>0. 83</td></tr>
<tr><td colspan="2">耦合度 C</td><td colspan="2">耦合协同 D</td></tr>
<tr><td colspan="2">0. 94</td><td colspan="2">0. 71</td></tr>
</table>

一般而言，D 的取值范围为 0—1，取值越大，系统间的协同性越好。耦合协同等级如表 10－8 所示。案例研究所验证的宁波市养老供给服务耦合协同 D 值为 0. 71，从表 10－8 可知，宁波市养老供给服务的耦合协同度为中级协调。$h(z)$ 的综合系数对耦合协同有一定的影响，而从 $h(z)$ 的结果看，公共财政要素在多元主体协同供给中具有较大的影响，加强公共财政的支持，有利于整体耦合协同度的进一步提升；耦合度 C 值为 0. 94，这表明了系统内部各要素间具有较好的促进影响，要素发展协同性较好。从耦合性分析的结果来看，宁波市采用公私合作框架下公共养老服务处于协同供给的较高水平，也体现了多元供给主体间良好的共生关系。

表 10－8　　耦合协同的等级分类

耦合协调度	0—0. 09	0. 10—0. 19	0，20—0，29	0. 30—0. 39	0. 40—0. 49
协调等级	极度失调	严重失调	中度失调	轻度失调	濒临失调
耦合协调度	0. 50—0. 59	0. 60—0. 69	0. 70—0. 79	0. 80—0. 89	0. 90—1. 00
协调等级	勉强协调	初级协调	中级协调	良好协调	优质协调

从案例可以看出，共生环境要素即宁波老龄化日渐严重，养老服务的供给面临着严峻的挑战，在政府财力有限的情况下，养老服务已无法由单一政府组织来完成。因此，需要一个具备多共生单元的公共服务供给系统来解决社会需求多重变化的问题。而养老服务多共生单元间的联系、合作与竞争关系也会反映到整个公共服务供给的质量上，供需的非

均衡在市场机制影响下呈现出供给主体的多元化变动趋势。政府和社会各共生单元间相互协同，形成了一种具有变化且内部竞争的长期的共生关系，而这种关系随着公众需求的不断变化，同质但更优的共生单元会不断替换原共生单元。多共生单元之间也存在利益，单共生单元的长期利益与多共生单元长期利益相一致，则共生关系将会维持均衡并持续发展。

在运行机制上，公众的养老需求表达通过“公众需求—中间组织—政府”和“民众需求—精英—政府”传达到各级政府决策中心，而政府通过政府供给目标锁定（长期和年度），确定多元协同供给方案，通过启动供给方案评选等最终形成决策方案。紧接着通过财政资金，同时通过外包、特许经营、社会资本私有化来筹集人财物资源。各级政府由于更加熟悉当地公众的需求，也更加了解当地资源的情况，在投入资源满足需求的生产中会更有针对性，在引导社会组织参与生产的过程中监管成本更低。在兼顾公共服务利益和协作单位趋利性生产利益的基础上，实现养老服务有效生产。政府通过税收优惠和财政补助的方式来弥补协作单位因为正向外部性而消耗的损失。最后面向养老服务需求人群和公众，反馈政府主导的多元主体在各个阶段、各个环节的合作、竞争、制衡状况，实现协同供给机制的协同运行效应的最优化，并以此构建地方政府公共服务多元主体供给运行。

三、小结

本章利用耦合协同度来测度公共服务多元供给的发展状况，并以宁波养老服务为例进行实证研究，从实证结果来看，宁波养老服务多元主体供给具有较好的促进影响，要素发展协同性较好。从耦合性分析的结果来看，宁波市采用公私合作框架下公共养老服务处于协同供给的较高水平，也体现了多元供给主体间良好的共生关系。这也验证了地方政府公共服务多元主体协同动态匹配模型有较好的适用性，验证了政府主导的多元主体在各个阶段、各个环节的合作、竞争、制衡，实现协同供给机制的协同运行效应的最优化。这都为模型的发展与应用打下了良好的基础。

第十一章

公共服务供给的先进国家经验

扩大公共服务供给、提升公共服务质量是全球各国政府共同面临的重大议程。国外在公共服务质量改进方面的理论研究为我国提供了宝贵的理论借鉴，同时，国外先进国家和地区在公共服务改革实践中的探索也为我国积累了宝贵经验。通过吸收西方发达国家在基本公共服务领域所获得的成功经验，并将其融入我国独特的社会经济背景中，我们可以探索出符合我国实际情况的公共服务多元主体协同供给的有效路径，有效扩大我国政府公共服务供给能力建设，提高公共服务协同供给的质量。

一、西方发达国家公共服务供给的一般经验

（一）选择适合国情基础的公共服务供给模式

针对公共服务供给中的问题，纵观各个国家的公共服务供给模式，我们可以看出公共服务供给是一个动态匹配持续变化的过程。这种变化不仅仅存在于政府管理的思想意识中，也体现在模式的演进上。全球主要发达国家依据各自国家的实际情况，选择和构建了各具鲜明特色的基本公共服务供给体系。第一种模式以美国和法国为代表的“市场主导

型”基本公共服务供给模式。此模式建立在公共教育、公共文化、社会保障以及社会福利等至关重要的基本公共服务范畴内，确立市场的核心地位，并融入竞争与激励机制。以社会保障为例，它是由社会保险、企业年金和商业保险三者合力构建的一个个性化保障网络。保障资金的筹集主要遵循个人自助的原则，具体而言，社会保险等公共服务所需的资金大多来源于被保险人及其雇主所缴纳的社会保障税。而国家通过一般税收所筹集的资金，则主要用于社会救助的各项开支。第二种模式以英国和北欧国家为代表的“公平优先型”基本公共服务供给模式。这种模式以国家为主体，实行对全民的普遍保障，国家承担着保障全体国民的义务和责任，每个人都有社会保障的权利，国家在提供社会保障时是以“公平”作为首要价值理念的。第三种模式被称为“自主积累型”基本公共服务供给模式，新加坡和俄罗斯是其典型范例。该模式利用国家立法等强制性措施，要求个人或家庭必须储蓄以实现自我保障，进而为全社会基本公共服务的供给奠定基础。不同国家公共服务供给的具体模式类别和发展特征如表 11－1 所示。

表 11－1　　国外先进地区公共服务供给模式与发展特征

国家/地区	模式类别	发展特征
美国	市场型	从传统社区服务到市场机制下的多元社会主体参与的模式。
英国	社会型	从传统福利国家转变为以公共基础的公共福利与私营供给相结合的社会型模式，提供“基础保底＋个性定制”服务供给。
新加坡	合作型	政府主导下的政府和市场共生的供给模式，变革自上而下由政府发起和推动。

（二）明确政府职责定位：从单一供给者到多元供给的引导服务者

西方国家政府在公共服务供给方面的职责定位经历了多个阶段的演变，形成了多样化的模式，具体演进过程如下：一是传统官僚制阶段（权威型供给模式），这一模式主要存在于 20 世纪初到 70 年代，其理论基础是马克斯·韦伯的官僚制理论。在这个阶段，政府在公共服务中的职责处于绝对主导地位，政府几乎垄断了公共服务的所有环节，从生产到服务都由政府直接负责；政府以公共利益为目标，通过权威手段提供公共服务；同时，政府在提供国防、国家安全、法律秩序等纯公共服务方面具有很大优势，但也因此导致了高度的垄断性。二是新公共管理阶段（竞争型供给模式），20世纪70年代末80年代初，新公共管理运动在西方国家兴起，由于引入了市场竞争机制，此时的政府职责定位发生变化。政府开始与私人部门合作，通过私有化、外包和公私伙伴关系（PPP）等模式提供公共服务；政府通过引入竞争机制，降低公共服务的成本，提高服务效率；政府更多地扮演政策制定者和监管者的角色，确保公共服务的质量和公平性。三是合作治理阶段（合作型供给模式），近年来，西方国家政府公共服务供给进一步向合作治理阶段发展。政府职责定位注重多元主体协作，政府、私人部门和非营利组织等多元主体共同参与公共服务的供给；政府通过整合资源，促进不同主体之间的合作与共享，提高公共服务的整体效能；政府将公众视为"顾客"，关注公众的需求和反馈，提高公共服务的满意度和个性化水平。以英国为例，英国政府在公共服务中的职责是全方位的，包括政策制定与规划、资源分配与管理、服务提供与监管、合作与协调以及创新与发展等方面。这些职责的履行对于提高社会福利水平、促进社会和谐稳定具有重要意义（见专栏11－1）。

▶ 专栏11－1

英国政府的公共服务职责

英国政府在公共服务中的职责是多方面的，涵盖了多个领域和层面：

一、政策制定与规划

1. 制定公共服务政策：英国政府负责制定公共服务领域的各项政策，包括教育、医疗、社会保障、住房、交通等各个方面。这些政策旨在满足公众的基本需求，提高社会福利水平。

2. 战略规划：政府还会制定长期战略规划，以确保公共服务的可持续发展。例如，在能源领域，政府可能会推进能源向绿色能源转换的产业战略规划。

二、资源分配与管理

1. 财政投入：政府通过财政预算为公共服务提供必要的资金支持。这包括直接拨款给公共服务机构，以及通过税收、收费等方式筹集资金。

2. 资源配置：政府负责公共资源的合理配置，确保资源能够高效、公平地用于公共服务。这包括人力资源、物质资源和财力资源的配置。

三、服务提供与监管

1. 直接提供服务：在某些领域，如国防、国家安全等纯公共服务领域，政府直接提供服务。此外，政府还可能通过设立公共机构或国有企业来提供某些公共服务。

2. 监管与评估：政府负责对公共服务的质量和效率进行监管和评估。这包括制定服务标准、进行质量检查、收集公众反馈等。通过监管和评估，政府可以确保公共服务机构按照政策要求提供服务，并不断改进服务质量。

四、合作与协调

1. 跨部门合作：政府各部门之间需要密切合作，共同推进公共服务的提供。例如，在应对公共卫生事件时，卫生部门、教育部门、交通部门等多个部门需要协同作战。

2. 公私合作：政府还鼓励与私人部门和非营利组织的合作，通过公私伙伴关系（PPP）等模式共同提供公共服务。这种合作模式可以引入市场竞争机制，提高服务效率和质量。

五、创新与发展

1. 技术创新：政府鼓励在公共服务领域引入新技术和新方法，以提高服务效率和质量。例如，在医疗领域推广电子病历、远程医疗等新技术；在教育领域推广在线教育等新模式。

2. 模式创新：政府还不断探索新的公共服务提供模式，如社区治理、志愿服务等。这些模式可以充分发挥社会力量的作用，提高公共服务的覆盖面和满意度。

（三）明确界定各级政府在基本公共服务领域的职责与任务分配

在西方发达国家，各级政府在基本公共服务供给的职责划分上，通常以“巴斯特布尔”财政支出三原则作为普遍指导。这三个原则详细阐述如下：①受益范围原则：基于公共服务受益对象的地理范围来明确责任归属。具体而言，若公共服务的受益对象遍布全国居民，则中央政府应承担起提供该服务的责任；若受益对象仅限于特定地区的居民，则责任自然落在地方政府肩上；若受益对象同时包括全国及特定地区居民，则中央政府与地方政府需共同承担这一责任。②行为实施原则：根据政府提供公共产品和服务时所需的行为设计范畴来界定责任归属。对于那些要求全国统一规划与执行的公共服务项目，中央政府将承担起实施的责任；而对于那些需要根据地方实际情况灵活调整、具体操作的公共服务，则由地方政府来负责实施。③技术能力原则：依据提供公共服务所需的技术标准和要求来界定责任归属。对于规模庞大、需要高技术支持的公共服务，由中央政府负责；而对于其他技术要求相对较低的公共服务，则由地方政府负责。依据上述职责分工的原则，西方发达国家广泛实施了“权力向州与地方转移”的政策，在基本公共服务供给体系中，地方政府被赋予了重要的职责。以美国为例，联邦政府主要承担国防事务的职责，而在社会保障领域，则与州政府共同承担责任，形成了职责分担的机制。在教育、医疗卫生、交通通讯、城市发展、财产保护以及自然资源开发等一系列公共服务领域，州政府或地方政府承担着主要的职责。德国的基本法则详细规定了各级政府在公共服务中的职责范围，其中联邦政府主要侧重于通过立法手段对各州及地方政府的公共服务供给进行管理和调节，而地方政府则专注于基本公共服务的提供，并依靠特定的税收来支持社会文化设施、公共卫生、公共教育等关键领域的服务供给。此外，在英国、法国、意大利及西班牙等国家，广泛采纳了“地方自治或有限自治”的管理体系，依据此体系，地方政府承担起提供基本公共服务的关键职责。

（四）保障财政资金投入以推动公共服务的均衡化供给

为了确保地方政府能够充分承担起提供基本公共服务的责任，西方发达国家采取了相应的财政制度措施，旨在为公共服务提供稳定且充足的财政资源支持。挪威中央政府实施了一系列精心设计的财政制度策略，以促进基本公共服务的均衡分配。这些策略的具体措施涵盖：一是，挪威中央政府设立了专门的资金池，旨在确保地方政府有足够的资金支持特定的公共服务项目；二是，实施了全面的转移支付机制，借此将部分基本公共服务项目的财政负担从上级政府转移到地方政府；三是，采用了人均分配的方式；四是，在财政资金再分配时，全面考量了人口构成、地理位置、经济收入水平以及实际需求等多重因素。其中，中央政府实施的均等化转移支付政策占据了财政支出的显著比例，这一比例具体高达三分之二。而在加拿大，则利用转移支付制度作为保障基本公共服务均等化的核心策略。联邦政府会根据各地区的经济发展情况和各省政府在公共服务供给上的财政能力，运用财政调节手段，来保障那些经济发展相对滞后的省份的居民，能够享受到与其他发达地区同质量的基本公共服务。丹麦一直秉持着“普遍”“公平”与“效率”三者并重的原则，致力于维持各地区间发展的相对均衡态势。为了达到这一目标，有效缓解地区发展差异，丹麦已经连续推行了近20年的“地区补贴与均等化计划”。此计划的核心在于，根据各地的支出需求和税收差异，实施均等化资金拨付。实质上，这是中央政府运用宏观调控策略，重新分配地方财政收入，其目的在于促进地区间的均衡性发展。澳大利亚在实施财政转移支付制度时，贯彻了财政均等化的原则，其联邦拨款委员会在进行资金分配时，会严格根据各州的支出需求与财政收入能力来进行精确的计算与评估，确保评估过程客观、公正，以实现财政均等化的目标。

（五）善于运用多元市场机制，引导社会广泛参与和供给公共服务

从20世纪80年代开始，西方国家普遍掀起了一场行政改革的风潮，其核心在于推动公共服务市场化。这场改革的关键举措是在基本公共服务的供给中引入市场竞争元素，旨在打破政府长期以来在该领域的独家垄断局面。通过社会的广泛参与，解决基本公共服务均等化的资金与效率问题。在20世纪80年代初期，英国政府启动了政府业务委托管理的政策实践，与此同时，美国则普遍采取了以市政服务合同外包为主要模式的民营化改革策略。通过外包形式不仅可以吸引到更多的社会组织参与到公共服务的供给，还可以通过内部竞争机制降低成本，提高绩效。近年来，美国在公共服务领域积极推广 PPP 模式——一种公共部门与私营部门之间的合作伙伴关系，以期达成两者间的长期且稳定的协作。该模式运用“契约约束机制”，以此来保证私营部门能够按照政府所设定的质量标准来提供公共服务。政府依据私营部门所提供的服务质量，分阶段向其拨付服务费用。而私营部门则是基于公共项目的预估收益以及政府所提供的各项支持来筹措必要的资金，并负责项目的日常运营。同时，政府借助私营部门的创新思维和民间资本的高效运营优势来提升公共服务的供给效率。在这一合作框架下，政府、企业和社会组织协同努力，共同参与到公共服务的提供中，实现了各方资源与能力的紧密整合与相互补充。政府发挥政策服务、制度安排、协调多方关系、保障公平等方面的优势，亲自参与为“行政相对人”提供最广泛意义上的公共服务，为公民提供充分表达意愿的舞台，协调多元参与供给主体的磋商和谈判，最终形成政府、私人部门和社会组织的战略联盟，通过政府、公民、社会及市场主体多维互动来解决基本公共服务问题。

以美国为例，在美国公共服务领域，社会参与者的构成相当广泛且多元化。这些参与者共同协作，为公众提供多样化的服务，以满足社会的各种需求。美国公共服务中主要的社会参与者如专栏 11－2 所示。

▶ 专栏 11－2

美国公共服务中主要的社会参与者

一、非营利组织（Non-Profit Organizations，NPOs）

非营利组织在美国公共服务中扮演着举足轻重的角色。它们不以营利为目的，致力于提供教育、医疗、社会服务、文化、环保等多种领域的公共服务。这些组织通过筹集资金、组织志愿者、提供专业服务等方式，有效地补充了政府在公共服务方面的不足。

二、营利性企业

虽然营利性企业的主要目标是追求经济利润，但在美国公共服务供给体制中，它们也扮演着重要角色。特别是在公共服务民营化和市场化进程中，许多营利性企业通过与政府签订合同、提供特许经营等方式，参与到公共服务的供给中来。它们利用自身的资金、技术和管理优势，提高了公共服务的效率和质量。

三、公民个人

公民个人是美国公共服务的重要参与者和受益者。他们通过缴纳税款、参与志愿服务、提出服务需求等方式，积极参与公共服务的供给过程。同时，公民个人的参与也有助于促进政府和社会组织之间的沟通与协作，推动公共服务的持续改进和创新。

四、社区组织

社区组织在美国公共服务中也发挥着重要作用。它们通常由社区居民自发组织而成，旨在解决社区内部的问题和满足社区成员的需求。社区组织通过提供社区服务、促进社区发展、维护社区秩序等方式，为社区居民创造了更加宜居和和谐的生活环境。

五、专业协会和行业协会

这些组织通常由从事特定职业或行业的人员组成，旨在维护行业利益、推动行业发展、提高行业服务水平。在公共服务领域，专业协会和行业协会通过制定行业标准、开展专业培训、提供咨询服务等方式，为政府和社会组织提供技术支持和专业指导。

六、政府机构

虽然政府机构不是传统意义上的社会参与者，但在美国公共服务供给体制中，政府仍然扮演着重要角色。政府通过制定政策、提供资金、监管服务等方式，引导和规范公共服务的供给过程。同时，政府还与非营利组织、营利性企业等社会参与者建立合作关系，共同推动公共服务的创新和发展。

综上所述，美国公共服务的社会参与者包括非营利组织、营利性企业、公民个人、社区组织、专业协会和行业协会以及政府机构等多个方面。这些参与者通过各自的努力和协作，共同为美国公众提供了高质量的公共服务。

（六）注重公共服务相关的法律制度体系建设

发达国家政府高度重视基本公共服务法律体系的建构和完善工作，通过立法途径，清晰界定并确立了政府在提供基本公共服务方面的法定职责。例如，自20世纪初起，美国政府就着手制定并实施了一系列法律法规，其核心目的在于确保基本公共服务的均等化供给。这些法律法规包括但不限于：1906年出台的《纯净食品药品法案》、1935年颁布的《社会保障法》、1938年制定的《联邦食品、药品和化妆品法》、1955年推行的《空气污染控制法案》、1963年实施的《空气净化法案》、1964年通过的《民权法》与《经济机会法》，以及1965年发布的《中小学教育法》和《初等和中等教育法》等。英国方面，早在1601年就颁布了《济贫法》，1908年又相继出台了《老年赡养法》和《国民保险法》，1946年更是推出了新的《国民保险法》和《国民健康服务法案》。1997年，英国议会通过了《公共服务法》及《财务管理与责任法》等一系列法律，这些法律不仅进一步强化了公共服务领域的绩效责任制度，还完善了公共服务的绩效评估体系。澳大利亚联邦议会早在不同历史时期，具体而言是在1902年、1922年以及1999年，分别通过了三部《公共服务法》，这些法律举措奠定了澳大利亚公共服务体系的基础，职责的明确以及管理内容的规范提供了法律基础。另外，澳大利亚于1984年通过了《公共服务改革法案》，以确保公共服务改革工作的顺利进行。这些国家所制定的详尽且全面的法律法规体系，为它们推动并实现基本公共服务的均等化奠定了坚实的制度基础。而英国在公共服务领域方面构建了非常完善的法律体系，为公共服务的提供、监管和保障提供了法律基础。详细内容见专栏11－3英国公共服务领域的相关法律。

▶ 专栏11－3

英国公工服务领域的相关法律

英国政府在公共服务领域通过了多项法律，这些法律为公共服务的提供、监管和保障提供了法律基础。以下是一些与英国公共服务相关的法律概述。

一、直接相关的公共服务法律

1.《公共服务合约法规》

生效时间：1994 年 1 月 13 日（可能有所调整，具体以官方信息为准）。

主要内容：该法规详细规定了公共服务合约的授予程序、投标方的选择标准、合约的履行和监管等事项。它旨在确保公共服务合约的公平、透明和高效执行，保障公共利益。

2.《政府采购协定》及相关国内法律

英国作为世贸组织成员，遵守世贸组织的《政府采购协定》，并在国内制定了一系列与政府采购相关的法律，以确保公共采购的公开、公平和非歧视性。

3.《地方政府、计划和土地法》(1980 年)

该法律首次将强制性投标引入政府购买服务领域，显示了英国政府对竞争模式的信赖和推动。

二、间接相关但影响公共服务的法律

1. 社会保障相关法律

社会保障相关法律有《家庭津贴法》《国民保险法》等，这些法律建立了英国的社会保障体系，为公民提供了基本的生活保障和福利服务，是公共服务的重要组成部分。

2. 税收和财政法律

英国政府通过税收和财政法律为公共服务提供资金支持。例如，通过制定税收政策筹集公共资金，并通过财政拨款等方式将资金分配给各公共服务部门。

3. 监管与评估法律

英国政府还制定了一系列监管与评估法律，以确保公共服务的质量和效率。这些法律要求公共服务提供者定期接受评估和监督，并根据评估结果进行调整和改进。

三、特定领域的公共服务法律

1. 教育领域的法律

英国政府制定了多项与教育相关的法律，如《教育法》等，以确保教育服务的公平、优质和高效提供。

2. 医疗卫生领域的法律

在医疗卫生领域，英国政府也制定了相应的法律，如《国家卫生服务法》等，以保障公民的医疗健康权益。

四、其他相关法律和政策

1.《政府与志愿及社区部门关系协定》(COMPACT)

这份协议为政府与社会组织的合作关系提供了框架性规定，并在全国范围内推广开来，促进了公共服务领域的社会参与和合作。

2. 移民和签证政策

虽然这些政策不直接属于公共服务法律范畴，但它们对公共服务（如教育、医疗等）的提供和使用产生了重要影响。例如，针对国际学生的签证政策可能影响他们享受英国公共教育服务的能力。

（七）建立健全基本公共服务供给的监管与管理机制

西方发达国家在公共服务领域，各自积累了丰富且多元化的监督管理经验，并陆续构建起了全面且成熟的基本公共服务绩效评估系统及相应机制，对于提升公共服务的质量和效率、促进公共服务供给具有重要意义。

首先，政府角色的转变与定位，即从直接管理者到监督者和引导者。在公共服务领域，政府逐渐从传统的所有者兼直接管理者的角色转变为基于所有者身份的监督者和引导者。政府通过制定执行政策法规、宏观政策调控以及董事会成员配备等方式，确保公共服务机构不偏离其使命，并引导其发展方向。例如，自 1982 年开始，英国在中央政府的各个部门中部署了管理信息系统。这一系统的核心目的是为高层管理人员提供详尽的信息，以便他们能够进行全面评估和控制；同时，该系统也为基层工作人员提供了执行工作任务所需的关键信息。1999 年，英联邦更进一步，借助现代信息技术的力量，打造了一个跨越各部门的信息网络。这一网络成功地将基本公共服务的绩效评估工作与各部门的日常管理活动紧密相连，实现了两者的深度融合。英联邦政府实施绩效评估20多年来，有力地提升了基本公共服务的效率和质量。新西兰的各执行机构需按时向其对应的负责部长及国库部递交月度监督报告，以确保责任部门与国库部能够及时有效地开展绩效评估工作。另外，许多发达国家均构建了全面且具体的基本公共服务绩效评估指标体系，并制定了富有弹性的评估标准。美国的“国家绩效评价委员会”提出了六大公共部门绩效评估指标，这些指标涉及经济、效率、成果、质量等多个方面。这些评估指标以公民的需求为核心，从而构建了一个多元化的评估主体体系。基本公共服务绩效评估报告对于提高公共部门的工作效能以及优化基本公共服务品质起到了显著的催化作用。特别是，美国在1998年制定了专门的规定，明确指令所有政府公共服务部门必须编制绩效报告，并保障绩效评估的结果能够向所有相关方进行反馈。

其次，构建了完善的社会参与的监督机制。一是将公民参与纳入基本公共服务绩效评估体系之中，这一举措不仅促使公共部门更加关注服务质量的提升与服务需求的响应，而且能够促进公民意愿与公共服务目标之间的有效契合。澳大利亚基本公共服务绩效评估不仅包括政府内部评估主体和参议院、众议院财政委员会等政府外部评估机构，还包括社会公众。二是引入专业化的监督管理机构。以美国作为实例，该国在公共服务购买的管理过程中，实施了一种将执行、监督与救济职能相分离的管理模式。在这种模式下，联邦事务总局扮演着执行机构的角色，具体负责制定公共服务购买的详细内容和服务标准；联邦会计总署和行政管理与预算局作为监督机构负责监督购买活动和资金使用情况；而救济机构则包括联邦赔偿法院、美国联邦巡回上诉法院等，用于处理合同纠纷和投诉。一些国家设立了专门的公共服务管理机构，其职责涵盖全国范围内公共服务的监督与指导。举例来说，新西兰的公共服务管理委员会就承担着签订绩效合同、进行价格谈判以及确认产品质量等重要职责。

再次，在提升信息公开与透明度方面，许多国家通过立法要求公共服务机构公开相关信息，以提高透明度。例如，澳大利亚在提高公共服务信息透明度方面采取了多项有效措施，这些措施旨在确保政府采购、公共服务提供以及政策制定等过程的公开、公平和透明。一是法律法规保障。澳大利亚通过制定和实施一系列法律法规，为公共服务信息透明度提供了坚实的法律基础。例如，《财政管理和责任条例》和《联邦采购指南》等法律文件严格规定了政府采购服务的操作环节，包括采购计划的制定、采购信息的发布、供应商的评估和考察、合同的签订以及服务的支付等，确保整个采购过程公开透明。二是采购信息公开。澳大利亚政府在采购公共服务时，注重采购信息的公开。政府会将采购项目的商业信息在官方网站上发布，并通过多种渠道确保供应商能够及时获取这些信息。此外，对于中小企业，政府还规定了其在政府采购中的参与度比例，以鼓励竞争并防止垄断。三是招投标过程透明。在招标采购流程中，澳大利亚政府规定所有相关文件，诸如报价详情、质量标准以及评标专家的评审意见等，均需在网上进行公示。这种高度的透明性对于遏制暗箱操作和防治贪污腐败起到了积极作用，还提高了供应商之间的竞争公平性。同时，未能中标的竞标者可以从评标委员会获得反馈，该反馈会详细解释其落标的原因，这进一步增强了招投标过程的透明度。四是数据共享与开放。澳大利亚政府积极推动数据共享与开放，以提高公共服务的效率和透明度。例如，澳大利亚农业部会定期公布一系列具体的数据信息，这些信息涵盖了土壤状况、天气情况、气候变化、水资源状况以及农产品等多个方面，为公众和相关机构提供了重要的参考依据。此外，政府还通过引入和发展大数据处理技术，提升公共服务品质，扩充服务种类，并为公共服务制定更加有效的政策导向。五是公共服务机构改革。澳大利亚政府还通过改革公共服务机构来提高信息透明度。例如，中央联合部的成立就是将以前分散的政府服务集中起来进行管理，以便为居民提供更便捷的公共服务。该机构通过多种通讯方式，如电话、邮件及电子邮件等，与全国各地的潜在服务对象保持密切联系，并时常采取直接面对面的交流形式，以深入且准确地了解居民的实际需求，从而提高公共服务的针对性和有效性。六是公众监督与反馈。澳大利亚政府鼓励公众对公共服务进行监督和反馈。政府设立了多种渠道供公众提出意见和建议，包括在线投诉平台、热线电话等。这些渠道不仅有助于政府及时了解公众需求和服务中的问题，还促进了政府与公众之间的沟通和互动，进一步提高了公共服务的透明度和满意度。综上，澳大利亚在提高公共服务信息透明度方面采取了多项全面而有效的措施，这些措施的实施不仅提高了政府工作的透明度和公信力，还促进了公共服务的持续改进和创新。

二、公共服务协同供给和筹资的发达国家经验——以养老服务为例

在公共服务的协同供给过程中，筹资的重要性不言而喻，它是确保公共服务持续、稳定开展的最为关键的环节，没有足够的资金支持，公共服务就难以得到保障，甚至难以维持，因此运行良好有效并可持续的筹资机制的建立具有重要的意义。本节以养老服务为例，对发达国家公共服务协同供给和筹资的经验进行分析总结。

自 20 世纪 80 年代以来，西方发达国家开启的公共服务领域改革实践主要体现在将市场机制以及企业和社会组织（主要指非营利组织和非政府组织）等多元化主体引入到公共服务领域进行协同供给。林闽钢等（2016）通过“准市场”视角对发达国家的养老服务协同供给和筹资模式进行了研究，研究认为“准市场”的供给模式主要通过两种方式来实现：第一种以政府为主导的多元主体协同供给和筹资的“显性”模式是通过政府的财政税收方式、政府给予企业和社会组织补贴、资金援助、购买公共服务或者划拨款项等方式来实现的；第二种是多元主体协同供给和筹资的“隐性”筹资模式，此时政府并不是直接作为筹资的主体发挥作用，而是通过政策倾斜、政策扶持、设计一些长期的筹资机制或者筹资的制度等方式来实现。但无论哪种模式里，都体现了多元主体协同发挥作用共同完成了养老服务的筹资和供给功能。在这种“准市场”供给和筹资模式下，政府通过将企业和社会组织等多元供给主体以及市场的理念方法和运作模式引入公共服务筹资领域，并强调“筹资”和“供给”能力的分离，提升了公共服务的筹资和供给效率。

（一）政府主导型的养老服务筹资和多元主体供给模式：以英国为例

英国、美国、丹麦、瑞典、澳大利亚和加拿大等国家，政府财政支出是筹集和提供养老服务资金的主导方式。在该模式下，养老服务的资金主要由政府财政支出构成，中央政府与地方政府共同分担这一责任，并且政府的财政支出在养老服务支出的总额中占有显著的比例，有些甚至超过 80%。政府的税收来源多元化，并且强调养老服务“筹资”和“供给”能力的分离，即以政府筹资为主体，但各类企业、社会组织等共同完成养老服务的供给。

以英国为例，英国的养老服务理念源于 19 世纪末和 20 世纪初，由最初的为没有家庭或财产的老年人提供免费或低价的食品、住房和医疗保健等服务逐渐演变成由政府资助的老年人福利和医疗保健体系，资金主要由政府财政支出。为了支持金额庞大的养老支出，作为劳资双方的企业和个人都需承担金额较高的养老保险税，仅个人收入就占 20% 以上（江世银，2021），其中，企业年金计划是英国养老保障体系中非常重要的一部分，是雇主为员工提供的一种退休福利，个人养老金计划是由个人自愿参加的养老保障计划。

在政府为主导的筹资和供给模式下，养老服务的供给主要由市场化、多元化的私人企业提供，根据英国政府的数据，目前由非营利组织和私人企业治理的养老机构占比超过 75%，在养老服务市场日益市场化的背景下，养老机构的类型也日趋多样化。而在政府主导下的养老服务多元筹资模式中，养老机构的资金也主要来源于政府的资助。以非营利组型养老机构为例，来自政府部门的资金占比超过 50%（林闽钢等，2016）。另外，英国护理院收住对象的资金来源比例中，政府支出比重也接近 50%，如图 11－1 所示。由此可见，以英国为代表的这一类国家养老筹资以政府财政税收为主导，养老服务的供给通过竞争的市场化方式由私人企业或非营利组织等社会组织来提供，其多元主体的协同一是体现税收来源的渠道，二是养老服务的供给主体方面。

（二）以社会保险资金为基石的养老服务多元筹资体系：以日本为例

德国、日本、韩国、荷兰、卢森堡及法国等国家主要依赖社会保险资金作为筹集养老服务资金的主要渠道。在这种筹资模式中，社会保险

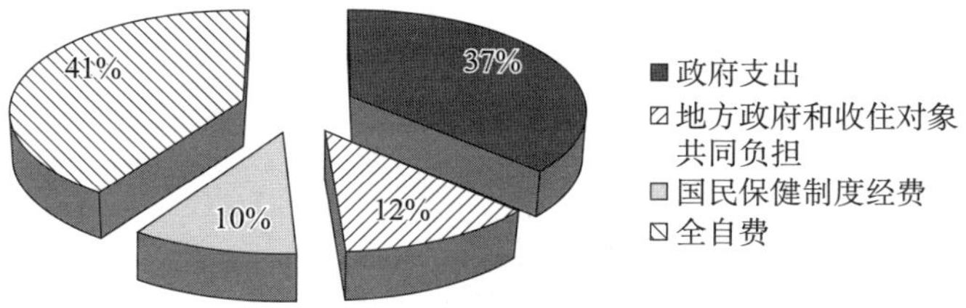

图 11－1 英国护理院收住对象的资金来源比例

资金占据了约50%的比重，远超其他筹资渠道，凸显了其关键性地位（林闽钢等，2016）。为保障养老保险资金的稳健运行，这些国家均借助立法手段实施了强制性的长期护理保险制度，形成了一个由政府、企业、雇员及投保人等多个主体共同参与的筹资架构（见图 11－2）。具体而言，荷兰在1968年便率先设立了长期护理保险制度，德国于1995年紧随其后，日本则在2000年推出了“介护保险制度”。虽然韩国起步较晚，但也在2008年成功建立了面向老年人的长期疗养保险制度。

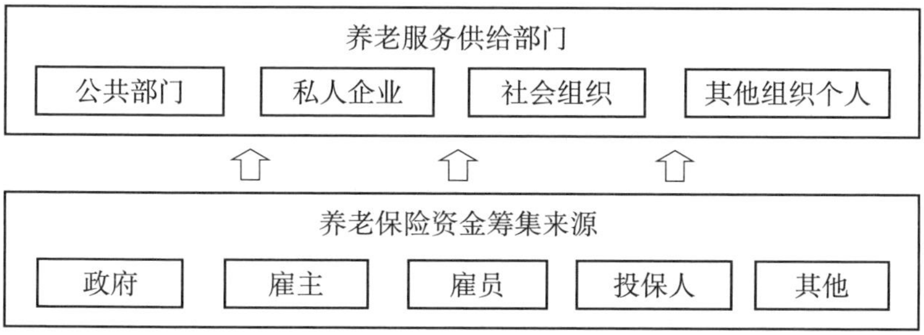

图 11－2 养老保险的资金来源与养老服务供给

以日本养老服务的资金筹集为例，其主要依赖于政府部门、被保险人、雇主以及服务使用者等多方面的资金来源，共同构成了日本介护保险的资金体系。介护保险制度的费用承担者包括保险投保人与服务享受者，两者分别按照90%和10%的比例支付，而这90%的保险支付金额又有政府和保险费各分担50%，其中政府负担的部分又有中央政府和下级政府分别承担50%。个人承担的养老费用占比10%，同时如果服务费用超过所享有保险等级的上限部分也由个人承担，如果入住养老机构还需要承担饮食、居住等生活费用。总体来说，日本的养老服务资金筹集模式以社会保险资金为主导，同时有多元主体协同参与其中。具体支出比例如图 11－3 所示。

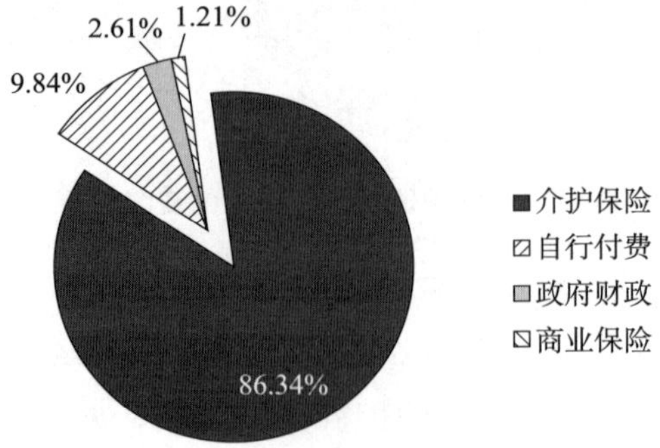

图 11－3　日本养老服务的资金来源占比

对于日本养老服务的提供也同样经历了由政府主导向市场化供给的转变过程，当前养老机构的构成主要是包括政府部门的养老机构、社会福利机构、公益机构、企业等营利机构等构成。鉴于日本养老服务的资金筹集主要依赖于以社会保险资金为核心的多元主体协同模式，因此，各个养老机构的资金来源中介护保险的资金占比都超过了 70%，其余部分主要来自个人缴纳的费用。

（三）经验借鉴

通过对发达国家养老服务筹资的分析，我们可以总结出以下的一些特点：

一是政府都在养老服务的筹资中扮演了重要角色，强调服务均等、覆盖全民、帮助弱者，甚至有些国家的基础养老服务几乎由政府“包下来”。英国这类以政府为主导的养老服务筹资体系，通过税收筹资保证服务对全民覆盖的资金能力，通过税收的转移支付功能实现养老服务对弱者的帮助。日本这类养老保险主导型的筹资模式，政府虽然不通过直接支付的方式进行出资，但是通过法律和制度设计，建立了强制保险的养老服务筹资机制和供给制度，保证了养老保险的全面覆盖，间接承担养老服务的筹资责任和均等化目标。政府部门主要作为保险费的缴费者身份参与到筹资中，实现了养老保险为主导的多元化筹资。

二是筹资主体的多元性和独立性。多元性和独立性是发达国家公共服务筹资和供给的重要特征。在英国这样的以政府支出为主导提供养老服务的国家，虽然政府财政支出占养老服支出的绝对主导地位，但养老服务的提供主要是通过市场化的机制进行的，私人企业和非营利组织等社会组织是提供养老服务的最重要主体，在筹资过程中，政府部门与私人企业和社会组织的合作方式也可以呈现出不同的模式，改进筹资能力和养老服务的供给能力。日本这类以养老保险主导型的筹资模式的资金来源也同样趋于多样化，政府部门、雇主单位、商业保险和服务享受者等共同分担养老服务的资金筹集责任，建立了以社会保险资金为主体，结合其他多种资金来源的多元化筹资模式。与此同时，无论上述哪类筹资模式都强调了养老服务筹资和供给多元主体的平等性和独立性，确保在不同部门之间发生关系时采用平等协商和尊重契约的合作模式。

三是强调养老服务的市场化筹资和供给模式。无论英国还是日本，它们的养老服务供给都同样经历了由政府主导向市场化供给的转变过程，当前养老机构的构成都是以社会福利机构、公益机构、私人企业为主，政府部门举办的养老机构为辅的供给模式。各种机构通过竞争承担养老服务，“资金竞争”成为养老机构筹资的主要方式。市场化的竞争带来了更高的服务质量，养老机构之间的竞争迫使它们提供更好的服务，以吸引更多的客户，市场竞争还可以勉励机构提高员工的工作水平和工作效率，从而提高服务质量。

四是筹资标准的科学设定及其适时调整，养老保险的筹资规模，由缴费基数与费率这两个关键因素共同确定，对养老服务保险基金的平衡状态产生着深远的影响。在费率设定上，德国重视成本控制策略，将社会保险基金的收入设定为护理保险费用支出的最高限额。基于这一限额，德国通过精细的保险精算方法来决定具体的费率（和红，2016）。荷兰采用“最低两组所得级距”的税收标准作为依据，来确定保险费的费率。日本在确定费率时，依据第一类与第二类参保人的不同责任，按照确保收支相等的原则来进行具体设定（赵斌、陈曼莉，2017）。总体而言，各国均不断调整保费费率，旨在维持长期护理保险基金所追求的长期稳态平衡。另外，上述各国在长期护理保险的缴费基准上存在着明显的不同。德国和荷兰均将工资收入作为缴纳长期护理保险费的基准，但两者在缴费基数的涵盖范围上有所不同。德国的缴费基数范围较为局限，相比之下，荷兰则将所有社会成员的收入都纳入缴费基数的范畴。相较之下，日本与韩国在确定长期护理保险的缴费基数时主要参考的是医疗保险的缴费基础（赵斌、陈曼莉，2017）。

五是清晰且合理的筹资责任分配。个人、社会及国家对于养老服务风险的认知程度直接决定了他们各自所需承担的责任比例。在尚未建立养老保险制度的时期，老年人面临失能风险时，这一责任更多地被看作是落在个人或其家庭身上，而国家与企业则并未承担任何与之相关的责任。然而，由于高昂的护理费用使得众多家庭难以承受，长期养老问题所带来的风险渐渐成为社会共同面临的风险。这一转变迫使国家必须采取制度化的措施来分散风险，从而引发了关于筹资责任分担的议题。就筹资责任的分配而言，许多国家采用了雇员、雇主与政府财政三方面共同分担的模式，而日本在这一方面的做法尤为突出和典型。在日本，长期护理保险的费用主要由两大类被保险人，即第一类与第二类被保险人来共同分担。具体而言，对于在职员工，其所需缴纳的保险费是由雇员与雇主平均分担的，即各自承担一半的费用。而政府的财政投入部分，则由国家级政府、都道府县级政府以及市区町村级政府这三个层级共同承担（小岛克久、王茜铃，2019）。英国的养老费用缴纳比例涉及国民保险和职业养老金两个方面，具体比例根据个人的工资收入、就业状态以及政府政策而有所不同。德国的养老保险费用由雇员和雇主双方共同筹措，各自均需承担保费的一半份额。在韩国，这种模式得到沿用，即在职员工与雇主各自承担一半的保险缴费责任。与德国和韩国的模式不同，荷兰的养老保险费用完全由个人独立承担，不过，对于低收入群体，政府财政会提供相应的部分资助或全额补贴。观察这些国家在养老保险筹资方面的责任分配机制，可以发现个人与用人单位各自承担的筹资责任有着清晰的界限。另外，养老保险的持续发展离不开政府财政的鼎力支持，而政府各层级间财政责任的恰当划分，则是保障长期护理保险能够顺畅运作的核心要素。

三、小结

本章通过借鉴西方发达国家基本公共服务领域的成功经验，并与我国的具体社会经济环境相结合，探索我国公共服务多元主体协同供给的有效路径，进而扩大公共服务供给能力建设，提高公共服务协同供给的质量。

西方发达国家公共服务供给的一般经验主要包括：一是选择适合国情基础的公共服务供给模式；二是明确政府职责定位，从单一供给者到多元供给的引导服务者；三是不同政府间基本公共服务的职责分工的合理划分；四是保证公共服务均等化供给的财政投入；五是善于运用多元市场机制，引导社会广泛参与和供给公共服务；六是注重公共服务相关的法律制度体系建设；七是完善基本公共服务供给的监督管理机制。

在筹资方面，以具体的养老服务为例对发达国家公共服务协同供给经验进行分析总结，主要经验包括：一是政府都在养老服务的筹资中扮演了重要角色，强调服务均等、覆盖全民、帮助弱者；二是注重筹资主体的多元性和独立性；三是强调养老服务的市场化筹资和供给模式；四是筹资标准的科学厘定与动态调整；五是明晰与合理的筹资责任分担。

◀第十二章▶

公共服务协同供给能力提升路径

党的二十届三中全会指出，在发展中保障和改善民生是中国式现代化的重大任务，必须坚持尽力而为、量力而行的原则，解决好人民最关心最直接最现实的利益问题，不断满足人民对美好生活的向往。公共服务是保障民生的重要手段和途径。在推进中国式现代化和共同富裕的进程中，必须加强公共服务建设，优化公共服务体系，增强公共服务效能，确保满足人民群众的基本需求，进而提升民众的生活水平，推动社会的全面进步和发展。本书引入共生理论的方法论对公共服务协同供给及筹资等问题进行创新研究，系统构建了公共服务供给主体共生关系判定、共生模式、共生界面、共生环境等共生理论分析框架，就供给中的关键环节筹资环节进行详细分析，构建了公共服务协同供给动态匹配理论模型，以宁波市养老服务为例进行实证研究验证公共服务多元主体协同的供给效率和效果，并对英国、日本等发达国家公共服务供给的先进经验进行总结。基于本书研究，就公共服务协同供给能力从协同共生体系构建、共生制度建设、决策实施、能力建设四个方面给出以下提升策略。

一、体系构建：构建供给主体间良好的互惠共生关系

（一）强化公共服务协同共生观念

政府及其工作人员必须不断加深对公共服务协同共生供给理念的认识与强化。作为公共服务供给的主导者，政府在实践中的表现揭示出，其在致力于向公众提供优质服务的过程中所展现的观念、意愿及能力存在明显的差异，并且，这些差异并不总是与经济发达程度呈直接正比关系，而是由多种复杂且多样的因素共同影响所致。其中，地方官员对于协同理念的偏好程度及其发挥的主观能动性起到了决定性的作用。因此，地方领导者应当摒弃威权主义的思维模式，改变过去那种“代替民众做决定”的传统政治观念，调整为公共服务思维，直面公众需求，加强多元主体供给的机制建设，以公共服务需求有效满足为出发点和归宿，积极根据《国家基本公共服务标准（2021 年版）》中列出的基本公共服务清单，挖掘本地资源优势，树立协同供给观念，服务公众需求。因为需求是供给的根本，需求的类型、数量、质量和模式是基础，多元主体协同供给也就失去了其价值与方向。当前公众日益增长的异质、多元、复杂的公共服务需求，政府及公共服务供给部门需要能够适时做出理性的决策，制定对公共服务供给更有效率的方案与规制体系，给予多元主体协同供给理性选择。因此，政府及公共服务供给部门应以公众公共服务需求为导向，摒弃大包大揽、“保姆型”政府的惯性思维，改变传统的依靠线性、单一主体、封闭式的固定供给方式，注重共生关系的改善，推动共生关系从非对称性共生向互惠共生型转变。在公共服务供给体系中构建形成资源主体多元、结构耦合、优势互补、信息共享、协同增效的良好供给格局。

（二）加强公共服务资金供给

提升地方政府公共财政适用性的途径主要有两种：一是通过提高效率来优化支出；二是积极开辟新的财政收入来源。就增效而言，一是要明晰各政府层级间的财权事权和公共服务责任，以 2018 年印发的《基本公共服务领域中央与地方共同财政事权和支出责任划分改革方案》为指导，推进分税制改革，适当调整央地、层级间的分配比例，有效保

障地方公共服务的资金供给。同时，要加强各级政府间在公共服务领域的协同合作。其次，地方领导者需要提升公共财政的利用效率以及资源有效配置的能力，具体做法包括削减地方政府的行政开支，并促进财政模式从“经济型”向“服务型”的转变。另外，还需优化公共财政资金的分配结构，着力缩小区域间的差距，并切实缩减公共服务提供的边际费用。实现持续赋能增效。就开辟新的财政收入来源而言，关键在于大力提升本地经济发展水平。在财力有限的情况下，公共服务需求的持续满足将面临更大挑战。因此，地方政府应摆脱对粗放经济模式的依赖，积极向高新技术产业寻求经济增长点。为此，地方政府应着力构建优良的营商环境，不断推进产业结构的优化升级，并大力发展创新型与创业型经济，确保这些经济活动能与地区结构以及收入分配结构维持一种动态的平衡状态。

（三）发挥政府主导作用

发挥好地方政府公共服务协同供给“主体中的主体”作用，地方政府的主导作用不仅是供给效率的需要也是协同供给的基础。如何保障多元供给主体间的权益与次序，关系到整个协同供给体系的有效运行。政府部门应发挥推动高质量公共服务供给的责任，建立以政府主导社会组织共同参与的多元供给主体结构是实现地方政府公共服务协同供给的有力保障，应强化自身的社会管理和公共服务职能。因为公共服务产品的特殊性质就决定其供给的社会责任将由政府承担。为了更有效地发挥市场机制作用，促进供给的效率，政府在开放供给市场的同时应该做到有计划有导向，也就是发挥政府在公共服务供给过程中的协调和管理作用，从而做到多个供给主体在整个供给过程中的协同。同时，政府部门要积极推动公共服务协同供给共生模式的转变，要推动共生组织模式从点共生、间歇共生向连续共生和一体化共生转变，推动共生行为模式从寄生、偏利共生向非对称互惠共生、逐步互惠共生转变。

（四）发挥社会组织广泛性参与的功能

共生理论告诉我们，社会组织的发展过程就是不断处理与各类共生单元的关系，以获取资源和组织成长，使其具备自适应性进化的能力。社会组织因为人员来源广，和政府、市场均关系密切，具有广泛的社会基础。社会组织作为政府部门和市场的重要补充，能够广泛汇聚社会资源，包括资金、人力、技术等多方面力量，形成合力投入到公共服务领域，有效缓解政府单一供给的压力。社会组织贴近基层、了解民情，能够精准识别并回应民众的具体需求，提供个性化、差异化的服务，增强公共服务的针对性和实效性。政府公共服务的供给也是政府实行有效治理的机遇，促进政府和社会组织的有效协同，公共服务的供给将不再是一个困扰。应大力扶持社会组织发展，为其提供公共服务提供必要的扶持。积极出台关于社会组织登记管理、税收优惠、资金扶持等方面的政策，降低社会组织参与公共服务的门槛和成本，激发其积极性和创造力。政府积极建立社会组织孵化基地、公共服务平台等，为社会组织提供办公场地、信息咨询、能力建设等方面的支持。同时，政府还可以推动社会组织与政府部门、企业、高校等建立合作关系，共同开展公共服务项目。此外，还要加强对社会组织的监督管理和评估激励，确保其规范运作和有效服务。

（五）发挥市场资源配置决定性作用

市场私营部门主要作为生产者的角色，承担着优质服务提供者和资源优化配置者的功能。发挥市场在公共服务协同供给中的基础作用，是市场机制融合供给的有效手段，通过市场的无形的手实现公共服务协同供给的帕累托最优。市场机制下，把政府承当的管不了，管不好的供给职能转嫁给市场与社会组织已成为历史必然趋势。市场机制可以有效降低供给成本，提高绩效，满足多元化的公共服务需求。因此，一方面需要处理好政府与市场的关系。政府致力于优化开放、公平、自由营商环境，政府在发挥公共政策制定、市场监督调节等主功能的情况下，充分发挥政府与市场的比较优势，做到政府权威机制与市场竞争机制的完美融合。鉴于当前市场参与区域不平衡，在顶层设计上应通过制度创新形式鼓励更多市场机制，提升市场主体参与公共服务供给能力，推进公共服务供给市场化与社会化。要建立健全的市场竞争机制，打破行业壁垒和地域限制，鼓励社会资本进入公共服务领域，形成多元化的服务供给格局。通过市场竞争，促使服务提供者不断提升服务质量和效率，优化资源配置。大力推动公司合作（PPP）模式，加快推进政府与社会资本合作，共同投资、建设和运营公共服务项目。PPP 模式能够有效利用社会资本的资金、技术和管理优势，提高公共服务的供给效率和质量。同时，通过风险共担、利益共享的机制，降低政府财政压力，提高项目的可持续性。

二、机制优化：建立完善的共生机制体系

（一）强化依法协同供给观念

地方政府及其工作人员务必深刻认识到，依法协同供给不仅是职责所在，更是推动社会和谐发展的关键。地方政府应当坚定不移地树立并强化这一观念，在提供公共服务时，坚决摒弃推诿扯皮的不良风气，主动承担提升民众福祉方面的任何责任。在日常工作中，要自觉培养并习惯于运用法治思维作为解决公共服务供给难题的钥匙，确保每一项决策、每一次行动都经得起法律的检验。在行使职权、履行公共服务职责的过程中，必须严格遵循法律法规，确保公共服务的供给在法治的轨道上稳步前行，让政府的每一项权力都在法律的框架内有效、透明地运行。同时，政府工作人员更应将法治精神内化于心、外化于行，使之成为指导自身决策与行动所遵循的唯一标准，特别是在促进公共服务向社会化方向发展的过程中，更要严守法律边界，依规行事，为构建法治政府、服务型政府贡献力量。

（二）强化多元供给主体的法律政策供给

目前公共服务供给主要由政府负责，对供给主体的规范性较差。另外，对于供给主体、供给方式、供给效果均未在法律法规层面做出确定。这使得供给质量的监督缺失，也会造成供给的垄断。多元供给主体有利于公共服务供给的质量，但对于多元供给的主体并没有做出法律上的限定，也没有专门的法规来约束多元主体供给、供给过程和公共服务外包等行为。这些缺失容易在公共服务供给的体系中滋生官僚主义和权力寻租，而健全的法制也有利于更多的社会组织参与公共服务供给，有助于公共利益得到保护，使得公共服务供给更加透明、公平、高效。

（三）建立健全公共服务供给的激励与保障体系

目前公共服务供给对于非政府的供给主体多是以服务外包的形式来

呈现。仅有委托合同是不足以调动供给主体的积极性。为了更大限度地调动社会组织参与公共服务供给中，除了采用市场机制提升供给利润以外，政府还应该制定完善的供给激励机制和责权保障体系。公共服务供给的激励与保障体系包括对公共服务委托双方的激励与保护，对社会组织主动参与供给的激励与保护，对参与供给过程非直接干系人的激励与保护，对公众需求与公共利益的保护。尽快地建立对供给主体的激励与保障体系，有利于更多的社会组织参与公共服务供给；有利于激发社会组织参与的主动性和积极性；有利于保护公众的合法利益，保障供给质量。通过制度化形式增强对地方政府提供公共服务的激励机制。推动公共服务与经济发展的深度融合。依靠经济发展来提高公共财政的基础，通过公共服务优化来提升区域的满意度和影响力，从而优化营商环境，促进产业优化升级。考虑到公共服务供给所带来的收益往往具有滞后性，因此，加强激励措施显得尤为重要。因此，在构建地方官员的考核评估体系时，应当增加公共服务供给评价所占的比重，同时着重强调增强外部评价的激励作用，充分重视公众的主观感受，并赋予公众更多的参与权利。同时，应当积极推动激励机制的改革进程，把公共服务供给的绩效与地方经济发展的进步紧密结合，作为衡量主要领导干部工作成效的关键指标。通过不断更新和完善激励机制的改革措施，可以有力推动地方政府全面履行其各项职能。

（四）加强监督反馈机制建设

一是要进一步优化和完善评估监督制度。针对公共服务项目在监管上存在的“多头管理”以及“越位、缺位”等难题，贯穿项目整个生命周期监督管理，优化地方政府公共服务协同供给面临的困境角度，尽可能明确各监管主体的事权，统筹整合交叉职能，需要多个部门联合制定协同机制，以确保监管规则和程序在一致性与协调性方面达到统一标准，从而防止在监管执行过程中可能出现的矛盾冲突。在推动 PPP 等公共服务供给向社会化转型的过程中，地方政府及其监管部门应当勇于突破传统的指令性监管和过度干预的束缚，开阔监管视野，积极寻求创新的监管方法，旨在构建一个集行政监管、社会团体监督与第三方监督为一体的，全方位、多层次的综合监管体系，并加强立法工作，持续强化事中事后的监管力度。此外，还应创新评估与监管方式，将服务对象的评价正式纳入评价体系之中。为了提升监督与评价机制的有效性，必须确保评价渠道的畅通，充分保障公众的参与权利。在此基础上，以“人民评价”为指引，致力于实现“公众满意”的目标。同时，在“互联网+”的新时代背景下，各类媒体在舆论监督上的效能亟待加强。我们应充分利用互联网这一利器，突破传统属地管理的束缚，对服务进行全方位、多角度、多主体的动态监管，确保监管的全面性和有效性。

三、决策实施：建立需求为导向的共生协同体系

（一）提升地方政府决策的科学性和可行性

一是完善地方政府决策机制。决策过程需秉持科学严谨的态度，依据数据和事实进行，确保决策的科学性。在决策时，应当全方位地考虑系统的优化以及全局功能的达成，并严格遵循法律法规进行民主决策，确保每一步都按照法定的程序稳步推进。为了加强地方政府在决策过程中的责任感，需要建立决策责任首问制度，并确立“决策者即为责任人”的明确原则。同时，要保证调查研究、集体决策、社会听证、公示制度以及专家咨询等关键环节得到有效且规范的执行，避免其流于形式。此外，应以数字化技术为支撑，充分利用大数据、区块链等先进手段，深入分析公共服务需求，提升决策的可行性、科学性和公平性。鉴于公共服务需求因性别、学历、年龄等因素而呈现多元化，决策内容和过程也日趋复杂。因此，采用数字技术建立公共服务的全面信息化情报系统，并搭建政府与公众间的数字化互动交流平台，能够有助于更全面、精确地收集并分析公众的需求及其偏好，进而减少政府与公众之间的信息沟通成本，对公众多变需求快速反应。

（二）加强公众在公共服务中的有效参与

对地方政府来说，公共服务供给的决策应当是一次了解民众需求的过程。由于多元供给主体的共生关系存在，因此，决策的参与实施并不是单一主体的主观判断，而是一个多主体间相互博弈和均衡的过程。为了兼顾供给的效率以及符合公共利益最大化的需求，决策实施应该遵循政府主导、多主体参与、依法执行和相互监督的原则，特别注意社会公

众的有效参与。在决策过程中应该保障各主体信息的充分表达，依法保障各主体的参与权利，保障决策实施的程序正确。提升社会公众在地方政府公共服务供给过程中的参与度，不仅能够提升地方政府在公共服务供给方面的能力，还能推动以社会公众需求为核心的社会网络的形成，进一步加快公民社会的构建进程。为此，有以下几点需要特别注意：首要的是，要重视培养公众在公共服务方面的参与意识和能力。通过强化对公众参与的指导，完善公众参与途径和机制，以保障公众需求与政府服务能够借助社会组织和信息平台实现高效的相互作用。其次，地方政府应当努力确保公共服务的有效供给。这涵盖采用实地调研、方案征集活动、大数据分析技术、电子政务平台等多种手段，广泛搜集并深入分析民意信息，旨在充分把握公众需求，进而做出精确决策。这样，公共服务将更贴合公众的期望与偏好，从而提升公共服务的针对性和实效性，确保服务更加精准到位。最终，地方政府应开辟创新的回应途径，主动倾听并及时回应民众的生活诉求，持续优化与社会公众的互动交流机制。建立公众参与的绩效评估机制，通过电子政务平台和接待中心等方法提供有效反馈回应的渠道，及时解决问题，实现和社会公众及时、有效的沟通。

（三）建立以公众需求为导向的反馈收集机制

为了更有效地构建以公众需求为核心的公共服务协同机制，地方政府部门应实施从源头至结果的全程化治理策略，将需求识别、决策制定、约束管理、效果考评、激励机制以及责任追究等环节紧密衔接，全面把握公共服务需求信息的识别环节、供给流程及供给效果确认与反馈的各个阶段。具体而言，应涵盖以下方面：①公共服务需求信息的精确识别：主要集中于明确地方政府应当提供的公共服务在数量上的具体需求、类型、方式及质量等方面的具体要求；②公共服务供给机制的优化：充分利用决策制定、约束管理、绩效评估及激励机制等多种手段。构建地方政府与专家协同评估公众多元需求现实性和紧迫性的机制，由地方政府主导具体执行与调控，以保障决策过程的科学性。在此过程中，需积极激发市场与社会组织的参与热情，携手促进公共服务的协同提供；③公共服务供给效果的评价与反馈机制：当公共服务供给项目圆满结束后，需系统而深入地对其效果进行衡量与验证，同时确保相关信息的迅速反馈。经由对过往经验的提炼与总结、发现不足，对影响公共服务协同供给的薄弱环节进行深入检视，以便持续改进和提升。

四、能力建设：建立基于增强供给的地方政府能力建设体系

（一）加强服务型政府建设

根据新公共管理服务导向和专业化管理精神，地方政府应以公众需求为导向，最大限度地削弱公共产品和服务提供流程中的盲目操作与单向传输，以保障它们能够与社会公众的实际需求高度契合。应当将公民权利与政府责任紧密融合，确保双方目标的一致性。需强化地方政府在公共服务领域的责任意识，加速推动公共服务改革进程，全力打造服务型政府。应当秉持主导型的服务理念，高度重视并加强与社会公众的交流互动，确保能够迅速且准确地掌握公众的真实且迫切需求，以保障公共服务所提供的数量能够充分满足社会公众的基本需求。同时，需持续深化地方政府公共服务理念与精神的建设，促使管理者在明确自身职责的前提下，能够主动响应社会公众对政府的期望与需求，达成政府与社会公众之间的和谐平衡。

（二）明确地方政府基本公共服务的范围

一是依据本地的发展实际情况、公众需求的层次、协同组织的有效能力以及维护公共利益的需求，清晰地界定出本地区基本公共服务的具体范畴。二是对地方政府的财政基础状况进行评估至关重要。地方政府的财政实力是衡量其提供基本公共服务能力和协同能力的关键因素。三是增强地方政府公共服务管理水平是关键所在。为此，需采取政务服务标准化、流程优化及无缝对接等策略，以规范地方政府的治理行为，并推动治理能力向现代化迈进，从而提高地方政府整体的公共服务绩效。四是鉴于基础条件和所需成本存在差异，在推动各地区基本公共服务实现均等化的进程中，由于各地区的起始点不尽相同，因此在财政资源配置上需充分重视这两方面的因素。

（三）增强地方政府在公共服务方面的管理效能

一是要提升地方政府公务员的专业技能。一方面，需强化地方公务

员的专业培训与学习，通过多种途径致力于提升其需求识别、项目优选、风险预防控制、合同磋商及监督管理的核心竞争力，以保障地方政府在公共服务采购的全过程中能够进行严密而有效的全面把控，并在公共服务评估及监督环节中真正发挥举足轻重的作用。另一方面，还需强化协同管理的能力。鉴于地方政府在某些专业领域存在知识经验欠缺的问题，为了有效规避潜在风险，应当构建专家智库体系或引入专业的第三方服务机构作为支持，同时地方政府需不断提升自身的协同管理能力，以优化协同绩效。二是要强化管理执行能力。在地方公务员的学习培训中，应增加实际公共服务供给执行环节的演练。为此，可以采纳更加精确的培训模式，比如行动学习法，它能让参与者在公共服务协同供给的实践操作中直面问题，并通过“边做边学”的方式寻求解决方案。同时，务必基于实际情况进行考量，妥善处理好主导与引导、框架与细节之间的关系，明确工作重点并切实抓好落实。三是利用数字化提升公共服务管理效能。利用云计算、大数据等技术，构建统一的数字化公共服务平台，实现服务事项的在线办理、查询与反馈，提高服务效率和便捷性。加快推进数据共享与开放，打破部门间数据壁垒，实现跨部门数据共享，促进信息资源的整合利用。同时，依法依规开放政府数据，激发社会创新活力，提升公共服务的智能化水平。

（四）积极构建公共服务协同供给网络

要多点布局，形成服务协同的组织网络，地方政府在引导多元主体共同参与的过程中需要较强的组织与管理能力作为实施的保障。强化地方政府公共服务供给行动的组织能力，提升多元主体间的协同管理能力直接关系到协同供给能否有效运行。从共生关系判断来看，由于地方政府在整个供给过程中占据主导地位，所以，除了应该将持续性的组织管理能力培养放在政府自身发展的核心位置，更需要聚焦参与供给的多元主体的专业性的甄别，引导社会组织自成长，促使多元供给主体向学习型组织转变，真正做到因能力提升而带来的公共服务协同供给运行的质量提升。

参考文献

[1] 安体富，贾晓俊．地方政府提供公共服务影响因素分析及均等化方案设计［J］．中央财经大学学报，2010（03）：1－6.

[2] 艾医卫，屈双湖．建立和完善农村公共服务多元供给机制［J］．中国行政管理，2008（10）：69－71.

[3]［英］庇古，朱泱，张胜纪，吴良健，等，译．福利经济学［M］．北京：商务印书馆，2006.

[4] 蔡克勇．高等学校要为建设创新型国家提供大力支持［J］．中国高教研究，2006，（11）：1－4. DOI：10.16298/j.cnki.1004－3667.2006.11.001.

[5] 陈怡俊，汪丁丁．社会公共服务领域的协同治理研究——基于地方政府与社会组织策略互动的动态演化视角［J］．中山大学学报（社会科学版），2020，60（03）：163－179.

[6] 陈振明，刘祺，邓剑伟．公共服务体制与机制及其创新的研究进展［J］．电子科技大学学报（社科版），2011，13（01）：11－16＋108.

[7]［美］戴维·奥斯本，特德·盖布勒，改革政府：企业家精神如何改革着公营部门［M］．上海：上海译文出版社，1996.

[8]［英］大卫·休谟，关文运译．性论（下）［M］．北京：商务印书馆，1980.

[9] 戴祥玉．公共服务多元供给模式的发展路径探析［J］．长白学刊，2016（01）：71－77.

[10] 范柏乃，唐磊蕾．基本公共服务均等化运行机制、政策效应与制度重构［J］．软科学，2021，35（08）：1－6.

[11] 樊丽明，石绍宾．中国公共品自愿供给实证分析——以中国

福利彩票筹资为例［J］．当代财经，2003（10）：25－29.

［12］冯淑华．基于共生理论的古村落共生演化模式探讨［J］．经济地理，2013，33（11）：155－162.

［13］顾丽梅．公共服务提供中的NGO及其与政府关系之研究［J］．中国行政管理，2012（01）：34－38.

［14］高明．共生理论：区域城乡公共服务一体化的新思路［J］．西南农业大学学报（社会科学版），2012，10（04）：16－20.

［15］郭小聪，代凯．国内近五年基本公共服务均等化研究：综述与评估［J］．中国人民大学学报，2013，27（01）：145－154.

［16］黄诚．从改善民生看基本公共服务体制改革［J］．求索，2014（08）：23－27.

［17］韩峰，吴雨桐．国家审计治理与公共服务供给——基于系统耦合互动视角［J］．会计之友，2018（14）：90－95.

［18］何继新，邵艳丽．社区公共服务智慧化供给三维立体模式及运行机制体系建构［J］．甘肃行政学院学报，2019（01）：64－75＋126.

［19］何晴．美国地方政府公共服务供给机制改革趋势及其启示［J］．地方财政研究，2019（08）：105－110.

［20］胡晓鹏．产业共生：理论界定及其内在机理［J］．中国工业经济，2008（09）：118－128.

［21］胡玉杰，彭徽．财政分权、晋升激励与农村医疗卫生公共服务供给——基于我国省际面板数据的实证研究［J］．当代财经，2019（04）：39－48.

［22］何艳玲．从“科层式供给”到“合作化供给”——街区公共服务供给机制的个案分析［C］//中山大学行政管理研究中心（Center for Public Administration of Sun Yat-Sen University），澳门特别行政区行政暨公职局（Public Administration and Civil Services Bureau，MSAR），澳门大学（University of Macau），澳门基金会（Fundacao Macau）.21世纪的公共管理：机遇与挑战——第二届国际学术研讨会文集．中山大学政治与公共事务管理学院；中山大学行政管理研究中心，2006：7.

［23］黄佩华，董彦彬，银温泉．财政改革和省级以下的财政［J］.

经济社会体制比较，1994（06）：35－41.

［24］季俊杰，周绣阳．我国教育投入分量与经济增长关系的实证研究——兼论财政性教育经费增长的必要性［J］．现代教育管理，2011（12）：26－29.

［25］江亮，雷涛．对国外大众体育与我国社会体育经费筹资渠道的比较研究［J］．辽宁体育科技，2006（04）：10－12.

［26］蒋牧宸．基本公共服务供给机制探析［J］．江西社会科学，2013，33（12）：194－197.

［27］晋璟瑶，林坚，杨春志，等．城市居住区公共服务设施有效供给机制研究——以北京市为例［J］．城市发展研究，2007（06）：95－100.

［28］贾凌民，吕旭宁．创新公共服务供给模式的研究［J］．中国行政管理，2007（04）：22－24.

［29］金世斌．公共服务供给机制创新：北欧的改革实践与启示［J］．南京社会科学，2012（07）：81－87.

［30］江正平，曲春生，赵莹莹．农村公共产品供给的筹资机制探析［J］．郑州大学学报（哲学社会科学版），2009，42（01）：78－80.

［31］［美］康芒斯，制度经济学［M］．于树生，译．北京：商务印书馆，2018.

［32］康之国．“互联网＋”时代社区公共服务供给模式创新研究［J］．天津行政学院学报，2019，21（06）：60－67.

［33］莱昂·狄骥．公法的变迁［M］．郑戈，译．北京：商务印书馆，2013.

［34］雷汉才．我国休闲农业发展中的问题及对策研究［J］．农村科学实验，2017（08）：114.

［35］李承律．共生时代——东北亚区域发展新路线图［M］．李文，译．北京：世界知识出版社，2005.

［36］李军鹏．中国政府机构改革的回顾与展望［J］．领导之友，2009（05）：20－22.

［37］刘迪平，夏永祥．新农村建设进程中农村公共产品长效筹资

机制研究［J］. 乡镇经济，2008（07）：14－18.

［38］刘光富，鲁圣鹏，李雪芹. 产业共生研究综述：废弃物资源化协同处理视角［J］. 管理评论，2014，26（05）：149－160.

［39］刘平，罗贞礼. 我国高校筹资相关理论与筹资方式的协同分析［J］. 财会月刊，2010（24）：93－95.

［40］刘厚金. 我国政府公共服务的体制分析及其路径选择［J］. 上海行政学院学报，2011，12（01）：32－39.

［41］李洪佳. 公共服务多元主体合作供给的调整与优化——一种组织间网络的分析框架［J］. 理论与现代化，2016（02）：52－57.

［42］李洁静. 中国政府医疗保障财政责任研究［D］. 南京财经大学，2011.

［43］李继霞，刘涛，霍静娟. 中国农村公共服务供给质量时空格局及影响因素［J］. 经济地理，2022，42（06）：132－143.

［44］李军. 试论服务型政府建设［C］// 中国行政管理学会. 中国行政管理学会2004年年会暨"政府社会管理与公共服务"论文集. 重庆市总工会.

［45］刘军，杨浩昌，张三峰. 中国基本公共服务供给的决定因素研究［J］. 南京社会科学，2015（05）：33－39.

［46］李磊，顾辰影，郑依琳. 城市群公共服务供给如何创新？——善治视域下的协同路径探析［J］. 江苏行政学院学报，2018（06）：102－109.

［47］李利文. 人工智能时代的公共服务供给模式创新：类型、适应与转向［J］. 社会主义研究，2019（04）：87－95.

［48］李明，周俊辉，彭长英，等. 井研县农村地区实施公共卫生均等化服务的效果分析［J］. 职业卫生与病伤，2018，33（02）：96－99.

［49］林闽钢，梁誉. 准市场视角下社会养老服务多元化筹资研究［J］. 中国行政管理，2016（07）：70－76.

［50］刘尚希. 基本公共服务均等化与政府财政责任［J］. 中国党政干部论坛，2008（11）：28－31.

［51］刘淑妍，李斯睿. 智慧城市治理：重塑政府公共服务供给模

式［J］. 社会科学，2019（01）：26－34.

［52］李实，杨一心．面向共同富裕的基本公共服务均等化：行动逻辑与路径选择［J］. 中国工业经济，2022（02）：27－41.

［53］林士俊，张薇．农村社区公共服务合作供给机制创新研究——以西北民族地区为例［J］. 湖北民族学院学报（哲学社会科学版），2019，37（01）：41－48＋70.

［54］李伟．协同学视阈下的我国农村公共产品供给系统再造［J］. 行政论坛，2009（01）：25－28.

［55］刘伟．民意表达、政府回应与公共部门知识管理：一个探索性分析框架［J］. 中共中央党校（国家行政学院）学报，2022，26（05）：110－118.

［56］吕炜，赵佳佳．我国财政分权对基本公共服务供给的体制性约束研究［J］. 财政研究，2009（10）：11－14.

［57］李未．完善教育基金会制度拓宽高等教育社会筹资渠道［J］. 中国高等教育，2004（02）：19－21.

［58］林万龙．家庭承包制后中国农村公共产品供给制度诱致性变迁模式及影响因素研究［J］. 农业技术经济，2001（04）：49－53.

［59］林万龙．乡村社区公共产品的制度外筹资：历史、现状及改革［J］. 中国农村经济，2002（07）：27－35＋80.

［60］李雄华．权利视角下的环境公平与环境基本公共服务均等化［J］. 中南林业科技大学学报（社会科学版），2016，10（06）：5－9.

［61］兰旭凌．社区社会组织的公共服务供给质量：评价框架、实证分析与治理改进［J］. 宏观质量研究，2023，11（01）：15－26.

［62］廖晓明，黄毅峰．论我国政府在公共服务供给保障中的主导地位［J］. 南昌大学学报（人文社会科学版），2005（01）：17－21.

［63］刘晓苏．国外公共服务供给模式及其对我国的启示［J］. 长白学刊，2008（06）：38－41.

［64］雷玉琼，李岚．乡镇政府公共服务供给能力评估指标体系建构——兼论政府公共服务能力的研究现状［J］. 中国行政管理，2015（11）：30－35.

[65] 刘志辉. 政府与社会组织关系: 从非对称性共生到对称性互惠共生 [J]. 湖北社会科学, 2015 (09): 23-30.

[66] 李政蓉, 郭喜. 公共服务协同供给机制动态化: 一个分析框架 [J]. 中国行政管理, 2021 (03): 45-53.

[67] 孟春, 陈昌盛, 王婉飞, 在结构性改革中优化公共服务 [J]. 国家行政学院学报, 2004 (04): 21-25.

[68] 毛才盛. 基于共生理论的大学科技园集群创新能力研究 [J]. 科技进步与对策, 2013, 30 (11): 60-64.

[69] 毛翠英, 任巧玲. 新型农村合作医疗公共筹资创新机制研究——以A省为例 [J]. 经济研究参考, 2013 (70): 7-9+14.

[70] 马庆钰. 关于"公共服务"的解读 [J]. 中国行政管理, 2005 (02): 78-82.

[71] 马欣, 黄安永. 城市公共项目中PFI筹资模式的新思索 [J]. 现代城市研究, 2004 (10): 59-62.

[72] 孟兆敏, 吴瑞君. 人口变动与公共服务供给的适应性分析——以上海市为例 [J]. 南京人口管理干部学院学报, 2013, 29 (01): 17-21+33.

[73] 欧纯智, 贾康. 以PPP创新破解基本公共服务筹资融资掣肘 [J]. 经济与管理研究, 2017, 38 (04): 85-94.

[74] 全华信. 城乡融合发展实现路径探析 [J]. 农家参谋, 2018 (12): 240-241.

[75] 上官莉娜, 潘晨. 大数据驱动的公共服务供给模式变革: 逻辑、类型与向度 [J]. 电子政务, 2021 (03): 73-82.

[76] 尚海涛, 张金胜. 公共产品供给模式的效率表现与非效率解 [J]. 西北大学学报 (哲学社会科学版), 2010, 40 (06): 91-95.

[77] 宋洁. 地方公共服务协同治理的机理、组织和行为 [J]. 河南工程学院学报 (社会科学版), 2017, 32 (04): 15-20.

[78] 沈满洪, 谢慧明. 公共物品问题及其解决思路——公共物品理论文献综述 [J]. 浙江大学学报 (人文社会科学版), 2009, 39 (06): 133-144.

[79] 沈荣华. 提高政府公共服务能力的思路选择 [J]. 中国行政管理, 2004 (01): 29-32.

[80] 宋涛, 黄希宝, 祝淑珍, 等. 基于共生理论的基本公共卫生服务均等化项目与健康管理试点的衔接 [J]. 中国初级卫生保健, 2017, 31 (08): 3-4.

[81] 宋文昌. 财政分权、财政支出结构与公共服务不均等的实证分析 [J]. 财政研究, 2009 (03): 56-60.

[82] [法] 萨伊, 王福生译. 政治经济学概论 [M]. 北京: 商务印书馆, 1997.

[83] 田玉麒. 公共服务协同供给: 基本内涵、社会效用与影响因素 [J]. 云南社会科学, 2015 (03): 7-13.

[84] [英] 托马斯·霍布斯. 利维坦 [M]. 黎思复, 等, 译. 北京: 商务印书馆, 1985.

[85] 唐鸣, 陈鹏. 网络化治理背景下社区公共服务供给探究 [J]. 新疆师范大学学报 (哲学社会科学版), 2017, 38 (03): 82-88+2.

[86] 唐铁汉. 抓住重点 突破难点 加快推进政府职能转变 [J]. 中国行政管理, 2009 (08): 7-10.

[87] 唐祥来. 公共产品供给的"第四条道路"——PPP 模式研究 [J]. 经济经纬, 2006 (01): 17-20.

[88] 田永贤. 公共服务供给的组织间合作网络 [J]. 东南学术, 2008 (01): 88-94.

[89] 尾关周二. 共生的理想 [M]. 卞崇道, 等, 译. 北京: 中央编译出版社, 1996.

[90] 汪锦军. 构建公共服务的协同机制: 一个界定性框架 [J]. 中国行政管理, 2012 (01): 18-22.

[91] 王俊霞, 王静, 娄爱花. 关于农村公共产品供给机制问题研究的文献综述 [J]. 西安邮电学院学报, 2011, 16 (02): 86-90. DOI: 10.13682/j.issn.2095-6533.2011.02.021.

[92] 王佳欣, 张再生. 基于游客需求视角的旅游公共服务供给次序研究 [J]. 贵州社会科学, 2017 (07): 128-133.

[93] 吴琼，王发明．矿区产业共生系统的稳定性——基于 logistic 模型的分析 [J]．山东工商学院学报，2016，30 (01)：41 –47.

[94] 王文龙，崔佳琦，邢金明．共生理论视域下新型农村社区公共体育服务协同供给 [J]．体育教育学刊，2022，38 (02)：34 –39.

[95] 王颖，赵晓．推进“互联网 + 教育”完善教育公共服务 [J]．中小学信息技术教育，2020 (04)：32 –34.

[96] 吴勇民，纪玉山，吕永刚．金融产业与高新技术产业的共生演化研究——来自中国的经验证据 [J]．经济学家，2014 (07)：82 –92.

[97] 吴朝阳．非盈利性农村公共基础设施筹资方式分析 [J]．贵州财经学院学报，2004 (04)：34 –38.

[98] 许继芳，周义程．公共服务供给三重失灵与我国公共服务供给模式创新 [J]．南京农业大学学报（社会科学版），2009，9 (01)：82 –86.

[99] 项继权，袁方成．我国基本公共服务均等化的财政投入与需求分析 [J]．公共行政评论，2008 (03)：89 –123，199.

[100] 续竞秦，杨永恒．地方政府基本公共服务供给效率及其影响因素实证分析——基于修正的 DEA 两步法 [J]．财贸研究，2011，22 (06)：89 –96.

[101] 辛甜．社会网络与慈善筹资——上海市慈善基金会个案研究 [J]．华东理工大学学报（社会科学版），2002 (04)：62 –66.

[102] 解亚红．“协同政府”：新公共管理改革的新阶段 [J]．中国行政管理，2004 (05)：58 –61.

[103] 夏玉珍，杨永伟．网络化治理：公共服务供给模式的新路径 [J]．甘肃理论学刊，2014 (03)：21 –26.

[104] 徐祖荣．社会管理创新范式：协同治理中的社会组织参与 [J]．中国井冈山干部学院学报，2011，4 (03)：106 –111.

[105] 徐增阳，张磊．公共服务精准化：城市社区治理机制创新 [J]．华中师范大学学报（人文社会科学版），2019，58 (04)：19 –27.

[106] 袁纯清．共生理论及其对小型经济的应用研究（上）[J].

改革，1998（02）：100－104.

［107］袁纯清．共生理论及其对小型经济的应用研究（下）［J］．改革，1998（03）：75－85.

［108］［英］亚当·斯密，郭大力，等，译．国富论（下）［M］．北京：商务印书馆，1997.

［109］［英］约翰·洛克，赵伯英译．论政府两篇［M］．西安：陕西人民出版社，2004.

［110］［英］约翰·斯图亚特·穆勒，赵荣潜，等，译．政治经济学原理［M］．北京：商务印书馆，1991.

［111］［英］约翰·斯图亚特·穆勒，汪瑄译．代议制政府［M］．北京：商务印书馆，1997.

［112］姚红义．我国中西部农村最低生活保障资金需求与供给模式分析［J］．青海社会科学，2010，（06）：117－120. DOI：10.14154/j.cnki.qss.2010.06.048.

［113］郁建兴．中国的公共服务体系：发展历程、社会政策与体制机制［J］．学术月刊，2011，43（03）：5－17.

［114］郁建兴，吴玉霞．公共服务供给机制创新：一个新的分析框架［J］．学术月刊，2009，41（12）：12－18.

［115］杨玲丽．共生理论在社会科学领域的应用［J］．社会科学论坛，2010（16）：149－157.

［116］袁年兴．民族多元共生的基本逻辑：一个理论分析框架［J］．中南民族大学学报（人文社会科学版），2012，32（03）：58－65.

［117］杨晓萌．PPP 模式——新兴的公共产品供给模式［J］．大连海事大学学报（社会科学版），2008，7（06）：58－61.

［118］闫越．我国公共服务供给的体制机制问题研究［D］．吉林大学，2008.

［119］杨银萍．政府扶持休闲农业发展的困境与对策研究［D］．南京大学，2019.

［120］杨雅厦．智慧社区建设对公共服务供给模式的变革及其优化研究［J］．中国行政管理，2018（11）：151－153.

［121］张华．如何发挥县级文化馆在公共文化服务中的职能作用［J］．文化月刊，2019（11）：118.

［122］郑恒峰．协同治理视野下我国政府公共服务供给机制创新研究［J］．理论研究，2009（04）：25－28.

［123］郑晓燕．中国公共服务供给主体多元发展研究［D］．上海：华东师范大学，2010.

［124］张会平，李茜，邓琳．大数据驱动的公共服务供给模式研究［J］．情报杂志，2019，38（03）：166－172＋179.

［125］张瑾．服务型政府与公共服务的多元供给［J］．天津师范大学学报（社会科学版），2008（02）：23－27.

［126］邹静．构建服务型政府进程中我国非政府组织慈善能力研究［D］．沈阳：沈阳师范大学，2012.

［127］张金荣，梅运田．数字赋能视域下未来社区公共服务供给模式研究［J］．贵州师范大学学报（社会科学版），2023（04）：92－104.

［128］张军，农村公共品供给的转型——体制、政策与筹资方式比较．调研世界，2003（04）：31－34.

［129］张开云，张兴杰，李倩．地方政府公共服务供给能力：影响因素与实现路径［J］．中国行政管理，2010（01）：92－95.

［130］赵曼丽．从协同到共生：农村公共服务供给的理论构建与超越［J］．江海学刊，2013（03）：213－218＋239.

［131］周书成，林慧琦，郑逸芳．农户参与农村公共休闲产品筹资意愿研究——以福建省南平地区为例［J］．合肥学院学报（综合版），2017，34（03）：20－25.

［132］张文礼．合作共强：公共服务领域政府与社会组织关系的中国经验［J］．中国行政管理，2013（06）：7－11.

［133］臧旭恒，曲创．论作为公共物品筹资方式的彩票［J］．东岳论丛，2002（02）：19－21.

［134］张贤明，田玉麒．设施布局均等化：基本公共服务体系建设的空间路径［J］．行政论坛，2016，23（06）：35－41. DOI：10.16637/j.cnki.23－1360/d.2016.06.007.

[135] 张颖.美国公共产品供给演进轨迹研究 [D]. 沈阳：辽宁大学，2008.

[136] 张元红.农村公共卫生服务的供给与筹资 [J]. 中国农村观察，2004 (05)：50 -59 +80.

[137] 周志忍.公共服务均等化首要是科学的目标定位 [N]. 福建日报，2010 -01 -05 (010).

[138] Barzelay, M. Breaking Through Bureaucracy: A New Vision for Management in Government [M]. Berkeley: University of California Press, 1992: 119 -127.

[139] Bel G and Fageda. X. Why do local governments privatize public services? a survey of empirical studies [J]. Local Government Studies, 2007, 33 (4): 517 -534.

[140] Bel G and Warner M E. Managing competition in city services: the case of Barcelona [J]. Journal of urban affairs, 2009, 31 (5): 521 -535.

[141] Benton J and Menzel D. Contracting and franchising county services in Florida [J]. Urban Affairs Quarterly, 1992, 27 (3): 436 -456.

[142] Boggio M. From public to mixed ownership in local public services provision: an empirical analysis [J]. Local Government Studies, 2016, 42 (3): 420 -440.

[143] Bozeman B. Public-value failure: when efficient markets may not do [J]. Public Administration Review, 2002, 62 (2): 145 -161.

[144] Brown T L and Potoski M. Transaction costs and institutional explanations for government service production decisions [J]. Journal of public administration research and theory, 2003, 13 (4): 441 -468.

[145] Coase, R. H. The Lighthouse in Economics [J]. Journal of Law and Economics, 1974 (2): 357 -376.

[146] Damanpour F, Sanchez-Henriquez F and Avellaneda C N. Environmental and organizational antecedents of plural sourcing of public services [J]. Public Administration Review, 2022, 82 (2): 325 -337.

[147] Demsetz, H. The Private Production of Public Goods [J]. Journal of Law and Economics, 1970 (13): 293 – 306.

[148] Feldman T. Efficiency and the provision of municipal services [D]. Cambridge: Harvard University, 1986.

[149] Ferris J and Graddy E. Contracting out: for what? with whom? [J]. Public administration review, 1986, 46 (4): 332 – 344.

[150] Ferris J and Graddy E. Production costs, transanction costs, and local government contractor choice [J]. Economic Inquiry, 1991, 29 (3): 541 – 554.

[151] Ferris J. The decision to contract out: an empirical analysis [J]. Urban Affairs Quarterly, 1986, 22 (2): 289 – 311.

[152] Geys B and Sørensen R J. Revenue scarcity and government outsourcing: empirical evidence from norwegian local governments [J]. Public Administration, 2016, 94 (3): 769 – 788.

[153] Gidron, B., Kramer, R., Salamon, L. M. Government and The Third Sector [M]. San Francisco: Jossey-Bass Publishers, 1992.

[154] Green J. Cities and privatization: examining the effects of fiscal stress, location, and wealth in medium-sized cities [J]. Policy Stuies Journal, 1996, 24 (1): 135 – 144.

[155] Hansman, H. The Role of Nonprofit Enterprise [J]. Yale Law Journal, 1980 (189): 835 – 901.

[156] Harold Demsetz. The Private Production of Public Goods [J]. Journal of Law & Economics, 1970: 293 – 306.

[157] Hefetz A and Warner M. Privatization and its reverse: explaining the dynamics of the government contracting process [J]. Journal of public administration research and theory, 2004, 14 (2): 171 – 190.

[158] J. M. Buchanan. An Economic Theory of Clubs. Economica. Vol. 32. No. 125 (1965): pp. 1 – 14.

[159] Lamothe S, Lamothe M and Feiock R. Examining local government service delivery arrangements over time [J]. Urban Affairs Review,

2008, 44 (1): 27 - 56.

[160] Miller, G. J. , Moe T. M. Bureaucrats, Legislators, the Size of Government [J]. The American political Science Review, 1983, 177 (2): 297 - 322.

[161] Miranda R and Anderson K. Alternative service delivery in local government, 1982 - 1992 [M] //Municipal Year Book 1994. Washington: International City Management Association, 1994.

[162] Praeger J. Contracting out government services: lessons from the private sector [J]. Public Administration Review, 1994, 54 (2): 176 - 184.

[163] Salamon, L. M. Rethinking Public Management: Third-Party Government and the Changing Forms of Public Action [J]. Public Policy, 1981 (29): 255 - 275.

[164] Salamon, L. M. The Rise of the Nonprofit Sector [J]. Foreign Affairs, 1994, 73 (4): 109 - 112.

[165] Samuelson, P. A. The Pure Theory of Public Expenditure [J]. Review of Economics and Statistics, 1954, 36 (4): 387 - 389.

[166] Samuelson, P. A. Diagrammatic exposition of a theory of public expenditure [J]. The Review of Economics and Statistics, 1955, 37 (4): 350 - 356.

[167] Savas E S. Privatization: the key to better government [M]. Chatham NJ: Chatham House Publishers, 1987.

[168] Schoute, M, Budding T and Gradus R. Municipalities' choices of service delivery modes: the influence of service, political, governance and financial characteristics [J]. International Public Management Journal, 2018, 21 (4): 502 - 532.

[169] Tavares A F and Camöes P J. Local service delivery choices in Portugal: a political transaction costs framework [J]. Local government studies, 2007, 33 (4): 535 - 553.

[170] Warner M E and Aldag A M. Re-municipalization in the US: a

pragmatic response to contracting [J]. Journal of economic policy reform, 2019, 24 (3): 319 – 332.

[171] Weisbrod, B. A. Toward a Theory of the Voluntary Nonprofit Sector in Three-Sector Economy [M]. In Phelps, E. eds. Altruism Morality and Economic Theory. New York: Russel Sage. 1974.

[172] Williamson O E. The economic institutions of capitalism [M]. New York: Free Press, 1985.

[173] Wuthnow, R. Between States and Markets: the Voluntary Sector in Comparative Perspective [M]. Princeton N. J.: Princeton University Press, 1991.

[174] Young, D. R. Alternative Models of Government-Nonprofit Sector Relations: Theoretical and International Perspectives [J]. Nonprofit and Voluntary Sector Quarterly, 2000 (29): 149 – 172.